# 游戏改变学习：
## 游戏素养、批判性思维与未来教育

WHAT VIDEO GAMES HAVE TO TEACH US ABOUT LEARNING AND LITERACY

[美] 詹姆斯·保罗·吉——著
孙静——译

JAMES PAUL GEE

华东师范大学出版社
·上海·

图书在版编目（CIP）数据

游戏改变学习：游戏素养、批判性思维与未来教育 /（美）詹姆斯·保罗·吉著；孙静译 . —上海：华东师范大学出版社，2018
ISBN 978-7-5675-8378-8

Ⅰ.①游… Ⅱ.①詹… ②孙… Ⅲ.①教育学 Ⅳ.① G40

中国版本图书馆 CIP 数据核字（2018）第 226082 号

WHAT VIDEO GAMES HAVE TO TEACH US ABOUT LEARNING AND LITERACY
By James Paul Gee
Text Copyright © 2003 by James Paul Gee
Simplified Chinese translation copyright © 2018 by East China Normal University Press Ltd.
Published by arrangement with St. Martin's Press.
All rights reserved.

上海市版权局著作权合同登记 图字：09-2018-380

# 游戏改变学习：游戏素养、批判性思维与未来教育

| | |
|---|---|
| 作　　者 | （美）詹姆斯·保罗·吉 |
| 译　　者 | 孙　静 |
| 责任编辑 | 顾晓清 |
| 特约校对 | 汤思怡 |
| 封面设计 | broussaille 私制 |

| | |
|---|---|
| 出版发行 | 华东师范大学出版社 |
| 社　　址 | 上海市中山北路 3663 号　邮编　200062 |
| 网　　址 | www.ecnupress.com.cn |
| 邮购电话 | 021—62869887 |
| 网　　店 | http://hdsdcbs.tmall.com/ |

| | |
|---|---|
| 印 刷 者 | 上海锦佳印刷有限公司 |
| 开　　本 | 787×1092　16 开 |
| 印　　张 | 20.5 |
| 字　　数 | 228 千字 |
| 版　　次 | 2020 年 1 月第 1 版 |
| 印　　次 | 2023 年 7 月第 5 次 |
| 书　　号 | ISBN 978-7-5675-8378-8/G.11534 |
| 定　　价 | 79.00 元 |

| | |
|---|---|
| 出 版 人 | 王焰 |

（如发现本版图书有印订质量问题，请寄回本社市场部调换或电话 021—62865537 联系）

此书献给我六岁的儿子山姆。最初，我之所以尝试电子游戏，是为了教他怎么玩儿，最终却事与愿违，是他反过来教育我。不仅如此，他还教会我以严肃的态度看待并体验游戏，让我自始至终都乐在其中。我还将此书献给二十二岁的儿子贾斯汀。虽然他小时候没怎么接触过电子游戏，但上次我们去游戏厅的时候，他却轻而易举地在游戏中大获全胜。贾斯汀年幼时对《星球大战》（*Star Wars*）极为迷恋，山姆则对《宠物小精灵》（*Pokemon*）颇为痴迷。两者皆促使我探索一种具有创新性的有效学习模式。凭借该模式，人们能把"流行文化"元素与其选择的学习内容结合起来，并与学习目标相融合，从而达成各自的诉求。至于启发我进行该研究的第三个元素，则是孩子们、青少年以及童心未泯的成年人，包括我的双胞胎兄弟，如今也包括我自己。

# 目录

致中国读者
1

导读
17

< 1 >
前言:
学习电子游戏的 36 种方式
35

< 2 >
符号领域:
玩电子游戏是"浪费时间"吗?
51

< 3 >
学习与身份:
成为"半精灵"意味着什么?
99

< 4 >
情境意义与学习:
摧毁全球阴谋后,你还应该做什么?
127

< 5 >
教与学:
劳拉为何没有服从克洛伊教授?
179

< 6 >
文化模式:
你想成为蓝色索尼克,还是黑色索尼克?
215

< 7 >
社会化思维:
你死后该如何找回躯体?
253

< 8 >
结论:
你被骗了吗?
293

附录:
36 条学习原则
303

游戏列表
315

参考文献
317

致中国读者

2003 年，我写了《游戏改变学习：游戏素养、批判性思维与未来教育》（*What Video Games Have to Teach Us About Learning and Literacy*）一书（第二版于 2007 年问世）。1996 年，儿子山姆出生，当时我已 48 岁。在山姆很小的时候，我就给他买了电子游戏，而之前我自己从未亲身体验过。我跟多数家长一样，自山姆出生后，就开始给儿子读书。我还给他买过可以在电脑上使用的数字童书，让他能坐在我的腿上点击文字和图画，自己探索会发生什么。最终，我在同一个商店给山姆买了一款名为《睡衣山姆：天黑后无需躲藏》的电子游戏，它就摆在卖数字童书的那个架子上。我对这款游戏一无所知，但从盒子包装上看，似乎孩子会觉得它好玩。

在游戏中，睡衣山姆是个小男孩儿，因为怕黑，所以开着灯才能睡着。他最喜欢的漫画英雄是"睡衣超人"（Pajama Man），受其启发，山姆带着紫色的睡衣超人面具，钻到衣橱中，进入了黑暗之地（Land of Darkness）。在漫长的旅途中，他破解谜题，帮助了许多游戏角色（包括一艘声称怕水的船），直面"黑暗"（Darkness）。出乎意料的是，他发现"黑暗"并不是坏人，只是因为太孤单而渴望有个玩伴。两人愉快地玩耍了一会儿后，山姆发现自己又回到了自己的房间，再也不怕黑了。

当我跟儿子玩这款游戏时，自己也被吸引了。跟其他做素养研究的学者一样，让我印象深刻的是，游戏居然成为亲子互动对话的焦点。在对话中，我们思考并讨论游戏策略及游戏设计，如何解决问题，不同游戏角色的意图，以及上述内容与"现实世界"有怎样的联系。同样让我惊讶的是，虽然儿子山姆当时才四岁，但有时他在游戏中的表现比我还棒，当然有些东西我也比他更擅长，各具优势。我们成为了一个团队。

鉴于有关语言和素养的研究，尤其是早期口头语言发展对后期素养学习的重要性方面，我深知一点，即这种互动对话有助于提升孩子的素养水平以及元认知水平，进而帮他们在之后的学校学习中取得成功。当然，我也明白，游戏自身并不会发挥上述作用，而是需要一位导师（比如说我），在其引导下进行互动对话，针对游戏策略解决问题，还有解释说明、假设和反思展开讨论。

我还发现，这款游戏为山姆打开了一个新世界。山姆正变成一个"玩家"，他最终将会是我玩家之路上的向导，因为我这个大人也需要一位年轻的导师。

2000年，我受两位山姆（儿子山姆和游戏中的睡衣山姆）的启发，决定再尝试一款新电子游戏，更适合大人玩的那种。我满心好奇：这可能是一款什么样的游戏呢？它是否跟《睡衣山姆》一样丰富多彩又乐趣十足呢？当然，我完全不知道自己会选择哪个。我走进一家游戏商店，随手拿起了一款名叫《时间机器的新冒险》的游戏。之所以挑选它，是因为游戏的名字让我想起了赫伯特·乔治·威尔斯的著名短篇小说《时间机器》（此书与这款游戏联系不大）。就游戏本身而言，它并不算热门作品，当然也无法媲美我后来玩的那款游戏，即初代版的《冲出重围》（*Deus Ex*）。

一开始玩，我就被震撼到了。对我来说，它的难度简直难于上青天，让我挫败感十足。我无法取得任何进展，阵亡无数次，总是在失败。我读了游戏说明手册，但没有任何好转。看来，我真不擅长玩游戏。经过长时间的失败，这段经历让我意识到两点：其一，战况之所以如此惨烈，是因为这是我有生以来首次接触的东西，我需要从头开始学习。我们这样的老人家看起来聪明，那是由于我们依赖很多之前的经验和习惯，而这些经验和习惯是基于之前的实践而被精心构建的。面对一种全新类型的学习,我们无法依赖过去的经验和习惯,就会茫茫然不知所措。我曾一度认为自己挺"聪明",如今,我却觉得自己笨极了。

其二,我学到一点,即对我们所有人而言,若是有种情境在当前极度复杂并飞速变化的现代世界中变得愈发普遍,那么面对这一事实,你必须做出艰难的抉择:要么放弃进而失败,要么坚持下去。对很多人来说,做出选择并非易事。因为学校和社会教会我们,失败的后果很严重并且问题出在你自己身上,而不是你正在面对一个问题,其中失败是达成学习和最终成功的必经之路。

正因为如此,我付出了代价,屡战屡败。最初,我一失败,就继续反复尝试同样的解决办法,结果可以想象,依然是失败。彼时,山姆只有四岁,他以玩家的身份给我提出了一条超级棒的建议。他说:"你这次为什么不换个方法试试呢?"

经过持续数个小时的鏖战,我头痛欲裂,眼冒金星,还有点想吐(在3D游戏初级玩家中,这并不罕见)。我连续不停地玩了几天后,不得不放下游戏,去参加一个晚餐聚会。我旁边坐着一位体重300多磅的等离子物理学家,之前彼此并不认识(但他后来成为了我的朋友,而且居然变瘦了,哈哈)。他仔细打量了一下我,然后说:"哇,你面色太差了。"我答道:"没错,我不太舒服。我生平第一次连着玩了这么长时间的游戏,我觉得想吐。但奇怪的是,我发现整个过程提升了我的幸福指数。"那位物理学家说:"酷,伙计。"我问他是否把等离子带到了聚会这里,他说没有,因为他研究的等离子不像血浆(blood plasma),若是保存不得当,能把整个小镇炸飞(看来我的确不怎么聪明)。

最终,经过长时间努力,我成为了一名玩家。也正因如此,特别是我知道如何挑选更好的游戏作品时，我意识到，自己玩过的游戏设计精良，能够用来促进学习。最为显著之处在于，它们的设计之道与现代学习科学（learning sciences）的研究结果极为契合，后者表明，优质的深度学习旨在解决问题，而不仅仅是死记硬背一些知识。游戏设计师将更好的学习及教育原则融入了游戏中，这一点比许多学校都干得漂亮。

同样重要的是，玩家要求游戏的难度够高，篇幅够长，否则游戏容易招来差评。年轻玩家可能会吐槽学校的代数知识太难，但却要求游戏中的学习要具备更高难度和更长时间，并乐于在经受失败及挫折后，继续坚持不放弃。为什么有那么多年轻人愿意在高难度游戏中屡次体验失败，但在学校却不能这样呢？不仅如此，许多玩家要求能修改游戏（即制作 mod），并设计自己的游戏。为了满足上述需求，不少软件很快问世，让玩家能实现心愿，但没人能让他们"修改"学校课程，或在学校中设计自己的课程。

对我来说，以上内容皆颇值得玩味，静待解答。作为拥有终身教职的资深学者，我知道，如果自己做与游戏相关的研究，就算每天玩好几个小时的游戏，自己的工作或名誉也不会受到任何影响。只要我持续发表研究成果，我工作的大学就挺开心。于是，我坐下来写了一本书，聊聊好的游戏设计师如何将有效学习融入自己的游戏作品中，这也是一种通过设计来教学的形式。

在写此书的过程中，我没有联系任何来自游戏产业的人士，也没有联系其他写过游戏著作的人，更没有与其他玩家（很多人都比我年轻好多，而且头发也比我多得多）有过实质性的接触。彼时，我茕茕踽踽，是个独行侠。那时正值我的学术假期，只要我不玩游戏，就在两个文件柜间搭起一块长木板，以此为桌，日复一日地伏案码字。

在写作此书时,我并不知道,游戏界正翘首企盼知名学者能讨论游戏的积极影响,并指出游戏有潜力成为超越大众娱乐的重要媒介。玩家的年龄正逐渐增长,游戏也遍及整个社会,但游戏依然被视作一种处于边缘地位的流行文化形式,不像文学及电影的影响深远。虽然我当时还没有意识到,但新的浪潮正开始形成并将发展(我的这本书也对此有所帮助),该潮流与我的书邂逅,并散播至各个角落。我是幸运的。

在我坐下来写作时,每天还要花几个小时玩游戏,我患了美国人所谓的"沃尔特·米蒂式幻想症"(Walter Mitty fantasy),后者源于詹姆斯·瑟伯(James Thurber)短篇小说中的虚构人物,此人终日做着成功的白日梦,但却从未实现。我的梦想是参加游戏开发者大会(Game Developers' Conference,简称游戏开发者大会),期待那个云集游戏设计师的殿堂级盛会能够"发现"我,而我这个普通的学者能以玩家的身份出现在他们面前。问题在于,他们根本就不知道我的存在(反正不如学者身份给他们留下的印象深刻)。

终于,我的梦想成真了。著名通俗科技读物《连线杂志》(*Wired Magazine*)听说了帕尔格雷夫/麦克米伦出版社(Palgrave/Macmillan)将要出版一本普及版图书,主要内容是一位学者讲解游戏对人们的积极影响。在出版前,《连线杂志》的编辑们让我写一篇短文,介绍此书。我尽自己最大努力写了一篇通俗易懂的文章发过去,但他们还是觉得文字过于学术化。他们将整篇文章重新修改了一遍,但署了我的名字,旁边还贴了一张我的漫画头像。这段短文引发了极大反响,后来还多次重载,甚至收入"优秀写作"文集,供学生学习(好吧,作者的文笔肯定不赖,但绝不是出自我手)。

由于《连线杂志》上的文章,我受邀去游戏开发者大会发表演讲。我带着高射投影器专用的透明正片(当时完全没有意识到,此类古董早就被游戏开发者大会淘汰了),逐一讲解自己在好游戏中发现的学习原则。讲完后,有位名叫埃里克·齐默尔曼(Eric Zimmerman)的游戏设计师(他是个出色又有趣的人,后来成了我的朋友)站起身,说道:"看,你在书中提到的优秀设计师们就在这间屋子里,我们不妨问问他们是否赞同你的看法。"然后,他走到会议室后方,询问沃伦·斯派克特(Warren Spector)是否赞同我对其游戏的评价。我玩的第二款游戏《冲出重围》就出自斯派克特之手,此外他还设计了很多优秀作品。

亲爱的读者,现在你已经知晓沃伦·斯派克特会给出何种答案了,因为如果他说"不,并非如此,所有东西都是错的",那我也不会在这里为你们写下此文。若是那样,我会被历史遗忘。沃伦的回答是"没错",并在演讲结束后热情地走过来,继续跟我讨论。

在这一场会议结束后,人们陆续离开,有人冲着本场的组织者喊道:"你在哪儿找到的那台高射投影器?"后者答道:"我在地下室里发现的,在一个约柜(the Arc of the Covenant)旁边。"后来,我多次在游戏开发者大会上发表演讲,成为旗下最早一批严肃游戏运动委员会成员之一。这本书的销量确实不错,也推动了公众对游戏的看法,即游戏是具有巨大潜力的优质学习媒介。

感谢此书,我能在威斯康星大学麦迪逊分校(University of Wisconsin in Madison)集结一批致力于游戏与学习的年轻教师,该团队最初名为"130室"(Room 130,这是我们开始所在的地下室门牌号),并最终发展成为"游戏、学习与社会研究团队"(Games, Learning, and Society Group),其中包括库特·斯奎尔(Kurt Squire)、大卫·夏弗（David Shaffer）、康斯坦斯·斯泰因库勒（Constance Steinkuehler）、理查德·哈尔福森（Richard Halverson）、艾瑞卡·哈尔弗森（Erica Halverson）以及贝蒂·海耶斯（Betty Hayes，现在已改名为贝蒂·吉了）。最初，我们团队在几次重要的学术会议上发表了多次演讲。如今，任何一个涵盖多个学术领域的会议上，都不可能错过游戏话题。我们开始在麦迪逊举办有关游戏及学习主题的权威会议，即GLS大会。此外，得益于麦克阿瑟基金会（MacArthur Foundation）提供的资金支持，我们进行了有关游戏及学习的研究，并在全球范围内产生了实质性的影响。这些成就如今已载入史册，在世界范围内掀起了游戏研究的热潮。

所以，这就是两个山姆为我和整个世界带来的影响，即儿子山姆和游戏中的睡衣山姆。而且，这一切有运气的成分，一个当时已上了年纪且现在已经年迈的老者有幸赶上了一波自己从未意识到的新潮流，所有这些都源于他的孩子曾建议自己不妨尝试一下新东西。当山姆大约12岁的时候，他跟我说："你对游戏和计算机的所有知识都是我教会的。"我答道："的确，我对游戏的所有知识都是跟你学的，但计算机知识却不是，在你出生前，我就有电脑了。"

但如今又是怎样呢？就像我们在美国（这个没有以前那么团结的国家）所说的俗语那样，"逝者如斯夫"。那么，我如今又该如何理解游戏呢？即便我写了此书，但电子游戏将发生变化，这一事实似乎无法避免。显而易见，虽然游戏技术以极快的速度变得愈发强大，但从目前来看，我们只为游戏保留了极小的生存空间。

在撰写此书时，游戏研究刚开始成为一个严肃的学术领域。彼时，游戏研究学者们过于醉心于讨论如何为游戏定义，他们想搞明白一切游戏所具有的共性。作为语言学家，我觉得这似乎并不重要，因为维特根斯坦很早之前就将游戏视作一个"具有家族相似性的概念"，此处指广义上的游戏。它们是一套存在着松散联系的事物集合，与同一个家庭中的不同成员一样，其中每个事物都以不同但部分重叠的方式，与集合中的其他事物存在着相似性。

显然，游戏并不是能被严格定义的一套事物，最典型的例子是威尔·赖特（Will Wright）的《模拟人生》（*The Sims*，此处指 2000 年发布的首部游戏），它也是有史以来最畅销的游戏。到底《模拟人生》是不是游戏（它没有胜负之分），人们对此争论不休，反正赖特将游戏挣来的钱存进银行，成为了一位游戏设计师。随着游戏类型变得愈发多样，例如《冥界狂想曲》（*Grim Fandango*），《异域镇魂曲》（*Planescape: Torment*），《古堡迷踪》（*Ico*），《大神》（*Okami*），《传送门》（*Portal*），《时空幻境》（*Braid*），《花》（*Flower*），《返家》（*Gone Home*），《林中之夜》（*Night in the Woods*）等很多作品，人们不再纠结游戏的定义，而是转而探讨游戏未来具有何种可能性。

有一点颇为重要，即把游戏视作一种与书籍、电影等事物一样的基本技术。一款游戏是一段精心设计的学习经历，包括了解决问题的过程。人们从经验中学习，但就所有经验而言，学习者需要关注太多的事物，以至于极易陷入困境。学习者必须在经验中处理一些更重要的细节，以便用有效的方式将经验记忆储存至长期记忆中。反之，人们也用此类记忆来规划未来的行动和选择。

有些经验是人们在行动中获取的，结果会造成人们付出情感上的关切，从而引发最佳学习效果。情感（关切）营造了解决问题的契机及使命感。当面对一种新的学习体验（即菜鸟阶段）时，人们需要从导师那里获取帮助，后者能协助其引导注意力，帮助了解所要关注的内容及方式，并知晓一点，即若是在努力没有成效时还能坚持下去，那是多么棒的一件事。在学校里，好老师能够提供上述帮助，在游戏中，好的游戏设计也能做到这一点，后者将此类指导（帮助及引导）"烘焙"至其游戏设计这道美食中。

人类的长期记忆（从经验中学到并储存下来的内容）促使我们能在头脑中做些特殊的尝试。我们人类能在头脑中激活不同的场景，并进行角色扮演来为行动做准备，以及衡量不同选择有可能导致的结果，三思而后行并面对后果。通过混合及匹配记忆中的碎片，我们能想象自己在不远的将来是什么样子，甚至不仅在头脑中扮演自己，而且还能预设未来跟我们打交道的不同对象是什么样的人。这就像在我们头脑中玩电子游戏一样。

一直以来，电子游戏都是人们头脑活动的外显版本。游戏是处于外部的想象，是用技术手段来提升学习的体验，以此我们能在各自的生活中更好地解决问题，做出更好的选择。以不同的目标、情感和需要解决的问题为标准，人们在"现实世界"拥有的体验可被分为很多不同的类型。同样，电子游戏能提供给玩家的体验也具有很大的空间，包括人们在"现实生活"中无法获得的多种体验。在电影及书籍中，我们无需做出选择，并承担相应的后果。但在游戏和现实生活中，我们却是如此。

早在我刚开始进行游戏学术写作时，《睡衣山姆》就让我受益匪浅。该游戏并不是一个孤立的存在，并不会因其自身而具有善恶之分。就社会交往和资源而言，一款游戏会向善还是向恶，取决于它周围的其他因素。在我的书中，我曾区分过"小写的游戏"（the game）和"大写的游戏"（the Game），前者是你玩的那款软件，后者则不仅指软件，而且还包括与之伴随的社会交往和社会资源，通过这种方式，玩家能将游戏置入社会语境，超越游戏本身去反思它，讨论它，从中学到更多东西，甚至修改它（由于英语中的字母有大小写之分，所以我才如此表述，但如果一种语言中不区分大小写，那我们不妨使用"小写的游戏"和"大写的游戏"）。

如此一来，我们应该关注的是"大写的游戏"，也就是说，游戏和与其相关的一切社会性元素。如今，玩家们将这一点彰显得淋漓尽致。他们在现实世界中构建了多种场景，如局域网游戏聚会(LAN Parties)、游戏大会、大学校园中的玩家群等等，还有很多基于互联网的在线活动。在这些活动中，他们能看游戏直播，听游戏评论，自己点评游戏，寻找游戏陪练，阅读或编写策略指南，研究某款游戏的重要数值，与公会一起制定策略，为游戏写测评或创作与其有关的粉丝小说，修改游戏，还包括其他多种实践。

我将上述多种空间称为"趣缘空间"(affinity spaces)，这是因为人们由于共同的爱好而慕名而来，例如喜欢同一款游戏，或是拥有其他相似的兴趣或爱好。其中，大部分场景之间相互联系，人们就像旅行一样来回穿行于其中，试图在相互陪伴的旅途中以更深度的方式参与到他们的兴趣爱好中。我们可以将一个相互联系的趣缘空间集合称为"趣缘空间系统"(affinity space ensemble，因为它是个大型的整体，或是较小群组的集合，但彼此之间相互联系的多个趣缘空间）。例如，我们可以将多个相互联系并共享的《魔兽世界》(*World of Warcraft*) 的趣缘空间视作一个趣缘空间系统。

当然，趣缘空间系统并不仅限于游戏和玩游戏，它几乎存在于你能想到的所有兴趣或爱好中，例如动漫、嘻哈音乐、机器人、公民科学、女性健康、社会活动事业、猫、烹饪或外星人绑架。它们是位于体制与国家空间之外的一种现代组织形式。对一款游戏或任何能提升生活质量的活动而言，其核心功能在于，它能成为参与多个趣缘空间及趣缘空间系统的诱因，其中人们可以共同体验从学习到精通的旅程。

因此，游戏作为一种技术，成为了一个平台，从而达成以精心设计、耐心引导及解决问题为导向的学习过程。游戏会引发基于选择的学习体验，这种体验超出了"现实世界"。游戏是这样一种外部想象，是以依靠技术来推动的仿真和角色扮演，这种形式会在未来生活中的规划、行动及抉择中发挥作用。至少，在其最佳状态时，游戏就是如此。

就任何一种具有上述功能的技术而言，我们不妨将其称作能激发外部想象的经验之源，无论它是不是游戏，皆为"外部想象的工具"（external imagination tool，简称 EIT），它意味着：这些技术服务于经过精心设计、并包含耐心引导的体验，此类经验不仅能促成以解决问题为导向的学习过程，还能被存储在长期记忆中，有助于我们对未来行动进行规划和选择。显而易见，EIT 存在着多种不同形式，就像是一个大家族的不同家庭成员。我们无需纠结它们到底是不是游戏。需要指出的是，文学和电影可以被视作 EIT，但前提是它们需要以某种特定方式被解读。在小说或电影中，读者或观众无法做出选择，无法就其行为得到反馈，也无法学会如何在"现实世界"做出更好的选择，从而进行实践。然而，如果读者"像作家那样阅读"，如果观众"像设计师（电影制作者）那样观看"，站在他们的角度思考自己要如何写小说或拍电影，这些变化会产生何种结果，阅读及观影体验会产生何种意义及用途，那么我们就离 EIT 更进一步了。实际上，当今的游戏已经变成一种新型的"共鸣游戏"，有时也被称作"闲逛游戏"（walk around games），玩家在其中努力发现叙事碎片，再以某种有意义的方式将其重组，例如《返家》、《万众狂欢》（*Gone to Rapture*）、《伊迪丝·芬奇的意义》（*What Remains of Edith Finch*）和《奇异人生》（*Life is Strange*）。

最后，我们面临的最大问题是，如何才能让EIT（包括游戏）向善而不是恶？如何将其置于更大范围的社会交往、资源及趣缘空间系统中，从而使其构建提升生活幸福感的（而不是具有毁灭性的）空间与群组？我的答案要基于美国实用主义哲学家们的思想，如威廉·詹姆斯（William James）、查尔斯·桑德斯·皮尔士（Charles Sanders Peirce）、威廉·迪布瓦（W. E. B. Dubois）和约翰·杜威（John Dewey）。我们评价事物的价值甚至意义，其标准是其成果（产生的结果、用处和引发的后果），而不是靠其起源或仅凭"真理"。

我们的目标是发现能让世界变得更美好的技术。但是，"更好"意味着什么？好坏的标准又是由谁来决定的？当然，答案只能问你自己。然而，根据颇具说服力的经验证据，人类需要关心那些自己认为对别人重要的东西，否则他们的身心状态都会变得很糟糕。问题在于，人们很容易认同美好事业或群组中的意义及重要性，并将自己视作其中一分子，对恶的事业或群组而言，亦是如此。因此，我们的使命在于，利用技术让人们感到自己是重要的，并且是美好事业或群组的一员，而不是恶人。

但你也许要质疑，到底什么才是美好的事业、群组或社会呢？它们不仅能让你作为人类而发展进步，而且绝不以牺牲他人利益为代价，包括那些不喜欢你的人。作为一个人（而不仅仅是一个家族群、部落或国家公民的一员），如果你无法想象一个对你和他人皆有益的世界，包括那些不喜欢你的人，那么你就需要付出更多努力来涵养自己的想象了。我们以普遍的人性为基础,来共同创建美善,否则我们只能让自己的生活变成一场糟糕的游戏,使得所有人最终都一败涂地。

詹姆斯·保罗·吉

写于美国亚利桑那州白杨市

2018 年 8 月 23 日

导读

彼时，曾有人说世界上最遥远的距离在鱼与飞鸟间，其结局多是相忘于江湖。如今，不可逆转的数字革命让我们理解世界的方式呈现出极大差异，甚至出现了以数字原住民（digital natives）和数字难民（digital refugees）为两极的世界图景，新的壁垒得以产生，既不能漠视，又很难逾越。幸运的是，本书作者詹姆斯·保罗·吉（James Paul Gee）认为，数字鸿沟并非是无解的难题，好的电子游戏（good video games）可以成为连接不同数字阶层之间的有效桥梁，其"攻略"就是这本《游戏改变学习：游戏素养、批判性思维与未来教育》（*What Video Games Have to Teach Us About Learning and Literacy*，以下简称《游戏改变学习》）。一言概之，《游戏改变学习》讲述了詹姆斯·保罗·吉如何理解数字原住民，并进而成为数字移民的过程。此书从语言学和教育学的视角出发，结合作者本人民族志式的游戏体验，从中捻出36条有趣又有效的学习原则。如此一来，电子游戏不仅不会令人"玩物丧志"，还能够极大促进学校教学，并涵养其他素养能力。

有意思的是，詹姆斯·保罗·吉原本并非游戏学者，而是一位著述颇丰的语言学家，更是美国国家教育研究院（The National Academy of Education）的教育专家。从美国斯坦福大学（Stanford University）获得博士学位后，他持续关注理论语言学领域，后来转向社会语言学及话语分析，并以此为基础展开了融合语言学、教育学及数字媒体的新素养研究（New Literacy Studies）。吉教授先后执教于斯坦福大学、波士顿大学（Boston University）、南加州大学（University of Southern California）、亚利桑那州立大学（Arizona State University）等多家美国知名高校，曾在威斯康星大学-麦迪逊分校（University of Wisconsin-Madison）创建了"游戏、学习与社会研究团队"(Games, Learning, and Society Group),致力于推动游戏在教育中的应用。

可以说,詹姆斯·保罗·吉是全球游戏素养的奠基人之一,不仅对游戏的学术研究产生了深远影响,也获得了游戏设计师的高度认同。例如宾夕法尼亚大学教授雅斯敏·凯菲(Yasmin Kafai)的著作《游戏连接世界:游戏制作与数字素养》(*Connected Gaming: What Making Video Games Can Teach Us about Learning and Literacy*,2016),我们从其书名即可一窥吉教授的影响。此外,他还曾多次受邀前往全球游戏开发者大会(Game Developers' Conference,简称GDC)等知名产业会议发表演讲,为学术及产业搭建着数字桥梁,此书就是他的代表性成果。

**新手指南:你是游戏原住民,还是游戏难民?**

早在1996年,互联网先驱、电子前沿基金会(Electronic Frontier Foundation,简称EFF)创始人约翰·佩里·巴洛(John Perry Barlow)就关注到人们理解数字媒体的不同态度,并将其视作"原住民"(natives)和"移民"(immigrants)之间的差异。按照巴洛的说法,日益升级的新技术总是在引发代际差异,成年人永远追在孩子们的后面,因为后者在数字媒体中浸润成长,是数字文化中的原住民;与此同时,前者则永远摆脱不了局外人的身份,只有不断努力,才能以移民的身份融入不断迭代的技术世界。[1] 2001年,马克·普伦斯基(Marc Prensky)发表"数字原住民,数字移民"(Digital Natives, Digital Immigrants)一文,用上述这组概念讨论教师与学生之间的数字素养差异。就21世纪的学生而言，他没有沿用"网络世代"（Net Generation）或"数字世代"（Digital Generation）的说法，而是干脆将其称作"数字原住民"，因为电脑、电子游戏和互联网等数字语言已经成为他们的"母语"（native language）了。至于那些未曾在数字时代出生成长的成年人来说，他们中的一部分后来开始痴迷于数字媒体，并通过学习进而掌握了相应的数字语言，成功拿到了数字王国的绿卡，跻身于"数字移民"之列，也不算落伍。[2]

当然，也有人对数字素养一无所知，而且也不愿意去学习这些新的数字语言，在不同程度上成为了韦斯莱·弗莱尔（Wesley A. Fryer）意义上的"数字难民"。在弗莱尔描绘的数字图景中，人们以数字素养水平为标准，被划分为数字原住民、数字移民、数字窥视者（digital voyeur）和数字难民四个主要阶层，如下图所示：

我们的数字图景（修订版）

| 数字难民<br>（无知或拒绝） | 数字窥视者<br>（了解） | 数字移民<br>（参与） | 数字原住民<br>（生活方式） |

图表1　韦斯莱·弗莱尔描绘的四个数字阶层 [3]

以对数字技术的接受程度为基准，水平最高的人群是数字原住民，因为他们伴随着数字媒体出生并成长，将其当作一种生活方式。与之不同，数字移民则是后来才参与到数字媒体中，但有潜力获得与数字原住民相当的数字语言水平。至于数字窥视者，可以比照网络窥视者（Internet Voyeur）的概念来理解。斯蒂芬·亚伯拉姆

(Stephen Abram)曾指出,有些人

意识到网络生态中新型工具、网站及概念,却无法真正亲身体验它们;可能偶尔访问并看过博客,听闻过诸如聚友(MySpace)、脸书(Facebook),或是书签社交(del.icio.us)、图客(Flickr)等网站,但仅仅是浅尝辄止,只能从知识角度去理解它们……窥视者看不到这些(与新技术相关的)想法带来的创新潜力……[4]

所谓数字窥视者(digital voyeur),就是将网络拓展至所有数字媒体,指对数字媒体具有初级认知、但不精通的人群。在数字生态圈的最底部,则当属数字难民,其关键词是"无知或拒绝",即"要么漠视某些技术,要么拒绝接受这些技术的存在"[5]。数字难民的上述态度并不是批判性的反思,而是站在"技术崇拜"的另一个极端,皆充满了对数字媒体的误读和偏见,因此永远无法理解数字原住民和数字移民的世界。

同样,电子游戏作为一种数字媒体,也出现了类似的阶层分野。如果我们将上图中的"数字"替换成"游戏",那就能勾勒出当前的游戏图景:

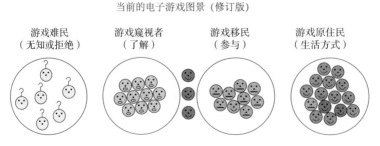

图表2 韦斯莱·弗莱尔意义上的游戏阶层[6]

如上图所示,根据对电子游戏的接受程度,我们的游戏图景中出现了"游戏难民"、"游戏窥视者"、"游戏移民"以及"游戏原住民",所有人都能凭此精准定位自己的游戏阶层。"游戏难民"的问题在于,他们拒绝任何形式的游戏体验,时不时地为游戏贴上"玩物丧志"、"电子海洛因"等耸人听闻的标签,主张通过"围追堵截"来对待游戏玩家,甚至建议用电击疗法来解决过度游戏的问题。游戏窥视者对电子游戏的态度较为缓和,他们是典型的"休闲玩家"(casual players),偶尔也玩些简单的游戏,但不会投入过多时间和精力。至于游戏移民,则是后来由于种种原因成为游戏的"真爱粉",主动花费大量时间钻研游戏机制及游戏规则,积极参与游戏的线上及线下活动,甚至可能花费金钱购买游戏设备、新款游戏或游戏周边。最后,游戏原住民处于游戏生态圈的顶端,是伴随电子游戏出生并成长的游戏世代。对他们来说,游戏即生活,反之亦然。

需要指出的是,上述各阶层并非不可流动的固化科层体系。无论是弗莱尔的数字图景,还是我们刚刚呈现的游戏世界,其中皆存在着一些成员,他们搭建着数字桥梁(digital bridges),旨在消除数字鸿沟。以本书作者詹姆斯·保罗·吉为例,他出生于1948年,经常开完笑自嘲是发量少年纪大的老者。诚然,他肯定不算是"数字/游戏原住民",但亦不同于那些出生在"婴儿潮"(baby boom)时期的同辈人,恐怕后者中不乏"数字/游戏难民"。一旦读过此书,我们就会发现,吉教授是一位"不走寻常路"的学者,其数字身份是变动的。最初,他是初识计算机技术的"数字/游戏窥视者",虽然不玩游戏,但也不像其父亲那样认为玩游戏是浪费时间。后来,他受到儿子山姆的启发,不仅成为积极参与游戏社区的游戏高手,还通过自己的游戏体验完成了此书,成为名副其实的"数字/游戏移民"。更为重要的是,他一直致力于推动和普及游戏素养的研究及应用,倡导游戏对社会的积极作用,因此又发挥着"数字/游戏桥梁"的作用。那么问题来了,我们如何才能消解人们对电子游戏等数字媒体的刻板印象,进而使其生活受益于数字技术呢?令人庆幸的是,我们可以在《游戏改变学习》一书中找到答案,即游戏素养。

**高手进阶:游戏素养怎样炼成的**

素养一词源于英语,有名词和形容词两种用法。就名词"literacy"(素养)而言,它最早于1883年出现在英语中,指"具备识字的素质或识字状态"(the quality or state of being literate)。至于形容词"literate"(有素养的)一词可以追溯到15世纪的中世纪英语,其字典释义为:1.受过教育的,有文化的;2.具备读写能力的;3.具备某种知识或能力,如计算机素养。[7] 不难看出,广义上的"素养"一词与知识能力相关,指向某种技能,如音乐素养、科学素养等。

鉴于其研究经历,詹姆斯·保罗·吉选择从语言学的角度来理解"素养",这亦是许多语言学家和教育学家理解该词的出发点,用该词来指称语言的输入(听和读)和输出(说和写)两类技能。[8] 对吉教授来说,电子游戏也是一种语言,是一种融合多种媒体符号的互动语言,其"输入"和"输出"都是社会文化实践,具有经济的、历史的及政治的涵义。如此一来,一款电子游戏就成了一个基于具体语境的多模态符号系统,该系统以某种方式影响着我们的思考,但我们也有可能反过来去控制上述系统。

作为数字素养(digital literacy)的重要组成部分,"游戏素养"并不仅仅指了解游戏或玩游戏的能力。所谓游戏素养,就是作为主动参与者的玩家反过来"控制"游戏符号系统的能力,是对游戏内部结构语法(与游戏形式元素有关)和外部结构语法(与具体的社会实践及社会身份有关)进行理解。因此,在游戏过程中,玩家不能止步于"输入"(单向度地被动接受游戏内容),还要能够"输出"(主动且具有批判式的游戏体验)。[9]

在《游戏改变学习》一书中,詹姆斯·保罗·吉提及了两个例子,分别说明了游戏文本内外两个维度的"游戏输出"技能。需要强调的是,这两种方式皆包含一个重要的精神内核,即批判式反思。没有它,玩家无法主动读写游戏,那些数字/游戏难民也会一直对游戏产生误解,更不用说成功构建数字/游戏桥梁了。

其一是他本人在游戏《古墓丽影:最后的启示》(*Tomb Raider: The Last Revelation*)中的体验。在游戏中,少女劳拉(玩家角色)跟着考古学家冯·克罗伊教授在柬埔寨神庙探险,后者曾告诉劳拉紧跟着自己,不要偏离前方笔直的路线。然而吉教授发现,若是自己(劳拉)唯冯·克罗伊之命令是从,将很有可能错过不少隐藏的宝藏:

有一次,冯·克罗伊曾命令劳拉跳过一个坑穴。由于我还没有熟悉操作方式,劳拉掉到了下面的水里。她可以爬上来,再次尝试,直到完成冯·克罗伊的要求,并最终通过整个关卡。然而,在游向岸边的过程中,我(劳拉)无意间俯身注视水中,却发现了一个宝物。我情不自禁地琢磨:要是完全按教授的命令行事,那结果如何呢？我还能发现这么多好东西吗？许多玩家也会这么想，而且很快就会成为一个不循规蹈矩的劳拉，主动进行多种尝试。

吉教授认为，好的电子游戏拥有一种机制，它倡导玩家大胆尝试，质疑并违背规则，此类体验不仅能提升游戏乐趣，还能培养批判式思维。如此一来，玩家就能勇敢挑战自己对世界的固有看法，进而对其展开批判性思考，而不是盲从权威或专家话语。换句话说，当玩家不再依赖各种操作指南，摆脱自己完成任务的既定套路，甚至能跳出规则之外，对整个游戏机制塑造了何种价值观进行反思，这才算是具备初级的游戏素养。

因此，我们需要聚焦电子游戏特有的形式元素，基于具体的游戏作品来"阅读"游戏。就像文字之于小说、影像语言之于电影一样，电子游戏也有独特的形式元素。游戏学者克劳福德（Chris Crawford）认为，游戏世界（game universe）包括"名词"（noun）和"动词"（verb）两个维度。[10]前者指向游戏中的符号系统，即游戏的世界观，是由游戏设计团队制作并规定的先验性假设，与游戏的艺术性及文化内核相关。后者则指向玩家在游戏中的活动方式，即游戏机制（game mechanics），是衡量游戏创新的重要标准。想要深入了解这个领域，可以参考《游戏分析导论》（*Introduction to Game Analysis*）一书，作者为美国纽约大学游戏中心的费尔南德-瓦拉（Clara Fernández-Vara），曾先后就读于麻省理工学院（Massachusetts Institute of Technology）及乔治亚理工学院（Georgia Institute of Technology），师从多位知名游戏学者。此书不仅梳理了与电子游戏相关的名词及动词元素，还提供了游戏评论范文，一直是我给学生推荐的必读参考文献。

其二，若是玩家想要在游戏"输出"技能上更上一层楼，不妨尝试"改写"游戏。在本书中，吉教授曾访谈过一位化名为阿德里安（Adrian）的青少年玩家，后者提及了自己修改游戏的体验：

我弟弟现在也玩《无尽的任务》。他花更多时间玩游戏，我则花更多时间去破解游戏，使用十六进制编辑器（hex editors）搞清它的工作原理。你可以从互联网上下载这些编辑器。就十六进制编辑器而言，它基本上能将计算机编码破解为二进制编码，左侧是一组由数字 0 和 1 组成的字符串，右侧则告诉你编码的作用。如果你进入右侧，那么你就能编辑它。你无法通过课堂教学来学会这些东西，而是这里逛逛，那里看看，自然就懂了。你无法只从一个地方就学会它，而是有很多途径，例如其他人、聊天室、网站、文本等。

我第一次编辑游戏是在玩《文明》的时候。我玩过《文明》，而且还通关了。当看着游戏结尾的制作团队信息时，我心里想："好，这实在太酷了。"之后，我又想："嗯，那是挺酷，但仔细想想，如果我来做个实验，那就更酷了。我想看看它的运作机制是什么。"

因此，我深入研究，找到了一个很小的数据文件，名为"credits.dat"。我心里想："这是干什么用的？"我双击了该文件，弹出的信息询问我想用何种程序打开该文件。我点击了"图片预览"（Picture View）选项，也就是让电脑使用一个名为"图片预览"的程序打开文件"credits.dat"，继而出现了一团乱糟糟的东西。我想："好吧，那我还是关闭它吧。"我再次双击了 credits.dat，仍然询问我想用何种程序打开该文件。这次我试试 IE 浏览器，又出现了一团乱码。我想："嗯，好吧。"

我试了第三次，然后想："这次我会使用'记事本'（Notepad）

这个程序"。结果文件被打开了，出现了游戏的制作团队信息。我心里想："嘿！太酷了！"上面显示："《文明》的开发者席德·梅尔（Sid Meier）。"那我点击了删除键，输入自己的名字"阿德里安·某某某"（他的姓名）。然后我保存了文件，再次通关，当制作团队信息在屏幕上滚动时，上面显示我是游戏制作人。我想："这太酷了。"

用阿德里安的话说，不少玩家（如他的弟弟）都愿意把时间花在玩游戏上，而他本人则更愿意探索游戏的设计原理，去破解游戏。如此一来，前者在游戏中收获的是计算思维（computational thinking），那么后者则是深度的计算参与（computational participation），通过改写游戏进一步成为数字／游戏素养高手。

因此，高阶游戏素养意味着能用电子游戏这种新媒体语言来表达自我，如上文中的阿德里安。更为重要的是，玩家也可以用游戏来反思社会问题。例如英国阿伯泰大学（Abertay University）教授兼艺术家约瑟夫·德拉普（Jopeph DeLappe），此人擅长将射击类电子游戏文本改写，表达自己的反战思想，相关作品包括《伊拉克死者》（*Dead-in-Iraq*）、《杀戮之盒》（*Killbox*）等。再如美国美利坚大学（American University）的林赛·格雷斯（Lindsay Grace），通常用电子游戏来回应当代重要的社会议题，包括种族（如《黑／白》，英文名为 *Black/White*）、性别（如《赶走性骚扰》，英文名为 *Hurl the Harasser*）、暴力（如《熊抱》，英文名为 *Big Huggin'*）等内容。[11]

美国宾夕法尼亚大学教育学院雅斯敏·凯菲教授指出，动手制作游戏，需要设计者从元结构（meta-structure）的视角思考游戏机制、游戏互动以及游戏内容，还能培养设计者的系统思维（system thinking），进而有效提升玩家的元认知能力以及反思能力，最终有效提升其学习能力。[12] 显而易见,这与吉教授的看法一脉相承,即好的电子游戏能够让我们从中获得有效的学习方法,从而让学习者通过涵养数字游戏素养,来反哺学校中数学、科学、物理等传统素养。

**吉氏 36 式:从游戏素养到未来教育**

在《论语·雍也》中,孔子有云:"知之者不如好之者,好之者不如乐之者",以此呈现了三种学习境界。其一是按部就班的学习,其二是出于兴趣的学习,其三是以学习为乐趣。显然,在很多教育家看来,"乐之者"才是未来教育的理想,这样的学习者才能获得最佳的学习体验。那么最佳学习体验与什么元素相关呢?我们可以借用米哈里·契克森米哈(Mihaly Csikszentmihalyi)描绘的"心流"模型(flow mode)来做出解释,如下图所示:

米哈里·契克森米哈的"心流"模型[13]

契克森米哈用"心流"（flow）来指称最佳体验，与之相关的参数分别为技能水平和任务难度。如图所示，技能低且任务难度低时，人们会觉得这件事情很无趣。若是技能水平不变，而任务难度升高，大家会变得担忧，进而转向焦虑，甚至怀疑人生进而抑郁。反之，若是任务难度不变，而技能逐渐增强，我们会感到厌烦，最后觉得凡事皆可轻松搞定，最终会满足现状，在自己构建的安全区中不思进取。上述情况都不会给我们带来积极体验。更让人舒服的两种情况是，难度中等且技能高阶，会让人获得一定的成就感，觉得一切尽在控制之中；或是技能中等但难度最强，会在某种程度上激发人们的斗志，具有极强的获胜欲望。只有在难度和技能水平都很高时，我们才能获得最佳的心流体验。

无论是学习，还是电子游戏，两者皆是任务式的活动，其关键参数亦为难度和技能两个数值。大部分学校中的教育方式很容易让学习者饱受折磨，相信很多人都深有同感。电子游戏也会给人们带来烦恼，例如作为数字/游戏窥视者的詹姆斯·保罗·吉，他面临的最大困难在于，电子游戏这样的数字媒体颠覆了自己熟悉的认知方式。用他的话说，很多游戏任务能将其瞬间秒成渣渣。那么问题来了，同样是充满挫折感的任务，为什么玩家乐此不疲地沉浸在游戏中，但对学习望而却步呢？吉教授的逻辑是，如果能揭开电子游戏的秘密，就能找到协调玩家游戏技能和任务难度的有效方式，进而将相应的游戏思维应用到学习中，让学习变得有趣又有效。

吉教授的经典套路是，先描述自己的游戏体验，再以此为基础深入分析，最后提炼出相应的学习原则。以"情境意义原则"为例，他首先引用了一段《冲出重围》官方游戏手册的文字：

你体内的纳米处理器详细记录着你的状态、设备和近期历史。在游戏过程中，你能随时查看这些数据，只需按下 F1 键进入目录页，或是按 F2 进入目标 / 笔记页。一旦你进入自己的信息页，你可以通过点击屏幕顶端的标签，在不同页面间切换。你可以使用设置、键盘 / 鼠标来定制热键，以标记其他信息页面。

他认为，如果没有类似同类型游戏的体验，脱离游戏语境，是无法理解读懂上述文字的。继而，他指出，好的游戏为玩家构建了形象的世界观，从而让玩家在具体的情境中理解游戏规则和游戏任务，通过自己的游戏体验理解游戏符号，并结合自己的游戏情境将其内化为长期记忆。因此，解码游戏符号的过程就会生动有趣。在那章节末尾，他将"情境意义原则"总结如下：

符号（词语、行为、物体、人工制品、信号、文本等）的意义与个人的赋形经验紧密相关。意义并非一般性的，也不是去语境化的。无论意义最终达成何种程度的普遍性，它总是自下而上地产生于赋形经验中。

在学习中，亦是如此。以学习有关购物的外语单词为例，如果教师能为学生创设诸如超市、便利店一类的场景，让学生获得"顾客"这一玩家角色基于购物情境来学习，其学习体验必然兼具效率及趣味性，远远优于反复抄写和机械式记忆。如此这般，吉教授推出了"吉氏 36 式"，并在本书结尾以附录形式一并列出，包括"互文原则"、"多模态原则"、"循序渐进原则"、"探索原则"、"局内人原则"等 36 条高效学习方法。详情在此不做剧透，等你自己去发现。

最后需要指出的是，既然批判思维是数字／游戏素养的核心，我们不妨也在读此书时保持适当的批判视角。但有一点可以肯定，这些招式是达成数字／游戏素养的有效途径。凭借它们，你我不仅能成为"头号玩家"，还能惠及我们的未来学习和终身教育。更为重要的是，数字语言一定是未来教育的核心，而此书能成为当下中国的数字桥梁，能让更多人了解电子游戏，将游戏作为一种媒介去理解，打破数字壁垒，开启"数字移民"之路。

现在，请跟着吉教授一起闯荡数字江湖吧，也许你能在游戏次元中促成"鱼与飞鸟"的相遇。

**注释**

[1] Barlow, John P. "A Declaration of the Independence of Cyberspace". *Electronic Frontier Foundation*, February 8th, 1996. https://www.eff.org/cyberspace-independence.

[2] Prensky, Marc. "Digital Natives, Digital Immigrants". *On the Horizon*, 2001, Vol. 9 Issue 5, pp.1-6.

[3] Fryer, Wesley A. "Beyond the digital native / immigrant dichotomy", Moving at the Speed of Creativity, http://www.speedofcreativity.org/2006/10/21/beyond-the-digital-native-immigrant-dichotomy/.

[4] Abram, Stephen. "Internet Voyeur". *Out Front with Stephen Abram: A Guide for Information Leaders*. Ed. Judith A. Siess and Jonathan Lorig. Chicago: American Library Association, 2017, p.127. The article was firstly published in *Stephen's Lighthouse*, February 16th, 2006.

[5] Fryer, Wesley A." Beyond the digital native / immigrant dichotomy".

[6] 此图是笔者根据韦斯莱·弗莱尔的数字阶层理念改写而来。

[7] 上述两词的释义引自《韦氏大学英语词典》，参见美国梅里亚姆·韦伯斯特公司编著：《韦氏大学英语词典》（影印本），北京：中国大百科全书出版社，2013,p.726。

[8] 上述技能亦是评价学习者之语言水平的核心参数，无论是法语水平考试（Test d'Evaluation de Francais，简称 TEF），还是雅思或托福等英语测试，皆是针对听、说、读、写四种技能的考察。一般说来，对外语学习者来说，听读类测试较为容易，而提升说写这两种输出类技能则更难。

[9] 本文中有关"游戏素养"的论述，最初源于对批判性游戏（critical gaming）的思考，详情

参见拙文"游戏与社会 | 批判性游戏：做头号玩家的正确姿势",《澎湃新闻》, 2018 年 7 月 13 日。https://www.thepaper.cn/newsDetail_forward_2250105。

[10] Chris Crawford, *Chris Crawford On Interactive Storytelling*, Berkeley: New Riders, 2013, pp.81-92.

[11] 有关约瑟夫·德拉普的相关作品，可参见 http://www.delappe.net/。有关林赛·格雷斯的相关作品及相关论述，可参见 http://www.criticalgameplay.com/ 及其个人网站 http://professorgrace.com/。有关批判式游戏的论述及分析，可参见拙文"游戏与社会 | 批判性游戏：做头号玩家的正确姿势"。

[12] 有关雅斯敏·凯菲对计算参与（computational participation）的详细讨论，可参见 Kafai, Y. B. & Burke, Q. "Constructionist Gaming: Understanding the Benefits of Making Games for Learning", *Educational Psychologist*, 50(4), 2015, pp.313-334. 亦可参见 Kafai, Yasmin. B. & Burke, Quinn. *Connected Gaming: What Making Video Games Can Teach Us About Learning and Literacy*. MIT Press, 2016.

[13] Csikszentmihalyi, Mihaly, *Finding Flow: The Psychology Of Engagement With Everyday Life*, New York: Basic Books, 1991, p.31.

## 前言：
**学习电子游戏的 36 种方式**

我想聊聊电子游戏（没错，包括暴力游戏），谈一谈游戏的积极元素。我在此处提及的"电子游戏"，既指主机游戏，包括索尼的 PlayStation 2，任天堂的 GameCube，微软的 XBox 等设备，也指电脑游戏。因此，我将使用"电子游戏"（video games）一词，无需一再赘言"电视和电脑游戏"（video and computer games）。我重点关注以下游戏类型：玩家在一个精心设计的奇幻世界中活动，解决各种谜题（以暴力或非暴力的方式），或是修建并维护复杂的实体，如军队、城市，甚至整个文明世界。当然，除此以外，还有许多其他类型的电子游戏。

但首先，我需要解释一下自己以前做的研究，聊聊我转向电子游戏研究的缘由及历程。之前，我在《社会语言学及素养》（*Social Linguistics and Literacies*）和《社会思维》（*The Social Mind*）两本书中提出了两个观点。乍看之下，这两本书似乎在讨论"智力"成就，即素养与思维方式，然而实际上，两者首先都是社会成就（可参见本章末注释中的参考文献）。在读书时，你总是以某种方式去阅读某些内容。你从不只是"泛泛"而读，但也不会随便找些东西特意来读。例如，你可以将《圣经》当作历史或文学来读，也可以将其视作励志指南，或是以其他多种视角来读。由此，我们可以将其推及至所有文本，不管是法律条文、漫画书、论文，抑或是小说。不同的人能以不同的方式阐释同一类型的文本。

在你思考时，你必须以某种方式针对某一事物进行思考。你从不"泛泛"而思，也不会随便找些东西特意来想。我对思考与阅读的看法实际上是一致的。例如，想想那些通过自杀来点燃炸弹的人，你既可以将其视作自杀式人肉炸弹、杀人犯、恐怖分子、自由主义战士、英雄、精神病患者，为了实现他们信仰的某种教义；也可以采用其他多种方式去理解。不同的人能以不同的方式阅读这个世界，就像他们能以不同的方式阅读不同类型的文本一样。

那么，是什么因素决定了你阅读或理解某一事物的方式呢？当然，答案既不是你大脑中任意一种化学物质，也不是某种电生理活动，即便你的确最有可能依赖大脑进行阅读或思考。与之相反，起决定性作用的是你与他人交往时的自身体验，这些人是各类社会群体中的成员，也许是圣经研究者、激进的律师、和平主义倡导者、家人、同族裔群体，或是隶属同一个教堂等。通过各种社会实践，这些群体，而不是其他元素，鼓励人们以某些方式去阅读并思考特定种类的文本和事物。

这是否意味着你不能"自由地"阅读及思考自己喜欢的内容呢？并非如此。你依然可以认识新朋友，加入新群体，并无任何损失。然而，它的确意味着你无法摆脱群体影响去阅读或思考。在阅读或思考同一事物时，你不能将非社会化的、私人的意义赋予文本或事物，只有你本人知晓后者的意义，在不同的场合阅读或思考同一事物时，甚至你自己都无法确定是否记得清楚。因为实际上，作为一个与世隔绝的人（至少就意义而言），你无法从他人那里核实自己的记忆。很久以前，哲学家维特根斯坦（Ludwig Wittgenstein）就证实了这一点，在其著名观点中，他否定了"私人语言"的可能性。至于"私人思维"这种东西，也是根本不存在的。

以上所述是否意味着"万事成空"且"万物皆虚"呢？当然不是。我们人类具有目标和理想，为了实现某些目标及理想，与其他群体相比，有些群体的阅读及思考方式显得更为有效。然而，它确实意味着没有目的或目标的事物不再"真实"（true）。在作为学术研究领域的物理世界中，如果你推着熄火的汽车直到汗流浃背，但车却纹丝未动，那么你并未做任何"功"（work，借用自物理学家们对该词的用法）。但在"日常生活"世界中，在那些不想成为物理学家或物理学现象的人眼中，你的确尽力而为了。意义没有对错之分。每种意义都隶属于一个不同的社会化世界。然而，如果你想讨论物理学，无论出于何种目的，你最好以物理学家的方式使用"功"这一术语。如此一来，意义就是"正确的"。

对我来说，以上观点似乎显而易见。对某些读者来说，亦是如此。然而，它们却引发了极大争议。此外，上述对阅读与思考的论述，与当前多数学校的理念相左。以阅读为例，我们都非常了解语言心理学式的阅读，它将阅读视作一种智力行为，参与了个人的脑力活动。这些看法有力地说明了学校教阅读的方式。当然，这并无不妥，语言心理学家的视角只是众多的阅读方式之一。但在我眼中，这是最不重要的一种视角。与之相比，我们对作为社会成就的阅读方式知之甚少。其中，阅读是大量不同社会实践的集合体，与多种不同的社会群体息息相关，这些群体决定了我们阅读及理解事物的方式。

就思考而言，亦是如此。认知科学教会了我们很多与思考相关的理论，将思考理解为一种智力活动，参与了个人的脑力活动。然而，出于种种原因，这些观点却无法像以前一样，有效说明当前学校中的教学工作。之所以如此，部分原因是在当下认知科学语境中，人们认为思维流（thinking current）强调主动探究及对概念的深度理解，然而从政治维度上说，这两者在学校中已是昨日黄花，不再受欢迎。如今，它们已受到标准化考试以及技能训练式教学的影响，为"基础知识"服务。

但毋庸置疑，我们的确不太了解作为社会成就的思考方式，也不太明白阅读是大量不同社会实践的集合体，与多种不同的社会群体息息相关，这些群体决定了阅读及理解事物的方式。例如，原来植物学家与景观建筑师划分及思考树木的方式极为不同。不同的语境、社会实践以及目的形成了两种不同的思考（以及阅读）方式。大体而言，两者没有对错。我们不太了解社会群体、社会实践以及机构如何将思考塑造为一种社会成就，并如何将其标准化。换句话说，当某些人采用植物学家或景观建筑师的思维方式，而不是其他视角时，我们不知道以上社会性元素是如何塑造人们的思想的。

最后一点颇为关键。由于阅读和思考都是社会成就，与社会群体相关，因此作为（或假装自己是）不同社会群体的成员，我们都能采用不同的视角进行阅读或思考。以我本人为例，我熟悉多种解读《圣经》之道，如神学、文学或无神论等视角，这要得益于我迄今为止拥有的多种体验及社会关系。实际上，任何一种阅读或思考的方式都是一种存在于世界的方式，一种成为"某类人"的方式，一种选择某种身份的方式。从这一角度上说，我们每个人都有不同的身份。即便是对牧师而言，面对《圣经》时，就算他更偏好某种阅读方式和某种身份，但他可以是"牧师"，可以是"文学批评家"，可以是"历史学家"，甚至可以是"男人"或是"非裔美国人"（牧师、文学批评家、历史学家或族裔群体的一员）。

这并非意味着我们都患有多重人格障碍。每个人都有一个核心身份，与我们其他所有身份都息息相关（例如女人、女权主义者、妻子、某一种族的人、生物学家、天主教徒等）。之所以有一个核心身份，既得益于随着时间的变迁，每人拥有的身体是同一个；又因为我们能够为自己构建一个相对（但也只是相对的）连贯的生活故事，我们是"主人公"（或至少是核心角色）。然而，当我们选择了新身份或告别旧身份时，这一核心身份就会随之改变或转换。从造物角度上看，我们是不断变化的生物，通过参与各种社会群体，我们构建社会性的自我。社会实践与社会群体总是在变化，有快有慢（而且在当代高科技的世界范围内，许多社会实践及群体的变化节奏正愈发加快）。

虽然我在上文中简述的观点也许（或也许不）是显而易见的，却让我投入了很多时间去研究。就算我还不老，但也是上了年纪，不妨借用大家的话，我是一位在婴儿潮时期出生的中老年人。我生于1948年。天哪，为什么我要玩电子游戏？更糟糕的是，为什么我要写本关于游戏的书？最简洁的答案，但并非全部原因，是因为我在玩过游戏后产生了一个想法，即如何学习阅读与思考，正如我在前文中提及的。

更详细的解释在此：在山姆四岁的时候，我总是坐在他旁边看他打电子游戏，从《小熊维尼》（Winnie the Pooh）开始，然后转到《小鱼弗莱迪》（Freddi Fish）、《睡衣山姆》（Pajama Sam）和《狐狸特工》（Spy Fox）。我为之着迷。有一天，我决定帮儿子玩《睡衣山姆：天黑后无需躲藏》。在游戏中，玩家角色就像漫画书中的超级英雄"睡衣山姆"，这个小男孩儿"恰巧"也叫山姆，为了变得勇敢而假装自己是超级英雄。玩家必须要在"黑暗之地"完成任务，见到黑暗并将其驯服。如此一来，玩家（即山姆）再也无需害怕黑暗。游戏中的一个常见问题，是如何才能说服一艘会说话的木船，也就是一块怕水却漂浮在水上的木头，使其克服恐惧，在水上自由航行，并载着睡衣山姆去往他需要去的地方。我决定靠一己之力将游戏通关，以便在儿子玩游戏时给予"指导"（如今在他玩游戏时，每次只要我试图"指导"他,就得罚款一美元。他说我在"指手划脚",而且"在他能自己解决问题的时候指挥他")。

玩游戏时,我惊讶地发现,即便是对成年人而言,游戏任务也非常耗时,并且极具挑战。然而,一个四岁的孩子却愿意花费时间,面对挑战,而且一定乐在其中。作为一个将后半段职业生涯投身在教育行业(前期致力于理论语言学)的人来说,我曾想:"要是孩子们愿意在学校里花费同样的时间,解决颇具挑战性的课业,并且享受其中的乐趣,那该多棒啊!"

因此,我决定购买并体验成年人的游戏(此处的"成年人"是指青少年及以上的人群;游戏玩家通常在3至39岁之间)。我多少有点随便地选取了《时间机器的新冒险》(*The New Adventures of the Time Machine*),它包含冒险、解谜以及射击等元素(多少有点模仿科幻小说家赫伯特·乔治·威尔斯),其实我几乎对电子游戏一无所知。我也不知道自己要面对何种挑战。就像同一类型的游戏一样,它需要花费很多时间才能通关。就很多优秀的游戏作品而言,即便是游戏高手,玩家也要付出50至100小时,才能获胜。更重要的是,对我来说,它更是难于上青天。

实际上,这是我的首个发现。这款游戏需要玩家使用我不擅长的方式进行学习和思考,事实上这也是电子游戏的普遍现象。在此之前,作为婴儿潮时期出生的人,我的学习及思维方式曾让自己受益良多,如今却突然失灵了。

我很快就得到了第二个发现。那是一天晚上,我已经整整玩了八小时的《时间机器》。之后,我发现自己在一个聚会上,坐在一个体重300磅的等离子物理学家旁,因为看了太多视频动态图像而头疼欲裂。我听见自己告诉那位物理学家:"我发现玩《时间机器》能提升生活乐趣",然而根本不知道自己想要表达什么。幸运的是,等离子物理学家们能接受的人类变量幅度极大(他跟我说,物理学家处理的等离子并非来自于血液的元素,而是一种物质状态;我问他为什么没有将其带到聚会上来,他向我解释说,等离子太不稳定,而且非常危险,如果他带过来一丁点儿,那就没有聚会了)。

对我来说,面对一种新的学习及思维方式实在太过奇怪了,既让我感到挫败,又能提升生活乐趣。这种状态让我想起自己的研究生生活以及早期的职业生涯(彼时,我中途换了工作)。然而,由于习惯了长期养成的阅读及思维方式,我忘却了这种状态。它迫使我回归初心,想起学习或应该是兼具挫折与乐趣的。关键在于找到让难题变得有趣的方法,如此一来,人们才持续前进,才不会倒退至阅读并思考那些简单易学的内容。

在获得上述两个发现之后,第三个心得接踵而来。最终,我把《时间机器的新冒险》打通关了,然后开始玩《冲出重围》(Deus Ex)。之所以选择这款游戏,是因为它曾被多家游戏网站评为年度游戏。然而,《冲出重围》比《时间机器》篇幅更长,任务也更难。我发现自己出现了以下疑问:"天哪,这款游戏如此费时费力,但为什么销量会这么好?"当然,我很快发现,好的电子游戏(如《冲出重围》)往往都能卖出数百万份。的确如此,电子游戏产业的年销售额都能与电影产业持平,甚至超过后者。

因此,我们此时讨论的事物是耗时耗力,并充满挑战的。然而,如果你不学习游戏,那么你就没办法玩。如果没人玩,游戏就卖不出去,设计游戏的公司就得破产。当然,设计师可以把游戏设计得越来越短,越来越简单,以辅助学习。这是学校的惯常做法。

但就这款游戏而言，情况恰恰相反。游戏设计师把游戏篇幅做得越来越长，越发具有挑战性（并且总是在新游戏中加入新元素），却依然能让人们从中受益。这是为什么？

如果你仔细想想，就会发现达尔文主义在此发挥着作用。不管出于何种原因，如果一款游戏的设计中隐含着有效的学习原则，也就是说，如果它能够以有效的方式来辅助学习，那么该游戏就有人玩儿，并且能成为爆款产品，反之亦然。其他游戏可以将这些元素融入设计之中，也许能进一步优化上述原则。如果游戏设计中加入了差劲的学习原则，就无法让人从中受益，无人问津，销量也不会太好。其设计师也得另谋高就。最终，多亏马克思所说的"资本主义的创新性"，电子游戏代表了一个过程，它促使游戏设计越来越好，以达成有效学习的目的，确实让人们能有效地学习难度高又具有挑战性的内容。

如此一来，探讨上述原则到底是什么，似乎是个颇为有趣的问题。好的游戏作品如何让玩家从中学到东西呢？人们学得又好又快，即便这些游戏费时费力，大家还能去玩，并且乐在其中，这又是为什么？在此，我们正在寻找的真实答案是：好的游戏作品中包含人类学习的原则。

当然，有一个学术领域专门致力于研究人类如何学得最好，学得有效，那就是认知科学。那么，我们不妨来比较一下，看看好游戏中的学习理论与认知科学中的学习理论有何不同。哪种理论最强？实际上，我认为，好游戏中的学习理论与最佳的认知科学学习理论十分接近。这并不是因为游戏设计者读了有关学习的学术文献。实际情况与之相反，很多人都没读过。在高中及以外的时间，他们花了大量时间玩电子游戏。

此外，还有一个学习的重要场所，或许不是唯一一个，即学校。我们还可以追问，好游戏中的学习理论与学校中的教学工作有何不同。在此，我们确实面临一个矛盾。一方面，好游戏中的学习理论极为契合我的理念，即它是学校教育中最佳的教学方式。另一方面，这种教学方式凤毛麟角，甚至越来越少见，这是因为考试及技能训练再次控制了我们的校园。与之相应，我们从当前学校教育中发现的学习理论与好游戏中的学习理论就南辕北辙了。

如果好游戏中的学习原则是有效的，那么与在校学习相比，小学，尤其是高中的学生玩的电子游戏则包含更有效的学习理论。此外，好游戏中的学习理论，而不是从学校中看到的学习（和实践）理论，更契合当前孩子和青少年所生活的高科技全球化的现代世界。就当前的世界而言，它与婴儿潮时代出生的一代人成长的世界极为不同，我本人就是个例子，我们的世界要依赖许多我们那代人的理论。那么，在高中时期，不管好学生还是坏学生，无论是穷学生还是富学生，都不太喜欢学校，其原因难道不是显而易见的吗？

本书讨论了36条学习原则（分别在各章中论述，并在附录中列出所有内容），皆是我从好游戏中总结而来。从我破题开篇的方式，你已经了解，虽然此书讨论学习，但在更大程度上探讨物质世界及社会世界中的学习者（玩家）。不然还能怎样？毕竟，他们是在玩游戏。与其他游戏类似，电子游戏本身具有社会性，虽然在游戏世界中，有时电脑赋予其他玩家人工智能，使其成为神奇生物，但有时，则是恪尽职守地扮演着奇幻角色的真人。

然而，此书还有另一个目标。它尝试通过讨论电子游戏，向读者介绍当前研究的三个重要领域，并将这三个领域联系起来。其一是"情境认知"（situated cognition）。例如，思维与身体在世界中的体验紧密相关。该观点认为，人类的学习并不仅仅是发生在头脑中的活动，而是被彻底嵌入在（或置于）一个物质的、社会的、文化的世界中。其二是所谓的新素养研究（New Literacy Studies）。该研究认为，阅读和写作不仅应被视作人们头脑中的智力成就，而且还是社会文化实践，具有经济、历史及政治的涵义。

显而易见，虽然上述两种研究在某些细节上存在分歧，却有很多共同点。与情景认知研究者相比，新素养研究者往往对心理学存在更多质疑，同时也更关注政治维度。

第三个领域是所谓的联结主义（connectionism）研究，强调人类以何种方式成为强大的模式识别器。此类研究认为，当人们试图通过逻辑及普遍抽象原则进行思考时，无法达到最佳效果。与之不同，人们通过选取现实生活中的真实经验，构建了自己的模式，以此为基础进行思考，才能达成最佳效果。久而久之，即便以上模式会具有概括性，却依然扎根于具体的经验领域。

这种思维理论显然只从一个方面解释了思考和推理为何是"情境化的"。我认为，它是一种视角，能说明阅读、写作及思考为什么以及如何与社会文化实践难分难舍。在本书中，我并未明确地使用"联结主义"一词，而只是讨论在日常经验中发现模式意味着什么，与他人共处在一个社交网中意味着什么。若是人们借助各种工具及技术（如电脑和互联网），能否比实际上表现得"更聪明"。

就情境认知研究、新素养研究以及大脑的模式识别理论而言，三者都没有获得普遍认可。每种理论都有不少反对者，实际上，很多人反对以上三种观点。此外，我通过电子游戏对上述研究做出的介绍，也是经过精挑细选的。对以上领域不太了解的人只关注其皮毛，但对其颇有研究的人将会很快意识到，我是基于上述三大研究领域来拓展自己的观点，但同时也存在其他多种视角。即便如此，我坚信，以上三个领域抓住了人类思想及人类学习的核心真理，在好的电子游戏被玩家学习及体验的诸种方式中，以上真理得到了充分体现。

在当今的学校中，这些真理往往较为少见。当然，本书也会讨论学校，呼吁学校教育建立在更好的学习原则之上。如果我们只能从电子游戏中学到它，而不是来自于像认知科学一样有着无趣名字的领域，那也顺其自然吧。我知道很多人，尤其是处于右翼政治图谱中的人，会觉得这种想法过于荒谬。那也无所谓。（我与葛琳达·赫尔［Glynda Hull］及科林·兰克希尔［Colin Lankshear］合著的《新工作秩序》［*The New Work Order*］一书，讨论了在所谓的新资本主义全球化现代世界中，为何老式的"左""右"区别不再成立。）

在本章结尾，请允许我简要说明几点。首先，虽然我聊了很多真正的电子游戏作品，但我其实想讨论电子游戏的"潜能"。游戏总是以飞快的节奏变得更好、更复杂。随着游戏作品越来越棒，我在此提出的大部分观点只会越发被证实为真。这亦会让我倍感欣慰，因为每当读者阅读此书时，对一些玩家来说，我提到的任何一款游戏终将"过时"，会被新游戏所取代。

第二，我发现许多读者都未曾玩过或当时没在玩电子游戏，尤其是本书讨论的游戏类型。我会尽力表达得清晰详尽，以便所有读者都能了解本书的内容。

有些读者想要探讨许多类型的电子游戏，欣赏游戏中的图片，甚至下载各种游戏说明，或者登陆大量网站来了解很多关于电子游戏的知识。我在本书中提及的所有游戏大致都能采用此类方法进行研究。在此，我推荐一些网站，当然不局限于以下内容：gamezone.com, gamedex.com, pcgamer.com, gamepro.com, gamespot.com, ign.com, MrFixitOnline.com, womengamers.com 和 gamecritics.com。Joystick101.org 提供一分钟内的短文，除了游戏测评，还有针对游戏作品的批判性解读以及与游戏相关的争议话题。

第三，在此书中，我并非有意暗示，像我一样出生在婴儿潮时期的"老年人"应该赶上潮流，开始玩电子游戏。很多人会发现电子游戏太难，挫败感太强，缺乏个人成就感，无法持续玩下去。然而，只要我们以认真的态度面对游戏和年轻玩家，那就能从他们那里学到很多。不仅如此，我总惊讶地发现，当电子游戏等元素成为某些受欢迎的大众文化的核心要素时，许多人，甚至有些提倡多元文化的自由主义者，很容易公开反对那些文化，或试图凌驾于后者之上。既然提及多元文化主义，我们不妨多说一句，就像大量英裔及其他种族的美国人一样，许多非裔美国人也喜爱电子游戏。当然，穷人家的小孩和青少年也玩电子游戏，即便他们只能在学校、图书馆、社区中心或朋友家接触到电脑或游戏主机。这里蕴含着有关平等的重要议题，我会在本书结尾展开讨论。

最后，我想提及多数电子游戏研究文献所涉及的话题，即暴力（如游戏中的射击、杀人以及对犯罪的描写）和性别（例如，有没有女性玩家及其数量，电子游戏中是否以及如何表现出对女性的歧视）。鉴于其他文献已经进行了充分研究，因此，我在此书中不再赘述。然而，在本书第六章，我亦讨论了一些电子游戏引发的社会政治热点话题。这些话题的出现，得益于功能强大的免费软件，几乎每个团队都能设计复杂的 3D 游戏，以表达该团体自身的价值观和利益。

就暴力和性别而言，虽然两者对本书的基本观点不那么重要，但我也想说一下自己的看法：游戏中的暴力被过分夸大了（典型的例子是电视，我们发现在世界各地的战争中，真人相互杀戮的现象屡见不鲜）。电子游戏中的暴力所引发的争议，只是我们想从一个新角度讨论技术（或毒品）对人造成的影响，并不是以此来理解人类社会经济的总体语境。

不管怎样，射击这种活动是一种将社会交往（！）编码的简单形式。随着现实生活中的交谈形式变得愈发依赖电子设备（一项难度很高的活动），我预测，在很多游戏中，射击将变得越发不重要，而谈话变得越来越重要。即便在射击类游戏中，情况亦是如此。即便是现在，与之前的同类作品相比，许多射击类游戏也更强调潜行、故事以及社交。

此外，很多复杂的电子游戏类型根本不涉及任何暴力元素，如模拟及某些策略类游戏等。然而，我以射击游戏为基础展开此书的部分论点，恰恰是因为此类游戏是"最难的"案例。显而易见，模拟类游戏蕴含着重要的学习原则，如《模拟城市》(*Sim City*)，况且许多科学家自己也使用这些模拟技巧。然而，人们很容易忽略并否认其他游戏类型中的学习技巧。但即便如此，这些技巧却依然存在。

就性别而言，我深信电子游戏与其他许多流行文化形式一样，其内容也过度强调年轻貌美的性感女性。不仅如此，除了少数特例，此类女性并非游戏中的主要角色。然而，随着越来越多的女性玩家出现，这种情况将会得到改善。此外，在角色扮演类游戏中，你可以设计自己的角色。在我正在玩的游戏《地牢围攻》(*Dungeon Siege*)中，我扮演一位非裔美国女性，但我只能选择淡黑色的皮肤和苗条的身材。我确信，随着时间的推移，玩家的选择会越来越多。(在奇幻世界中,我个人不想扮演又老又胖的白人秃顶男,因为我在现实生活中有足够多的机会获得这种体验。但是,我的双胞胎兄弟就不太开心,因为在设计游戏角色的时候,他不能将这样的角色设计成主人公。)当然,游戏反映了我们所处的文化,一种我们能改变的文化。

就女性玩家而言,她们能很快追上男性玩家,虽然两者往往玩不同类别游戏,如《模拟人生》(*The Sims*)。然而,有些网站专门针对喜欢玩各种射击游戏的女性玩家,虽然男性玩家更偏好此类游戏。当我们这些学者意识到自己的兴趣是在解释世界时,我们应牢记于心:游戏玩家中人数最多的是那些玩单机或网络版卡牌游戏(video card games)的中年女性。在此,我并不想讨论卡牌游戏。那只表明,我们这些学者还需要加深对"真实"世界的了解。我猜那也是我们要不断努力的原因。

< 2 >

## 符号领域：
## 玩电子游戏是"浪费时间"吗？

**素养与符号领域**

当人们学习玩电子游戏时,他们是在学习一种新的素养。当然,这并不是"素养"一词的惯常用法。在传统意义上,人们将素养视作读写能力。那么,为什么我们应该在更广的语境内理解素养呢?为什么把它与电子游戏或其他内容联系起来呢?有两个原因。

首先,在现代世界,语言并不是唯一重要的交流系统。如今,图像、符号、图形、表格、艺术品及许多其他视觉符号都极为重要。因此,不同类型的"视觉素养"会成为一种重要的理念。例如,能够"阅读"广告中的图像就是一种视觉素养。自不待言,阅读此类图像有不同的方式,这些方式或多或少都与广告商的意图或利益有关。懂得如何解读家里的室内设计、博物馆中的现代艺术以及音乐录影带中的视频则是其他形式的视觉素养。

不仅如此,如今,不同形式的词语及图像以多种方式并置在一起,相互融合。在报纸杂志及教科书中,图像与文字一样,占据着越来越大的篇幅。实际上,在许多现代高中及大学的科学课本中,图像不仅占有更多篇幅,而且其传达的意义也独立于文本。如果你不能阅读这些图像,那么你就无法像以前一样,从文字中找到其意义。

在这种**多模态**文本(图文混合的文本)中,图像往往与文字传达不同的内容。而且,两种模态的融合所传达的意义与每种模态独立表达的意义也不相同。因此,不同类型的多模态素养看起来是一种重要的理念。模态与多模态皆远远超出了图像和文字的范畴,包括声响、音乐、运动、身体感知以及气味。

当然,如今这些都不是新鲜事儿了。显而易见,我们生活在一个充斥着图像的世界。这是我们应该在更大的语境中思考"素养"

一词的第一个原因。原因二在于，即便阅读和写作是传统素养内涵的核心，但并不像它们当初看起来那样普遍及明显。毕竟，我们从不只阅读或写作，而是一直以**某种方式**阅读或写作**某些东西**。

人们可以采用多种不同方式去阅读及写作。我们不用同一种方式读写报纸、法律条款、文学批评论文、诗歌、说唱歌曲等内容，此处不再一一列举。以上每个领域都有各自的规则和需求。每种阅读方式都是一种在文化和历史上独立的读写方式，从这种角度上看，亦是一种独特的素养。此外，在任何情况下，如果我们想要"打破规则"，想要质疑文本内容，例如以批判为目的，我们只能采用不同的方式，通常要具备相对深奥的知识，知道如何"按照规则"来解读以上文本。

因此，阅读不同类型的文本需要不同的方式。素养是多样的，从这一角度上说，阅读法律书籍需要法律素养，它与阅读物理书或超级英雄漫画所需要的素养不同。此外，我们不应急于抛弃后一种素养。很多超级英雄漫画充满了后弗洛伊德式的反讽，会让现代文学批评家的心跳加快，并让其他普通的成年人疑惑不已。那么，就算素养在传统意义上只涉及文字文本，它却不是单一性的，而是一个多样化的事物。即便不考虑图像与多模态文本，只涉及印刷文本，"素养"的类型也是不同的。

一旦发现这种素养的多样性（多种素养形式），我们就会发现，在思考阅读与写作时，我们不得不跳出文字文本的限制。任何领域内的读写，无论对象是法律、说唱歌曲、学术论文、超级英雄漫画或其他内容，都不仅仅是解读文字文本的方式，而是与社会实践相联系，并且在社会实践中考察。如果一个人对社会实践一无所知，那么任何领域中的素养都毫无价值，因为素养是社会实践的一部分。当然，这些社会实践所囊括的内容远远超出了与文字文本相关的活动。

即便人们不亲身体验某种社会实践，也能对其颇为了解。例如法庭辩论、核物理实验，或是通过涂鸦来纪念帮派的某个历史事件。然而，了解社会实践，总是包括识别各种独特方式，这些方式涉及表演、互动、价值判断、感觉、认识及使用不同物品和技术，这些内容构建了社会实践。

举个例子，以下这句话与篮球有关："后卫在场内运球，竖起两个手指，把球传给无人防守的队友"。也许你对句中每个词的字典释义都了如指掌，却无法理解整个句子的意义，除非你能在某种程度上分辨（也许只是在头脑中模拟）后卫、运球（dribbling）、篮球、无人防守的队友（open men）和篮球场。但是，若是能识别以上内容，你已是非常了解篮球这项运动了，它也是一种具体的社会实践。对法律、漫画书、某个科学领域或其他事物来说，其语句或文本亦是如此。

让我们更进一步详细解释。每个人对"后卫在场内运球，竖起两个手指，把球传给无人防守的队友"这句话的理解是不同的。从某种程度上说，理解越深入，效果就愈好。一个人能了解并识别的篮球社会实践越多，就能更好地理解这句话。例如，如果你对篮球极为精通，就会发现这句话可能表达了以下意义，即后卫通过竖起两个手指，然后把球传给暂时无人防守的队友，传达出要使用某种战术的信号。

然而，这为我们带来另一个重要问题。虽然你无需参与某种具体的社会实践（例如打篮球或在法庭辩论），无需一定要借助社会实践去理解文本，但如果可以的话，你**有潜力**为那些文本赋予更深的含义。换句话说,生产者(能实际参与某种社会实践的人)**有潜力**生产更优秀的消费者(能够从社会实践中阅读或理解文本的人)。

该观点的必然结果是,作者(他们能写作可被视作某种社会实践的文本)**有潜力**生产更优秀的读者(他们能凭借某种给定的社会实践来理解文本)。需要注意的是,我在此处使用的"作者"一词,并非只用其描述那些能使用适当词汇为某一特定行业写作的人,如野外生物领域,而是指这类人写出的文本能受到野外生物学家的认可,并在同行的社会实践范围内将其视作一种可接受的文本。

为什么我在这里要使用"有潜力"一词呢?这是因为生产者身上存在一个悖论。一方面,生产者足够深入地参与了自己的社会实践,因此能理解与这些实践相关的文本。另一方面,生产者往往过于浸润在自己的社会实践中,以至于生产者会以一种缺乏质疑的方式看待与其实践相关的文本,将文本的意义及价值视作理所当然。如此一来,深度学习和优质教育的一个核心问题在于,如何像生产者一样学习并获取知识,还要兼顾反思与批判视角。

以上所有说法都是显而易见的,而学校教育往往忽略这些内容就值得玩味了。在学校中,孩子们通常按照预期去阅读文本,但对这些文本所涉及的社会实践一无所知。他们很少能有机会参与真正的社会实践,在阅读与实践相关的文本之前或阅读过程中,无法以一种"局内人"(如野外生物学家)视角,发现重要的且令人满意的文本意义。

的确如此,孩子们参加阅读测试时,往往解答具有普遍性的问题,强调事实资料与词典释义。这些问题虽然与各种文本有关,但忽略了一点,即以上文本属于不同体裁(例如,它们是不同种类的文本),与不同类型的社会实践有关。孩子们往往能回答以上问题，最终却丝毫不能学到并理解文本类型及社会实践，但这些是素养的核心和灵魂。

学校还会一直沿用这一方式，直到他们（以及阅读测试）打破固有观念，不再将阅读视作默读词语，解答具有普遍性的问题，或强调事实资料与词典释义。不可否认，在阅读时，你不得不默读词语，或者说，这至少能极大提升阅读速度。你确实需要解答具有普遍性的问题，强调事实资料与词典释义；这意味着你懂得文本的"字面"含义。但可惜的是，太多人，包括很多教育者和政策制定者，都忽视了一点，即如果你只能完成这些任务，那么你**根本不会阅读**。在与具体文本及社会实践类型相关的语境中，你将无法读得又好又恰当。

举个例子，我们不妨再斟酌一下跟篮球有关的那句话："后卫在场内运球，竖起两个手指，把球传给无人防守的队友"。典型的阅读测试会这么问："后卫拿球做了什么？"并且将"拍球"当作唯一的正确答案。可惜的是，你能回答如此具有普遍性的问题，了解事实与词典释义，却对词句在篮球领域的含义一头雾水。当我们在科学等其他学科中遇到类似情况时，就不难理解为何如此多的孩子们通过了初级阅读测试，但在相应的学科中表现不佳。

以上现象如此普遍，以至于研究者将其称为"四年级低潮"(the fourth-grade slump)。之所以如此，是因为在过去，前三年的学校教育在更大程度上以学习阅读为目标（能解读文字文本，并获取文本的字面含义），而四年级学生则开始通过阅读来学习（具体的科目）。但如今，许多孩子往往从一、二年级开始就需要学习科学和数学等内容，至少在贵族学校中，情况如此。

然而，我们不妨暂且将学校搁置不谈，回到主要问题，想想我们为什么应该主动拓展素养一词的研究视野。现在我可以说，从更广阔视野及非传统视角谈论素养（literacy）及多种素养（literacies），能立即将我们引入一个有趣的两难境地。举例来说，有人能理解说唱歌曲，甚至能创作（能作词作曲），但不能读写文字或音符，我们该如何评价他？

当然，从文字和音符的角度看，此人就是传统意义上的文盲。但这个人却能理解并使用一种完全不同于日常生活语言的语言形式来创作歌曲，而且这种音乐形式又与其他音乐形式极为不同。或许我们会说，此人虽然不能读写文字或音符，但具备说唱歌曲的素养（从某些程度上看，说唱是一种融合语言及音乐的独特领域）。

此类案例揭示出将文字作为核心的传统素养说的局限性。然而，我们需要讨论我所提出的**符号领域**（semiotic domains），才能从文字素养更为传统的意义上理解素养一词。在此，"符号"只是一种时髦的说法，指能承载意义的各类不同事物，例如图像、声音、肢体动作、运动、图形、图表、方程式、物体，甚至婴儿、接生婆、母亲等人，并不囿于文字。以上皆为符号（标志，表征，或你想使用的任何术语），"代表"（承载）不同情境、语境、实践、文化及历史时期下的不同含义。例如，就十字架的图像而言，它在基督教的社会实践中意指基督（或基督之死），在其他社会实践（如非洲宗教）的语境中，则是指南针的四个点（东西南北四个方向）。

在我看来，符号领域指一系列实践，涉及一种或多种模态（如口语或书面语、图像、方程式、标识、声音、肢体动作、图形、艺术品等），以传达独特的意义类型。以下为符号领域的一些例子：细胞生物学、后现代主义文学批评、第一人称射击类电子游戏、高级时装广告、罗马天主教神学、现代主义绘画、助产术、说唱音乐、红酒鉴赏，该列表还包括很多五花八门的项目，无法穷尽且瞬息万变。

上文那句跟篮球有关的话，即"后卫在场内运球，竖起两个手指，把球传给无人防守的队友"，来自于篮球符号领域。将篮球称作一个符号领域也许有点奇怪。然而，在篮球运动中，尤其是词语、动作、物体和图像都承载着独特的意义。在篮球中，"dribble"并不是指流口水（drool）；"a pick"（即挡，一位进攻球员挡住一位防守球员，避免他/她的队员被防守）的意思是指，防守球员必须迅速去防守一位无人防守的进攻球员；球场两端的半圆是三分线，如果球员在该线外投篮得分，则获得三分，而不是两分。

如果你不了解这些意义，不能阅读这些符号，那么你就无法"阅读"（理解）篮球。在谈论篮球时，这一点似乎无足轻重。然而，在讨论了课堂中与科学有关的符号领域后，以上看法就会变得极为重要了。同样，如果你不知道如何阅读具体符号（词语、动作、物体和图像），那你就无法"阅读"（理解）那一类科学。

如果我们不采用传统意义上的读写视角，而是首先从符号领域的角度去思考，如果一个人能识别（相当于"阅读"）并/或生产（相当于"写作"）某一领域的意义，那么我们可以说此人具有（或不具有）某一领域的（部分或全部）素养。我们可以保留"文字素养"一词，用其描述那些能使用英语、俄语等语言来阅读及/或写作的人，但在此处，我们依然想坚持一点，即不同的事物与不同的社会实践相关，解读它们的方式也各不相同，从这种角度上看，文字素养有多种形式。因此，能够理解并创作说唱歌曲，但却无法阅读文字或乐谱的说唱艺术家，是就说唱音乐这一符号领域而言具备素养,而不是从文字素养意义上看。

在现代世界,仅有文字素养是不够的。人们需要具备其他多种符号领域的素养。若这些领域也包括文字,那么人们理所当然也需要掌握文字读写能力。然而,除了文字,大部分领域包括符号学的(标志性的、表征的)资源,甚至根本不涉及文字资料。而且更为重要的是,人们终身都要学习新符号领域的素养。如果要说全球化、高科技、由科学驱动的现代世界有什么变化的话,那肯定是它以更快的速度创造着新的符号领域,改变着旧领域。

此书将电子游戏视作一种符号领域,实际上是一个领域家族,包括彼此不同却相互联系的多个领域,因为电子游戏的体裁或类型不尽相同(如第一人称射击游戏、幻想类角色扮演游戏、实时策略类游戏、模拟游戏等)。人们可以具备或不具备其中一种或多种电子游戏素养。然而,在谈论与电子游戏相关的学习及素养时,我还希望能够发展一种有关学习、素养及符号领域的视角,将其推广并应用到电子游戏以外的领域中。

然而,如果我们想要严肃地看待电子游戏,将其视作一个符号领域家族,让人们能够学到某种素养,那么我们即将面临一个问题:很多不玩电子游戏的人,尤其是老人,肯定要说玩游戏是"浪费时间"。在下一个部分,我会用六岁儿子的具体例子,来回应以上说法。

## 学习以及内容问题

在讨论"电子游浪费时间"一说之前,我首先要跟大家介绍一下《皮克敏》（*Pikmin*），这是儿子在六岁大时玩的游戏。《皮克敏》是一款基于任天堂 GameCube 的"E"类游戏，适合所有年龄的玩家。

在《皮克敏》中，玩家扮演奥利马船长（Captain Olimar）。他是一个小小的（个头只有一个 25 美分硬币那么大）长着纽扣鼻子的秃头大耳宇航员。由于受到彗星的撞击，他驾驶的宇宙飞船坠落在一个不明星球。飞船碎片散落在星球的各个角落，奥利马船长（即玩家）必须收集遗失的飞船零件。与此同时，他要依靠宇航服，保护自己不受该星球有毒气体的伤害。因此，玩家必须小心监控船长制服所受到的伤害，并在必要时对其进行修复。更为复杂的是，航天服的生命补给将会在 30 天后失效，因此船长（即玩家）必须在 30 天内（游戏中的一天相当于现实世界中的 15 分钟）集齐所有丢失的飞船零件。所以，这款游戏是在与时间赛跑，让玩家能玩到最后却以失败结尾，这种情况极为罕见。

然而，奥利马船长并非孤军奋战。在刚抵达这个陌生的星球不久，他就碰到了本土生物，后者愿意为其提供帮助。一个长得像大洋葱的生物播撒下幼苗，继而成长为身材娇小的萌宠（甚至比奥利马船长还小），奥利马借用了自己母星一棵萝卜的名字，称其为"皮克敏"。这些小生物似乎对奥利马百依百顺，无条件地执行他的指令。奥利马船长学习如何培养红、黄、蓝三种颜色的皮克敏，每种都具有不同的技能。同时，他还学习如何训练皮克敏，不论颜色如何，都使其成长为更强大的生物体，即头上长出叶子、花蕾或花朵的皮克敏。

多彩的皮克敏组成了追随奥利马船长的部队，玩家可以用其抗击危险生物，捣毁石墙，修建桥梁，并探索这颗陌生星球中的许多区域，以寻找飞船遗失的零件。然而，虽然奥利马船长能够用幸存的皮克敏补足牺牲的部分，但必须保证一点，即绝不能让皮克敏全部阵亡，游戏及儿童玩家将这种情况叫做"灭绝事件"。

看六岁大的儿子扮演奥利马船长，实在让我眼界大开。他指挥多种颜色的小皮克敏部队去战斗，修造、培养更多的皮克敏，探索未知世界，持续解决多种问题，发现并到达飞船遗失零件所在的位置。随后，孩子命令自己的皮克敏将沉重的零件运回飞船。他的爷爷看孙子玩了几个小时后，评论道："虽然它也许对孩子的眼手协调能力有好处，但是浪费时间，因为游戏没有任何值得学习的内容。"在我看来，上述评论至少表现出"游戏浪费时间说"的一个普遍观点，我将其称为**"内容问题"**。

我认为，内容问题源于人们对学校、教育、学习及知识的普遍看法。之所以这些观点颇具说服力，是因为它们如此深入地扎根于西方思想史中，然而我不赞同此类观点：重要的知识（如今往往从学校中获得）是信息维度上的内容，源于物理学、历史、艺术、文学等知识领域或学术学科。任何不包含以上学习内容的工作都是"无意义的"。那些具有娱乐性但不具有上述学习内容的活动只是"无意义的娱乐"。当然，电子游戏就被列入此类。

这种观点在西方文化中由来已久。例如，柏拉图和亚里士多德曾持有类似的看法，他们认为知识本身就是好的，其原因也在于它本身，这里的"知识"就是上文中提及的"内容"。至于其他追求，包括在实践中利用这些知识，则次之，从某种程度上说是平庸又无价值的，因为它们一旦脱离了实践应用领域，就没有了针对知识的学习及反思。显而易见，这种观点当然会促使爷爷对孙子玩《皮克敏》游戏做出上述评价。

"内容论"的问题在于，就内容而言，任何学术学科或其他符号领域并非主要强调事实及原理意义上的内容，而是一系列处于鲜活历史变化中的独特历史实践。正是在这些社会实践中，"内容"通过人们的思考、言说、价值判断、实践以及更普遍的阅读和写作，得以产生，被思辨，并转化。

从未有人想要将篮球视作一种与运动本身相割裂的"内容"。试想一下，从未打过篮球或看过篮球赛的学生，去读一本涵盖篮球原理及规则的教科书，你认为他们能在多大程度上理解书中知识呢？他们对这样一本书又有多少兴趣呢？然而在学校里，我们就是一直用这种方式学习数学、科学等学科的。更有甚者，就数学及科学而言，有些政客及教育者不仅对机械训练式的"内容"教学极为宽容，而且还谴责"**做**中学"的课堂教学法。

然而，我们还可以采用另一种视角来思考学习与求知，以质疑"内容论"的合理性。我会在后面的章节中详细阐释该观点。在这一视野下，玩电子游戏"浪费时间"显然是不具说服力的，但在讨论该观点并直接给出答案之前，我需要先做些准备。

**换一种视角看待学习及求知**

另一种视角首先基于以下观点，即不存在"一般性的"学习。我们总是学习"某些具体东西"。这些具体的东西又总是以某种方式与某些符号领域相互联系。

因此，如果我们要考虑某种事物是否值得学习，是否浪费时间（例如游戏等），我们应该追问下列问题：通过学习它，我们能进入哪些符号领域？这个领域是否有价值？从何种意义上做出的价值判断？学习者是只通过理解（"阅读"）部分领域进行学习，还是通过在这一领域生产（"写作"）意义来更全面地参与此领域？我们还要铭记，在现代社会，有些符号领域比传统学校中设立的学科，具有更重要的潜在价值。稍后，我会在介绍孩子玩《皮克敏》的部分，继续讨论以上问题。

一旦学着从上述问题开始思考，我们就会发现自己面临一个棘手的问题，即在学习或已学会某些东西时，人们会进入何种符号领域。以大学一年级学生为例，他们选了大学初级物理课，以优异的成绩通过考试，还能默写牛顿的运动定律。他们进入了何种领域？虽然"内容论"认为答案是"物理学"，并就此止步，但事实显然并非如此。

多项研究表明，就一个简单问题"向空中投掷一枚硬币时，有几种力作用在硬币上？"而言，虽然它的答案原本能根据牛顿定律推理出来，但许多能默写牛顿运动定律的学生都会答错。他们声称，如果忽略损耗不计，有两种力作用在硬币上，分别是重力和手传递给硬币的"推力"。根据牛顿定律，当硬币处在空中时（除了空气造成的损耗），作用在硬币上的力有且仅有一种，即重力。虽然亚里士多德认为推力是存在的，而且人们在日常生活中倾向于如此理解力与运动，将其视作理所当然，但就上文提及的问题而言，推力是不存在的。

因此，这些学生已经进入了物理学的符号领域，将其当作**"被动内容"**，而不是在生活中用新视角观察并体验到的东西。也许这并不是什么本质上的错误，因为物理在现代生活中是极为重要的一个领域，那些被动内容也许能使他们从一定程度上了解物理的内容。然而，我却倾向于对此持保留态度。即便上述观点没错，这些学生也无法在物理学科中创造意义，或是以生产者的视角理解意义。

他们并未学会用新的方式体验世界。通过以新视角体验世界，善于思考的天性得以养成。就手传递给硬币的力而言，硬币将其存储起来并且耗费殆尽（"推力"），这并不是一种看待并改变世界的方式（例如，在特定的时间和地点从事现代物理研究）。

当我们不再将某个新符号领域视作被动内容，而是用更主动的方式去学习它时，下列三点颇为重要：

1. 我们学习用新视角去体验（观察、感觉及实践）世界。

2. 由于多个符号领域通常被将其进行独特社会实践的多个群体所共有，因此我们有可能参与相应的社群，与其成员交往并产生联系（即便我们可能无法认识每一个人，或是与所有人都未曾谋面）。

3. 我们从这个领域中获取了资源，为将来在该领域中学习及解决问题做好准备，更重要的是，这也会有助于我们学习其他相关领域。

如此一来，主动学习包括以下三要素：以新方式**体验**世界，构建新的社会**联系**，为将来的学习做**准备**。

这就是"主动学习"。然而，这种学习也不是我所说的"批判式学习"。想要让学习兼具批判性和主动性，我们需要添加一个要素。学习者不仅需要学习如何在某一具体领域内理解并创造意义，并将其与相关领域联系起来，还要在"元"维度思考该领域，将其视作一个由相互联系的个体组成的复杂系统。此外，学习者还需要学习如何在该领域中创新，也就是说，如何生产能被人们接受的意义，同时使其具有创新性或不落俗套。

为了真正理解以上观点，我还需要多谈谈符号领域。如此一来，我才能将批判式学习解释清楚，并更明晰地阐释体验世界的新方式，构建新的社会联系，并为将来的学习做准备。

**科普符号领域：情境意义**

词语、标记、图像和物品的意义存在于具体的符号领域及具体情境（语境）中，它们并不只有概括性的意义。

我曾在罐头厂做过工人，后来成为一名学者。我在这两种语境下都使用"工作"（work）一词，但它在每种语境下的含义颇为不同。在罐头厂工作时，"work"指每天八小时的体力劳动，用来维持我的生存，能让我回家后享受"真正的"生活。在学术生涯中，"work"则意味着我将思考、阅读、写作及教学作为职业的一部分并主动付出的努力，超出了八小时的时长。在人类浪漫关系的领域，"work"则具有其他含义，如"Relationships take work"（意为"谈恋爱需要花费精力"，此处的"work"为"精力"）。稍后，我会解释，即便在同一个领域中，诸如像"work"这样的词实际上也会具有不同的含义，就像在罐头厂、学术界或恋爱关系等不同情境中，该词的含义随着情境变化而变化。

然而，就语言和符号领域而言，我们在此面临着一个最常见的困惑。人们往往认为，一个词或某个标志的意义是具有概括性的，至少像字典中列出的词条解释一样。但是，词语和标志的含义取决于具体情景及具体的符号领域。如果你没有认真考虑具体符号领域及具体语境，就无法准确知晓该词的含义。

我们在"现场"构建词语或标志的含义，以使其匹配我们所处的真实情境，但恕我直言，其实是我们所操控的具体符号领域。某个词语或标志所具有的概括性意义只是一个主题，在使用它们的具体情境中，我们必须围绕该主题构建更为具体的实例（意义）。

为了在相应的符号领域中理解或生产词语、标志、图像或物品，人们必须能找到相应领域或与其相关领域中行为、互动或对话所包含的体验，从中将词语、标志、图像或物品在其语境中定位出来。这些体验可以是人们真实经历过的，也可以是通过阅读、与他人交谈或使用各种媒体而产生的想象。上文中学习物理的大学生无法做到这一点，也就是说，他们不能将牛顿定律的元素应用到具体情境中，也无法从物理力学这一符号领域的视角出发，形成在生活中观察并实践的方法。

如此一来，意义与具体情境和具体领域都颇为相关。因此，即便在具体的领域中，某个词的含义也会根据不同情境而发生变化。我们不妨以刚才提到的"work"一词为例。在与学术相关的领域中，"work"（工作）可能具有的多种含义与其他符号领域（如法律、医学、体例劳动等）中的意义不同。

有时，我会如此描述一位学者："她的工作颇具影响。"此处的"工作"指她的研究。有时，我会说同样的话，但从由她担任主席的某个委员会来看，句中的"工作"是指她在学术领域或学术机构中的行政成就。为了体验以上场景中的"工作"一词，你需要明确自己指向哪种情境（例如，是知识方面的成就，还是学科领域或机构中的行政事务），并确定使用该词的符号领域（此处是学术圈，而不是律师事务所）。

在所有领域中，皆是如此。即便在物理学这个严谨的符号领域中，人们必须在不同的情境中定位（建构）"光"一词的恰当含义。在不同场景中，人们需要通过思考、讨论或实践来理解及构建该词的意义，如波、粒子、直线、反射及折射、激光、颜色以及其他情境下的意义。即便在物理学中，如果有人使用"光"一词，我们需要知道他们说的是波还是粒子，是颜色还是激光，或其他含义（也许他们在谈论电磁学的一般理论）。

在其他领域，该词在不同情境下亦有不同含义。例如，在宗教中，人们在构建"光"一词的含义时，需要思考、讨论并采用以下主题，如启迪、洞见、生命、恩泽、和平、出生及其他情境下的意义。

如果你无法想象学术圈的体验及状况，那么就"她的工作颇具影响"一句来说，你的确无从知晓"工作"的具体或大致含义。当然，想要想象学者的生活，你无需亲自去当个学者。但你确实需要在头脑中构建相应体验的模拟世界（在这个案例中，指学者可能具有的体验、态度、价值观和感受），然而这一过程是无意识的。你能做到这一点的原因也许是因为读书或其他间接体验，也许是与自己更熟悉的其他领域做了类比（例如，你可能将自己的艺术爱好比作学术研究，在与自己职业工作相关的情境中理解"工作"一词的含义）。

之所以我要赘述这一点，是出于两个原因。其一，我想说明，理解意义是一项具有主动性的活动，其中我们针对自己所在的情境或领域做出（虽然是无意识地）反思。其二，因为我想指出，任何符号领域的学习都包括极为重要的一点，即学会如何在该领域涵盖的各种情境中为该领域定位（构建）意义。这恰恰就是为什么主动学习才是真正的学习，并总是体验世界的新方式。

不仅如此，我想在稍后指出，电子游戏极有潜力成为这样人们能学会通过某个复杂符号领域中包含的体验来定位意义的优秀场所，并在这一过程中进行思考。有些糟糕的理论强调概括意义，强调阅读而非阅读某些东西，强调在与具体符号领域无关的概括性学习。当你玩电子游戏的时候，这些理论都会失灵。游戏以极为清晰的方式，例证了有关意义、阅读和学习的更具体、更情境化的理论。

## 科普符号领域：内部视角及外部视角

理解符号领域有两种不同的方式：内部视角和外部视角。对任何符号领域来说，它既可以从内部被视作一种内容，也可以从外部被解读为人们参与的某一系列社会实践。例如，第一人称射击游戏是一种符号领域，而且包括一类具体内容。作为这类游戏典型内容中的部分，玩家以第一人称视角在虚拟世界中穿梭（你在活动时，只能看见自己手里的东西，感觉好像真的拿着它），使用武器与敌人作战。当然，此类游戏也包括许多其他内容。因此，我们可以讨论自己在第一人称射击游戏中发现的各种典型内容。这就是从内部视角看待一个符号领域。

另一方面，第一人称射击游戏中的玩家体验实际上是他们的一种实践，有时是单人模式，有时则通过互联网、跨平台或局域网等方式进行多人游戏。他们也会与其他玩家谈论此类游戏，阅读相关杂志，或是浏览以其为受众的网站。他们发现，有些人比别人更擅长此类游戏。他们还发现,热爱此类游戏的人会获得某种身份,至少在涉及这些游戏时。例如,喜欢第一人称游戏的玩家也许能清楚意识到暴力在游戏中的作用,却不太可能反对游戏中的暴力行为。

此类人与某一具体的符号领域相关(此处指第一人称射击游戏),我将其称为"趣缘群组"(affinity group)。趣缘群组中的人能够将他人或多或少地视作"圈内人"。也许他们与很多群组成员未曾谋面,但与其进行网络互动时,或是阅读该领域的相关内容时,他们能通过一个人的思考、行为、互动、价值判断或信念的模式,来判断后者在多大程度上喜欢该符号领域。因此,我们能够在某一指定符号领域中讨论思维、行为、互动、价值判断或信念的典型模式,也能讨论相关的各种典型社会实践。这就是从外部视角来解读一个领域。

我刚才从内部和外部两种视角分别解读第一人称电子游戏,该方法可以适用于其他所有符号领域。以我从事的语言学研究为例,这个学科就是一个符号领域。语言学中有一个成熟的分支领域,通常被称为理论语言学或语法理论,该领域很大程度上源于著名语言学家诺姆·乔姆斯基(Noam Chomsky)及其后继者(即便是该领域的其他观点,也要根据乔姆斯基的理论来进行构建)。若是从内部视角来看这一符号领域的内容,我们便能得出如下观点,即"所有的人类语言都是一样的"的说法是合理的,在该符号领域中有可能是正确的表述。虽然乔姆斯基派的语言学者对"语言"和"一致"等词做了具体的定义,但后者与"日常"生活中的用法已经不同了。

另一方面,在理论语言学者的符号领域中,"上帝将生命赐予词语"的说法就会受到质疑,其内容并不被认可。如果历史被重写，也许会有那么一个语言学的领域，能认可以上说法。然而鉴于历史无法扭转，我们又界定了科学的本质及学术领域，因此，在理论语言学中，以上说法就不能成立。

截至目前，我们一直在用内部视角讨论理论语言学这一个符号领域的内容。然而，我们还能采用外部视角来探讨并审视该话题，此类语言学者往往会以语言学者的身份思考、实践、互动、判断价值及建构信仰。换句话说，当他们参与理论语言学这一符号领域时，或是基于与该领域的联系而实践时，我们需要追问他们所使用的各种身份。这就是从外部视角来解读一个领域。

理论语言学家往往看不起那些研究语言中社会文化元素的人（像我这样的学者）。他们通常认为，只有语言的结构层面（如句法或音韵学）才能以严谨的科学方式进行研究，再从以数学为基础的抽象理论中推导出结论。与之相应，他们倾向于将自己与物理学家等"真正的科学家"联系起来。由于物理学在社会中享有盛誉，因此与社会语言学家相比，理论语言学家往往觉得自己在语言学领域中高人一等。

我并不是说所有的理论语言学家都看不起那些研究语言中社会文化元素的学者（虽然之前做理论语言学研究时，我也有过这种歧视）。与之不同，我只想表明，有上述错误想法的语言学学者应该将以上思考及价值判断的方式作为理论语言学领域或与之相关的社会语境的一部分。这就是从外部视角来解读一个领域。

看待理论语言学的外部视角，而不是内部视角，解释了为何这一语言学分支通常被称为理论语言学，与此同时，那些从社会及历史的角度研究语言的人实际上也参与了"理论"的构建及思辨（虽然这些理论没有那么抽象，也并非以数学为基础）。倘若物理学优于文学或社会学，那么在此类更大的文化版图中，理论语言学就能轻而易举地给自己贴上"严谨科学"的标签。那些从社会及历史的角度研究语言的人常常只用"理论语言学家"来描述乔姆斯基（及其相关）的研究，也因此反映了他们本身的"附属关系"。当然，最后是对更大的整个语言学符号领域的外部视角评价。

某一符号领域的内部及外部视角之间有没有关系？当然，如果我们把学术学科作为符号领域来谈论，很多学者会给出否定的答案。但实际上，答案是肯定的。作为某一符号领域的内部元素，内容是由活生生的人及其社会交往在历史中生产出来的。正因为人们在社会上、历史上、文化上是这样的，他们以某些方式构建了（部分，而不是全部）内容。上述内容决定了人们在世界上最重要的身份之一。经过进一步的社会交往，这些身份得以发展变化，最终以新的方式影响了上述内容在其符号领域中不断发展与转变。与之相应，新的内容进一步促进了上述身份的发展与转变。内部与外部互惠互利。

我不想提出任何具有后现代性的相对论观点，即任何事物都不会优于其他事物。某一符号领域的潜在内容能以多种方式呈现出来。有些在目的的角度上占优势（例如关于语法或语言的观点），但内容总会以不止一种好的（和坏的）方式出现，因为人们能在世上发现很多有效又正确的事实、原理及模式。

例如，乔姆斯基及其早期的学生以英语为母语，并因此愿意将这种语言当作构建其理论的原始语料库。实际上，这些理论并不局限在英语这一种语言，而是可以推及至其他语言，对所有语言的结构都适用。早期对英语的强调（将英语视作"典型的"语言）促使该理论形成了最初的形态，促使某些方面（而不是其他方面）得以发展。之后，之所以该理论发生了变化，是因为更多（与英语颇为不同的）语言得到了更细致的研究。然而，无论这一理论如今有多好（暂时假设它是好的），如果乔姆斯基等人是纳瓦霍人（Navajo）①，那么它也会一样好，只是略微有些不同。

有不少事物都是有对有错，毫无疑问，理论语言学也是如此。如果乔姆斯基这样的理论语言学家说纳瓦霍语，对与错的部分也会随之改变，尽管可能还会有一样的对和错的部分。美国哲学家皮尔斯（Charles Sanders Pierce）指出，随着时间的变迁，经过科学家的一切努力，像理论语言学这样某一领域的所有理论"最终"都会融合为一个"真理"。但你我肯定等不到"最终"那一刻了，所以只能接受一个事实，即符号领域的内部及外部视角（甚至是不同的学术及科学领域）相互影响。

**科普符号领域：设计语法**

符号领域有我所谓的"设计语法"。每个领域都有内部及外部两种设计语法。设计语法是指某一领域的原则及模式，内部设计语法是关于内容能否被认可、是否典型；外部设计语法是针对某一符号领域相关的趣缘群组而言，社会实践及身份能否被认可以及是否典型。

你知道如何识别现代主义建筑吗？哪种建筑物是典型的或非典型的现代主义建筑？如果你能回答这些问题，那么你就（作为一种兴趣）有意无意地了解现代主义建筑这一符号领域的内部设计

---

① 译者注：美国西南部印第安部落的原住民。

语法。

如果你只知道罗列现有的现代主义建筑物，那么你就不清楚该领域的内部设计语法。这是为什么呢？因为如果你了解设计语法，即知道如何凭借一些内在的原理和模式来判断一座建筑是否具有现代主义特质，那么你就能辨别那些从未见过的建筑，和那些未曾修建的纸板模型。如果你只是背诵名单，那么你就无法区别那些不在名单上的建筑物。

你知道如何才能像"热爱"现代主义建筑的人那样去思考、行动、互动或进行价值判断吗？你能识别他们在自己领域内所使用的诸种身份吗？你能弄清什么算是现代主义建筑这一符号领域相关的趣缘群组中成员所重视的社会实践吗？以及在这些社会实践中怎样算是恰当的行为？如果你的答案都是肯定的，那么你就有意无意地了解了该符号领域的外部设计语法。

你能判断哪些内容属于理论语言学吗？你是否知道"所有语言都是一样的"（从某种程度上说）和"在所有语言的核心语法中，基本句法规则都是最理想的"这两种说法都属于理论语言学范畴，而"上帝将生命赋予词语"和"正常化是科学中非常有效的交流机制"则不属于该范畴？你知道其中的原因吗？理论语言学是一个内容元素之间相互联系的复杂整体，它又如何遵循了这一点呢？如果你的答案是肯定的，那么你就知晓理论语言学的内部设计语法。如果你只知道罗列该领域的一些事实，那么你将无法了解列表外的其他观点是否应属于该领域，甚至无法判断某一话题是否值得公开讨论。你无法"深入了解"这一领域。

你是否意识到，理论语言学家不像重视语法中的结构元素那样，关注语言的社会维度？你是否了解，即便在评判社会科学与人文的研究时，他们往往更重视这些领域中的逻辑推演方式和抽象理论，并忽视那些描述性强但抽象性及理论性欠佳的研究呢？你是否意识到，在谈论该领域内外的学术研究时，"描述性"一词是（或至少曾经是）一个贬义词，而"说明性"一词则是一个褒义词？你知道为什么会这样吗？如果你知道其中的缘由，那么你就知晓理论语言学这一符号领域的外部设计语法。你就发现了与该领域相关的趣缘群组所独有的思考、行为及价值判断方式。

当然，一个领域的内部及外部设计语法会随着时间变化而变化。例如，语言学学者曾有种常见的做法，把《圣经》翻译成美国印第安部落的语言，将其当作自己学术研究的核心部分，以此来彰显其语言学学者的身份。这些学者曾希望促进向这些语言的使用者传教的工作。他们不曾发现，进行语言学研究及服务于宗教目的，这两者之间存在着冲突。其他未曾涉及《圣经》翻译的语言学家就不必争论这点，也通常无法赢得上述宗教语言学家在学术上的尊重。该领域的外部语法（这当然同时也受到了更大范围的文化影响）使得语言学研究兼具科学及宗教使命，这种联系也公然成为此类研究的一部分。

时至今日，不管是理论语言学还是其他流派，多数语言学学者会质疑语言学研究与宗教之间的联系。就把《圣经》译介至不了解此书的文化社群以及促进传教工作而言，他们不会将其视作任何一种语言学分支的核心任务。如今，该领域的外部设计语法并不提倡语言学研究和宗教使命的联系，也不赞同语言学家基于该联系产生的诸种身份，或是与之相关的社会实践。

那我为什么如此固执地使用"设计语法"（design grammar）来解释上述问题呢？这是因为我想让大家思考一个事实：对于任何一

种符号领域，无论是第一人称射击游戏，还是理论语言学，不管是从内部视角，还是从外部视角看，该领域都是人为设计的。但到底是谁设计了第一人称射击游戏及理论语言学等符号领域呢？

显而易见，真正的游戏设计者和制作者通过开发游戏，决定了第一人称射击游戏被认可的内容。日复一日，由于他们将某些原则、模式及程序应用到此类游戏的建构中，第一人称射击游戏的内容就形成了一种可被识别的模式，以至于人们不仅会说"哦，没错，那是第一人称射击游戏"或"不对，那不是第一人称射击游戏"，而且还会说"哦，没错，那款典型的第一人称射击游戏"或"天哪，那是一款史无前例的第一人称射击游戏"。

然而，这些设计师和制作人只是为第一人称射击游戏生产外部语法的部分人群。那些体验、评论及讨论此类游戏的人，以及那些设计和制作游戏的人，通过持续的社会性互动，共同塑造了第一人称射击游戏这一符号领域的外部设计语法。恰恰是他们持续不断的社会性互动，决定了该领域的原则及模式，使该领域的中的人们能识别与判断和第一人称射击游戏相关的趣缘群组成员的思考、交谈、阅读、写作、行为、互动、价值判断和信仰所具有的特点。

外部语法设计者构建了一套社会实践及典型身份，内部语法构建者生产了该领域的内容。当然，前者对后者产生了影响，因为内容必须要"取悦"与该领域相关的趣缘群组的成员，并吸纳更多新人进入到该领域中。与此同时，后者也影响了前者，因为内容塑造并改变着那些实践及身份。

就理论语言学而言，亦是如此。那些撰写、发表论文并在会议上宣读论文的语言学家们通过自己的研究，塑造了该领域的内部结构语法。他们构建并改变着决定理论语言学内容的原则及模式。

通过社会交往以及在此过程中构建的身份,语言学家得以塑造该领域的外部语法。正是他们持续地进行社会实践及其身份建构,才决定了相应的原则和模式,让该领域的人以此来识别并判断与理论语言学相关的趣缘群组成员的思考、交谈、阅读、写作、行为、互动、价值判断和信仰的特点。

如我所述,核心问题在于明白符号领域内部的和外部的语法及结构,它们彼此联系,相互支持,并相互转化。我们不妨举例说明这一观点,通过返回电子游戏来进一步阐释设计语法的观念。

有人使用游戏主机玩游戏,如索尼 PlayStation(PlayStation-X 或 PlayStation2)、任天堂 GameCube 或是 Xbox 等。有些人的游戏设备则是电脑,就像我现在写书用的这台一样。在游戏主机上玩游戏时,人们会使用手持的控制器,上面有各种按键,往往还会有一两个内置的小手柄。他们从不用连接在电脑上的那种键盘。

在电子游戏这一符号领域,主机游戏的外部结构是由游戏及手持控制器共同组成,电脑游戏的外部结构包括键盘或手持控制器,因为有些人实际上也会将手持控制器连接到电脑上,以取代键盘。

目前,这看起来似乎只是基本的技术性事实。然而,之所以世间万物以某种方式运作,是因为人让它们这样运作,至少是人们愿意如是接受它们。如此一来,当事物以那种方式运行时,人们就会期待它们如其所是,并以那种方式构建其价值和标准。

我们相信,人们可以为游戏主机适配一个键盘。最起码,对于设计者来说易如反掌,他们可以修改主机,从而使主机与键盘兼容。然而,如果你没有意识到这么做会"破坏规则",那么你就不理解主机游戏领域的外部设计语法。那种行为严重背离了该趣缘群组成员的期望、预想以及价值观。很多主机游戏玩家认为,不宜用键盘玩游戏，但有些电脑游戏玩家则将其视作一个好方法。与之相应，这些问题也与作为游戏者的玩家身份有关。[例如，《电脑玩家》(*PC Gamer*)杂志的编辑常常因为花时间玩主机游戏而不是电脑游戏而"致歉"，显然是看不起主机游戏。]

2002年，微软发布了游戏主机Xbox，这是首款自带计算机式硬盘的游戏主机。硬盘能够让玩家在任何节点将游戏存档。在此之前，由于主机的技术限制，主机游戏的存档频率要远远低于电脑游戏。例如，主流游戏主机的玩家只能在关卡结束时存档，或是在游戏中发现一个特殊的存档符号时存档。这意味着，在动作游戏中，无论玩家已经玩了多长时间的游戏，他们都不得不保持足够的生命时长，直到关卡结束，或是找到存档符号。

在电脑游戏中，由于电脑配置了硬盘，玩家能随心所欲地保存游戏进度（当然也有例外）。玩家能以此来调整自己的游戏策略。在用电脑玩游戏时，玩家能在一场苦战之后存档，免去重复战斗的麻烦。如果玩家在稍后的游戏中牺牲了，那么他们能从大战胜利之后的存档节点开始，再次进入游戏。

在游戏主机上，如果一场大战后没有设立存档标识，或是此战不在关卡结尾处，那么玩家就无法存档，必须要继续游戏。若是玩家不幸牺牲，那只能重头再战一次，因为游戏会从之前存档的节点开始读取，而那时大战还未开始。实际上，上一次的存档很可能在很长时间之前，因此玩家需要重复大量的游戏任务。

然而，我还是想强调，这并非只是技术问题。主机游戏用户无需将无法随心所欲的存档视作一种限制。在他们中，有不少人反而将其当作一项荣誉，认为它为游戏增添了更多的兴奋与挑战。电脑游戏玩家在大战或惊险一跃后存档，有可能落个"懦夫"的称号，因为他们面对严峻挑战时无法坚持太久。此外，以我个人体验来说，很多主机游戏用户并不像我一样，认为一次又一次地体验游戏中的任务是无聊的重复。他们将其视作提升自身技术的机会，愿意在喜欢的游戏中花更多时间。

在此，我们发现外部技术及物质事实以某些方式成为了社会性事实及价值观。配备硬盘的 Xbox 引发了争议，而理解游戏主机领域外部设计语法的任何一个人对此早有预感。Xbox 真的是游戏主机吗？真正的游戏主机能自带硬盘吗？也许 Xbox 只是做了伪装的电脑罢了。这场争论就是围绕该领域的外部设计语法展开的：在该领域的外部设计语法范畴内，"电子游戏、主机游戏、硬盘"这一模式能被接受吗？这是否算是该领域中能被人们肯定的社会实践及身份中为人接受的部分呢？它应该如此吗？

同样在意料之中的是，就微软最初为 Xbox 推出的游戏而言，有些利用了硬盘，让玩家能随心所欲地存档，如《马克思·佩恩》(*Max Payne*)，其他游戏则与"正统的"主机游戏并无差别，如《黑夜魔法师》(*Nightcaster*)。显然，微软试图用这款设备同时吸引主机游戏玩家及电脑游戏玩家，虽然从某种程度上说，这有点像吸引猫和狗一起玩球一样。

当然，很多人既玩主机游戏，也玩电脑游戏。尽管每个领域都会相应出现不同的趣缘群组，带有不同的态度及价值观，两组人之间也有重合。的确有人同时涉足以上两个领域，但对哪类游戏更适合在主机上玩，哪类更适合在电脑上玩，有自己明确的看法。以上情况很容易理解：符号领域及趣缘群组往往没有明确的界限（虽然有例外），而且在任何情况下，界限通常是流动的，是变化的。

由于 Xbox 已经具备能力，可以打破游戏主机的固有模式及存档限制，同时还依然保留游戏主机的一些典型模式，所以它有可能构建一个新的趣缘群组，或将旧群组转化。实际上，它与其相关人群的社会互动最终可能会在更大的电子游戏范畴内建立一个新的符号领域，该领域具有新的外部设计语法，规定了新的社会实践及身份。实际上，这一进程正在进行中，因为 Xbox 已经设立了专属杂志、网站，并拥有了一众真爱粉。

然而，上述外部设计语法的转变还会与内部设计语法相互作用，并改变后者。游戏开发者和制作商会利用 Xbox 的硬盘和更多主机的典型特质来设计新游戏。兼具主机及电脑两种特性的混杂类型游戏将会出现。主机游戏（往往强调快节奏动作）与电脑游戏（能存贮更多信息，并强调更具吸引力的故事）在内容方面的界限会愈发模糊。随着新内容的出现，关于不同游戏的类型中可接纳的内容的新原则及模式也随之产生，与之相关的趣缘群组也会改变相应领域中的社会互动、价值观及身份，各领域的外部设计语法亦是如此。

在以上变化中，有些变化可能微乎其微，有些则颇为显著。然而，此类情况适用于世上所有符号领域。人们从内部及外部来构建并改变符号领域，因为这些人总是以某些方式（而不是其他方式）接受技术环境及物质环境，塑造并重塑着彼此之间的社会互动。

**生活世界**

以上有关符号领域的导论可能会让人产生误解，认为上述观点只适用于"专业"领域，如电子游戏、理论语言学、法律或都市帮派研究，而不是"普通"、"日常"生活。然而，"普通"、"日常"

生活本身就是一个符号领域。实际上，我们每个人都拥有许多该领域的体验。我将其称为**生活世界领域**。

所谓生活世界领域，是指以下情境，其中我们作为"日常的"人去行动（相互理解，并理解自身），而不是更专业的技术的符号领域的成员。并非每个人都学习物理或是玩电子游戏，但所有人都会在其生活世界领域花费大量时间。当然，人们总是往返于专业领域和生活世界领域之间。以一群正参加晚餐聚会的物理学家为例，他们此刻可能正以物理专家的身份讨论物理学，却在下一刻聊起天气或电影，成为"普通的"非专业人士（当然，也有人在天气或电影相关的符号领域中工作，以专家身份来讨论这些话题）。

生活世界领域的文化存在着变化。换句话说，不同的文化群组或多或少在"日常生活中的人"的存在、做事、情感、价值判断及谈话等诸多方式上存在着差异。因此生活世界领域不止一个，尽管它们有足够多相互交叠之处，能促成更好或更坏的跨文化交流。

从内部视角来审视生活世界领域，我们可以说其内容只是世上范围广泛的非专业人士的体验，其中人们相互分享各种群组身份，包括最广泛的人类这一标签。一旦某个群体将其领域拓展至上述经验领域之外（无论与电子游戏相关，还是与气象科学相关），并创造了言说及思考该群组的"专业"方式（他们自己以"圈内人"的身份来"监管"，来决定什么东西是可被接受的，谁又是其中的专家），那么其成员也就脱离了生活世界（及其他普通人），并建构了一个专业符号领域。

从外部视角来观察生活世界领域，我们需要追问思维、交谈、行为、互动、价值判断等方式，有时候还包括写作及阅读方式，从而让一个具有独特文化特性的人群能在具体情境下将彼此当成

"日常的"或"普通的"非专业人士。例如，如果跟你聊天的朋友是位理论语言学家（而你却不是），你如何判断他此时不是专业的语言学者的身份，而是"日常的"非专业人士呢？如果你们聊的话题是语言，你又怎么做出判断呢？

当然，如果你和那位语言学家具有不同的文化背景，例如你是非裔美国人，但他却是俄罗斯人，那上述问题也会随之改变。然而，我劝大家还是不要过于强调种族差异。人们能且十分频繁地基于不同的文化群体来识别"正常的"人类行为，但有时这会引发问题（甚至会引发暴力）。

重要的是，我们要意识到一点，即生活世界领域与其他任何符号领域一样，不存在概括性的意义，意义处于某种情境中。例如，在不同情境下，即便是诸如"咖啡"这样常见的词语都有不同的情境意义。试想一下，同样是"咖啡洒了"这句话，如果我接着说"拿把拖布来"或"拿把扫帚来"，你会怎么理解这两句话呢？在不同的情境下，"coffee"一词有多个含义，包括液体、豆粉、豆子、罐子或是一种味道。在其他情境下，它还有别的含义，有时我们还会偶然发现该词的新意义；例如在"在明媚的阳光下，她咖啡色的皮肤颇具光泽"（Her coffee skin glistened in the bright sunshine）这句话中，"coffee"指一种肤色。

再以"light"一词为例，它在日常交往中也有不同的情境意义，如"Turn the light on"（把灯打开。此处的 light 意为"灯"），"This light isn't giving much light"（这盏灯不太亮。第一个 light 意为"灯"，后者意为"光线"），"I can see a far off light"（我能看见远方的光。此处意为"光"），"I am just bathing in this light"（我正沐浴在阳光中。此处意为"阳光"），"The effects of light in this part of the county are wonderful"（该地区的光照效果太棒了。此处为"光照"），"The last thing I saw was a bright light"（我最后看到的是一抹亮光。此处为"光"）。当然，当我们在生活世界领域中理解"真理"、"好"、"民主"、"公平"、"诚实"等词时，问题就会变得更为复杂，更依赖生活世界领域相关的具体文化情境。

就生活世界领域而言，有几点需要注意的地方。首先，我们都习惯于从"日常"普通人的角度来认识事物，不依赖任何专业知识。虽然在日常生活领域，人们能通过非专业观点来认识事物，也不必面对专业人士的挑战，但在现代世界，专业领域却越来越侵占日常生活领域的空间。

例如，我曾居住在洛杉矶。每个普通的洛杉矶居民都"知道"，这里的空气污染严重且非常危险，他们往往也愿意实话实说。然而屡见不鲜的是，报纸上也总会说，"外行"并不知道他们到底在谈论（和呼吸）什么有害物质。此时，专业人士指出，没有任何科学"依据"证明空气是极为有害的。烟草公司多年来也用这一招来描述吸烟的危害。当人们声称自己由于环境污染而感到不适（或不幸身亡），污染地面环境及水资源的各家公司也会使用同样的说辞。

毫无疑问，教会学生如何思考相互矛盾的专家话语，思考与生活世界相悖的话语，应该是学校教育的首要任务。为了能实现这一目标，学生需要考察专业领域和具有不同文化特质的生活世界，需要既从内部视角来考察其内容，又要从外部视角来审视社会实践及身份。

第二，在现代世界，我们习惯了接受如下事实，即在我们不擅长的领域，孩子（包括我们自己的孩子）却是这方面的专家。很多孩子都擅长计算机这一符号领域,有时是因为喜欢玩电子游戏,这一爱好促使他们对电脑有更多了解,而此时家里的大人却对电脑避而远之。

孩子们已经把电子游戏、轮滑、滑板和滑雪变成了专业领域,不管是针对内部视角下的内容而言,还是针对外部视角下困扰大人的社会实践而言。与身边的大人相比,很多孩子已经通过电脑和电视学会了更多有关股票交易的知识,甚至法律知识,远远超出了成年人的想象(在一个提供法律资讯的网站上,有位青少年位居第一,而大部分排名靠前的人都是职业律师)。

成年人正习惯接受一个事实,即他们是很多领域的"移民",而他们的孩子们则是"原住民"(即专家)。彼时,生活世界中的人们有能力以"普通"人的角度,而不是专家角度,来学习并理解该领域。而如今,生活世界正在缩水,不仅要面临来自科学等专业领域的攻击,还因为我们的孩子们正在构建并掌握如此多个属于他们的专业领域。

第三,我坚信,我们有必要保护生活世界领域不受专家的侵扰(是的,也包括我们的孩子)。我们需要理解并重视人们的"日常生活"知识及友好关系。同样重要的是,我相信,尤其是在当代社会,无论具有何种文化背景,我们每个人都要涉足自身生活世界之外的多种符号领域。

在生活世界以外的领域中,人们往往与来自其他文化族群的人们建立联系,超越个体文化及生活世界领域的限制。当然,重要的是,我们不能诋毁他人的文化或生活世界;同样重要的是,在向人们介绍新的符号领域时,我们要去搭建桥梁。但在我看来,有种做法并不是对人的真正尊重,即放任人们局限在自己的文化及生活世界中，误认为那是现代世界中可供其活动的唯一空间。如果该观点与某些多元文化主义的说法不太契合，那也只好这样了。

### 回到《皮克敏》：批判式学习

如果学习具有主动性，那么它必须包括用新方式体验世界。我曾在上文中提及该观点，在新符号领域的具体情境下实践时，我们要学会用新视角来定位词语、图像、标识、物品等事物的意义。主动学习必须还包括建立新联系。谈及学习者加入与新符号领域相关的新型趣缘群组时，我已对此做过解释。

在某一领域内，主动学习还包括准备好在该领域或与其相关的领域内进一步学习。稍后，我再详细讨论这一点。我会选择两种学习场景进行比较，分别是好的电子游戏和优质的科学课堂，以讨论两个领域的观念。

然而，如我之前所述，批判式学习还包括另外一个步骤。就主动学习而言，学习者必须在其学习的符号领域的内部及外部设计语法视野内，来理解知识并实践，起码在无意识层面如此。但对批判性学习来说，学习者必须能有意识地从元级别参与、反思、批判以及熟练实践这些设计语法。换句话说，学习者必须找到并重视符号领域，并将其视作一个**设计空间**，从内部视角将其当成一个构成领域可能内容的元素相互联系的体系；同时从外部视角将其当作思考、行为、互动和价值判断的方式，这些方式构建了与该领域相关的趣缘群组成员的身份。

让我回到玩《皮克敏》游戏的儿子，以此为例说明我的观点。

对于玩游戏来说，怎样才能算主动学习者呢？为了达成这一目标，玩家必须在由这款游戏和类似游戏构成的符号领域中理解并生产情境意义。《皮克敏》的内部元素，如黄色的皮克敏，在游戏中并不只有一种概括性内涵或意义。学习者必须学会在该领域的具体情境中定位此类元素的情境意义。

例如，如果玩家前方有一堵石墙，他的黄色皮克敏（能扔出石头炸弹）就承担了该情境中的意义，即**能扔炸弹的皮克敏类型**（与黄色及蓝色的皮克敏不同），因为在游戏中摧毁石墙的最佳策略之一就是让黄色皮克敏朝着墙扔炸弹。然而，在游戏第一级关卡中，玩家到处能碰到沉睡中的体型臃肿的斑点生物，例如斑点小牛（Spotty Bulborb）。在攻击此类生物时，黄色皮克敏具有以下情境意义，即**与其他种类相比，它们能被扔得更远**，因为攻打此类大型生物的最佳策略是，让奥利马船长命令红色皮克敏跑上去从后方袭击敌人，同时他将黄色皮克敏扔到背部从上面攻击。

此外，玩家还需要了解的是，游戏内部设计语法所允许的游戏模式或元素组合方式。鉴于他们为每种模式或组合中的元素赋予了情境意义，他们需要了解整体模式或组合在有助于玩家完成任务的特定方式中意味着什么。

例如，《皮克敏》的内部设计语法让玩家能将皮克敏、石墙、墙边的小罐子组合起来（通过移动奥利马和他和皮克敏），包括小石头炸弹。当然，游戏本身无需一定要遵循这种组合方式，其设计语法也相应改变。即使这一设计语法的确能实现以上组合方式，玩家依然需要先基于自己所处的情境及其目标，先为游戏中的每种元素赋予情境意义，进而再为该组合构建情境意义。

如果玩家在游戏中需要通过石墙障碍，鉴于玩家能为黄色皮克敏构建一种情景意义，如能扔炸弹的皮克敏，那么玩家就能为该组合赋予一种情境意义，例如：**用石头炸弹武装黄色皮克敏，并命其炸掉石墙。**

再以《皮克敏》为例，游戏的内部设计语法还有另一种元素组合方式。玩家经常碰到斑点小牛，这种生物长着巨大的牙齿和下巴，能把整个皮克敏一口吞下去，它们通常在较为空旷的地方平静地沉睡着。因此，该领域的设计语法提供了以下组合方式：斑点小牛、沉睡的、在空旷地区。基于玩家为自己选取的具体情境，上述组合也相应具有若干种情景意义。例如，它可以有如下意义：**在斑点小牛沉睡时，小心翼翼地绕到后面攻击它**；也可以指：**悄悄地绕过斑点小牛，在不引起任何麻烦的情况下前往自己想去的地点**。玩家还可以为该组合赋予更出人意料的情境意义，例如：**唤醒斑点小牛，让自己体验一次更激烈的（可能也更公平的）战斗。**

因为我的儿子能成功摧毁石墙，并打败斑点小牛，所以他能理解（"阅读"），并能为其生产（"写作"）该领域（游戏）的元素及元素组合恰当的情境意义。然而，这"仅仅"是在主动地玩游戏。也就是说，这是在使用游戏的情境意义及其设计语法，进而理解并生产意义和行为（这亦是该领域内的一种意义类型）。当然，玩家可以将自己的战术固定下来，在不同的情境下使用同样的套路，但这不能被视作主动的玩游戏及学习方式。

上述意义和行为就是我所说的主动学习的产物，但还不能算是批判性学习，未曾在元级别维度用反思的方式利用设计语法，进而引发具有批判性的新意义和该领域的转化。然而，我的儿子也正在学习这一点，也就是说，他学习游戏的过程不仅具有主动性，而且还有越来越强的批判性。

飞船遗失的零件共计 30 个。在儿子集齐 5 个后,他便能进入一个叫做"森林之脐"(The Forest's Navel)的新区域。与之前曾体验过的游戏场景相比,该区域显得更严酷、更危险。这里有不同种类的危险生物,包括一些喷火的密集的动物。此外,背景音乐也发生了很大变化。由于玩家已经找到了 5 个零件,游戏因此认为玩家的技术比刚进入游戏时要更好。因此,场景和生物的难度等级变得更高,为玩家带来更大的挑战。与此同时,这些元素的变化也传达出一种新的氛围,将游戏基调从可爱的童话故事变为更黑暗的为了生存而做出的抗争。

我儿子能针对上述变化进行思考和评论。他说,音乐现在听起来"恐怖",而且场景比之前体验过的要看起来更阴森了。他知道这意味着游戏难度提升了。不仅如此,他发现这些变化提示他需要重新思考部分战术以及自己与游戏的关系。他甚至还能做出如下评论,即与森林之脐这一部分相比,游戏之前的关卡看起来更适合像他这样大的儿童玩家。他还质疑这款游戏现在是否"过于恐怖"。他制定了如下战略,每次只探索一小块新区域,避免碰到喷火的生物,然后带着从森林之脐那里收集的新资源(如蓝色皮克敏)返回旧区域,以便能更容易以更快的速度找到更多零件(别忘了,玩家只有 30 天的游戏时间来集齐零件,所以他想用更快更简单的方法完成任务)。

在此,我们正在做的是谈论及思考游戏的(内部)设计,把游戏看作一复杂的整体,其中各部分具有内在的联系,它们以某种方式引导甚至控制玩家。这就是元级别思维,将游戏视作一个系统,一个被设计的空间,而不仅仅是在游戏中一个又一个的娱乐瞬间。这样的思维方式能促成对游戏的批判。它还能实现新的行为及战略,有时候甚至超出了游戏开发者的预期。这就是我所说的批判式学习及思考。当然,对一个六岁的孩子来说,他才开始通过《皮克敏》及其他电子游戏进行批判式学习,但这是个好的开始。

这个孩子正在学习反思性思考《皮克敏》及同类游戏的内部设计语法(内容语法)。与别人交往时,他还会有机会思考外部设计语法(社会实践及身份的语法)。例如,他已经知道,自己能通过网络搜索来获取有用的游戏小窍门,包括所谓的"彩蛋"(Easter Eggs),也就是玩家能在游戏中发现的小惊喜,前提是他们知道如何以及在哪里找到它。他将这些窍门视作玩游戏的一部分。另一方面,他又认为这些建议是"指手划脚",并声称自己能"独立思考"。

在早期,儿子就是以这种方式进入游戏玩家的趣缘群组中,其中包括游戏体验、该群组特殊的社会实践以及其成员的诸种身份。如果他以批判的方式参与这些游戏体验的外部元素,他还将需要有意识地反思,自己在上述社会实践及身份中发现及未发现的模式及可能性。之所以这么做,是为了反思该领域的外部设计语法。

在此,我为批判式学习做出如下定义:学会将符号领域视作设计空间,这些空间以某种方式操控我们(该词不带有任何负面意义),同时我们也能反过来用某些方式去控制它们。儿子有更多的东西要学,不仅将《皮克敏》视作一个(内部及外部)设计空间,而且要把这一游戏类型(冒险策略游戏)视作一个设计空间。此外,除了这一类型,他还需要学习将普遍的电子游戏视作一个设计空间。

此处的关键在于,掌握上述设计空间如何相互联系,与其他类型的符号领域如何彼此联系,这些领域皆与电子游戏的符号领域有着或多或少的关系。换句话说,我的儿子能学会如何反思符号领域，在其范围内实践，将其视作更大的结构空间，涵盖与之有着或多或少联系的符号领域群（家族）。

那么，为什么我要把从元级别去学习及反思作为设计空间的符号领域（自身及其相互关系）视作批判式学习思维呢？理由如下：符号系统是人类历史文化的产物，旨在以某种方式引导和操控人们。通过其内容及社会实践，符号系统试图诱导人们以某些特殊方式进行思考、行动、互动、价值判断并获得情感体验。从这种角度上看，它们试图让人们学会用某些新身份在某一时间地点变成某类人。实际上，社会整体只是一个大网，涵盖上述多种不同身份和特有的相关活动及实践。

上述某些身份，在某些社会机构内或为某些社会群体构建着社会商品。所谓"社会商品"，是指被任何社会群体或社会整体视作能提升阶层、名誉、权利、自由或其他具有社会价值的东西。有些人或多或少都接触过重要的或自己渴望的符号领域和与其相伴的身份。此外，随着人们使用更具反思性的视角来认知某一领域，与一些符号领域相关的身份可能最终变得比自己预想得更好（不好），或是更重要（不重要）。

最后，从人们对伦理、道德或所珍视的生活的看法来说，他们可能最终意识到，某一既定的符号领域中的既定身份与此人在其他符号领域中的身份关系不大（或联系紧密）。例如，一个人可能最终发现，某个既定领域被设计出来，旨在鼓励人们反思对生活的厌倦，或是以一个人在其他符号领域中的身份为参照，经过再三考虑后想要摆脱该身份，因而以一定的方式来思考种族、阶层和性别。那么从这一角度上说，符号领域天生具有政治性（我这里所说的政治性，适用于所有与社会商品分配相关的行为）。

让我再解释得更详细些。从六岁大的儿子那里,像《皮克敏》这样的一款游戏构建了一种由各种相关特征组成的复杂身份。该游戏鼓励他将自己视作一个主动解决问题的人,一个即便在犯错后依然不断尝试去解决问题的人;事实上,他并未将失误视作错误,而是将其当作反思和学习的机会。它鼓励孩子成为这样一种解决问题的人:他并非使用老套路去解决问题,而是能怀着开放的心态来放弃曾经掌握的,寻求新方法以解决新情境下的新问题。

与此同时,游戏鼓励这个孩子从特殊的幻想生物(奥利马船长)及其忠实的帮手们(皮克敏)的视角解决问题,并因此摆脱他"真实的"身份,使用上述视角及身份本身的观念来玩游戏。此外,虽然他可以选择跑远点或是悄悄地绕过去,不去杀戮那些生物,但游戏还鼓励他专注于解决问题,专注于新身份中的幻想元素,而不是让他对(虚拟)杀戮即便很奇怪但"活生生"生物而忧心忡忡。在这种情况下,学习者从某种程度上开始定制游戏提供给他的身份。实际上,这是评判电子游戏好坏的一个重要特征。

《皮克敏》赋予玩家的身份在很多层面与玩家在其它领域获得的身份紧密相连。例如,我相信《皮克敏》构建的身份更契合以下这类学习者,后者能在学校或其他地方最主动地学习科学。

如果上述内容所言不假,那么我六岁大的儿子在这方面远远优于那些没机会(以主动及具有批判性的方式)玩这类游戏的孩子。不论是通过电子游戏还是科学来分配及获取这一身份,此处都出现了一个关于社会公平的议题。我们还能发现,我儿子在很小的时候,不靠学校的科学指导,花了很多时间用电子游戏来强化这一身份。其他孩子也许只能在课堂上的有限时间里来强化这一身份,而且是通过主动且具有批判性地学习科学,让自己摆脱死记硬背式的学习,从而获得一种学习科学的真实身份，但显然他们根本没有这些时间。

**电子游戏：浪费时间？**

目前，我讨论了一种有关学习的视角，它强调在具体的符号领域中进行主动且具有批判性地学习。那么，现在让我回到爷爷的评论，他认为玩电子游戏是浪费时间，因为孩子没有学到什么"内容"。

如果孩子（或大人）使用主动且具有批判性的视角来玩游戏，那么他们就正在：

1. 学习用新的方式体验（观察和实践）世界。

2. 培养参与新趣缘群组的能力，以及与其成员合作的能力。

3. 正在为将来学习与游戏相关的符号领域积累资源，亦为解决相关领域的问题做准备。

4. 学习如何将符号领域解读为设计空间，该空间使用某些方法引导并操控着人们，同时也相应地促进了人与群组之间社会联系的建构，其中有些联系在社会公平方面有着重要意义。

当然，就带有批判性地主动参与新符号领域而言，以上四点只是其中一部分。如此一来，有关具体符号领域的问题出现了：它们是体验世界的有效或重要方式吗？这个趣缘群组值得参与吗？为将来的学习所积累的资源适用于其他重要符号领域吗？该领域是否能通过在社会中批判、创新或进行有价值的思考及实践来促使学习者以此类视角反思设计空间（和空间帮助下建构的相应身份）及相互间的复杂联系呢？

针对上述问题，仁者见仁智者见智。然而，这些问题的重要性要远远超过爷爷所说的"内容"。此书谈及很多（但肯定不是全部）电子游戏，为上述问题提供了肯定的答案，前提是人们玩游戏的方式是主动且具有批判性的。电子游戏有能力促成主动且具批判性的学习。实际上，我相信，这些游戏比学校教育都更为有效（虽然学校教育可能包括学习"内容"）。的确，我相信自己对儿子玩《皮克敏》的说明，已经证明了自己的部分观点。

怎样才能保证玩家用主动且具批判性的学习思维方式来玩游戏呢？当然，没有人敢做出保证。显而易见，人们在很多方面都存在差异，包括在多大程度上愿意挑战自我，而且人们玩游戏的目的也不尽相同。但是，想要在玩游戏时达成主动且具有批判性的学习，我们需要注意两点。

其一是游戏本身的内部设计。好游戏，以及在这方面表现更优秀的游戏，遵循着以下设计理念，即鼓励并促进主动且具有批判性的学习和思维方式（但并不是说每个玩家都能达到这个目的）。其二是学习者周围的人、其他玩家及非玩家人群。就游戏结构而言，如果这些人在思考更普遍性的游戏或其他符号领域及其复杂关系的结构时，倡导反思性的元级别对话、思考及实践，那么也可以鼓励并促进主动且具批判性的学习和思维方式（再强调一次，该目标有可能无法达成）。的确，与电子游戏相关的相似群组通常倡导从元级别维度对设计进行反思，只要去看看游戏网站，你就明白了。

其他人能倡导学习者对作为设计空间的符号领域进行元级别反思式的交谈、思考及行动。以此为基础产生了另一个观点：批判式学习往往强调一点，即学习者以反思的视角将符号领域视作一个结构空间，它实际上鼓励并推动了主动式学习。一个人可以在缺乏批判思维的情况下进行主动学习，但却无法在缺少大量主动学习的情况下，在符号领域中进行真正的批判式学习。批判思维并不是可以后期附加之物。从一开始，它就应该是主动学习过程的核心要素。

此处还有一个重要议题，即决定某个符号领域，如电子游戏，是否有价值：社会中的符号领域以多种复杂的形式与其他符号领域相联系。其中，某一领域能够成为学习另一领域的优秀范本。因为掌握范本领域中意义构建的技巧，并获得与之相应的身份，有助于其他领域内的学习。另外，成为（或已成为）与范本领域相关的趣缘群组中的一员，也会有助于自己成为其他领域中趣缘群组的成员，因为范本群组的价值观、标准、目标或行为在某些方面与其他群组的价值观、标准、目标或行为相似。

让我来用具体实例来解释上述关联。在电子游戏这一更大的符号领域中，第一人称射击游戏和第三人称射击游戏是被清晰定义的子类型。然而，此类游戏常常具有与街机游戏类似的特点，后者包括《太空入侵者》（*Space Invaders*）、《吃豆人》（*Pacman*）、《青蛙过河》（*Frogger*）等，需要眼手快速协调，从而能迅速移动并做出反应。[实际上，第一人称射击游戏始于《德军总部 3D》（*Wolfenstein 3D*），后者是此类游戏的早期作品之一，其操作方式就非常像街机游戏。] 因此，已经熟练掌握街机游戏领域的玩家也就掌握了射击类游戏的范本领域，虽然现在的射击类游戏也包括许多其他元素。

另一方面，幻想类角色扮演游戏是电子游戏领域中另一个成熟的子类型。对那些以前玩过《龙与地下城》(*Dungeons and Dragons*)并（通过过家家或书本和卡片）掌握该符号领域的人来说，若是他们也玩幻想类角色扮演游戏，那就具有优势，因为此类游戏从《龙与地下城》发展而来，虽然它们现在也包括很多其他的元素。

射击游戏领域和幻想类角色扮演游戏皆有先驱者，而且有些先驱领域还是两者共有的（例如，在过家家游戏中，人们愿意承担不同的身份，某些文化及社会群组并不鼓励孩子或大人进入该领域）。在上述电子游戏的（子）领域中，有些可能为其他符号领域发挥着先驱的作用。例如，对于一些孩子来说，这些受欢迎的模拟游戏[所谓的上帝游戏，如《模拟城市》、《模拟人生》、《铁路大亨》(*Railroad Tycoon*)、《海岛大亨》(*Tropico*)]（子）类型堪称是主要把计算机模拟当作一种探究方式的那些科学的先驱（例如，某些类型的生物学及认知科学）。

在我和研究团队对电子游戏玩家所做的访谈中，我们发现有些年轻人将电子游戏这一领域当作一个资源丰富的先驱领域，用来学习其他与计算机等相关技术有联系的符号领域。确实，其中有几个年轻人计划考入大学，选择计算机科学或相关专业。

如此一来，我们可以追问：电子游戏这一更大领域下的诸种子领域能否成为先驱领域，继而促进学校内外的学习呢？我相信，主动且具有批判性的学习《皮克敏》等游戏的设计，连同那种解决问题的身份，与以后学习科学等内容有着紧密关系，起码当我们把教学和学习科学理解为一种主动探究过程而非消极背诵书本内容时，上述说法是成立的。

我深信，主动且具有批判性地玩电子游戏并不是"浪费时间"。而且，玩电子游戏的人（改写一下孩子爷爷的话）实际上在学习"内容"，但往往并不是学校教育中的被动内容。[很多游戏都包括大量知识内容，如《文明》（*Civilization*）系列。]在用主动且具批判性的方式玩电子游戏时，游戏的内容是这样的：**通过具体体验，游戏在一个多模态空间中构建情境意义，从而使玩家解决问题，并反思设计的复杂性，这些设计既包括虚拟世界的，又包括现代世界中真实与虚拟的社交关系及身份**。它不仅一点儿也不可怕，还能让人们从中得到极大乐趣。难怪如今的学校教育很难与之抗衡。

**学习原则**

本章指出，像《皮克敏》一样优秀的电子游戏中涵盖了多种学习原则，这亦是后面各章要讨论的内容。与后面的内容相比，本章所讨论的一些学习原则有些概括。在此，我将这些原则一起列出，并在下文中继续讨论。

我只提及五个最基本的原则，稍后再详细论述上文中提及的其他条目。这些原则的顺序并不重要。所有原则都同样重要，或相差不多。有些原则有交叉的地方，实际上，它们反映了同一个大主题下的不同方面。此外，这些原则并不适用于一切游戏，也不适用于用旧套路玩的电子游戏。与之不同，这些观点说的是好游戏的潜力，这些游戏的环境鼓励有意识的反思（虽然好游戏确实鼓励有意识的反思，但通过玩家及观众的参与，这一效果能得到极大提升）。

我对每条学习原则的阐述，和电子游戏及课堂内容两种学习形式都是相关的。

1. 主动且具有批判性的学习原则

学习环境中的一切元素（包括设计及呈现该符号领域的方式），都旨在鼓励主动且具有批判性的学习，而不是被动学习。

-

2. 设计原则

学习并鉴赏设计及设计原则，此乃学习体验的核心。

-

3. 符号原则

将多层符号系统（图像、词语、行为、标识、物品等）的内部联系或系统之间的相互联系视作一个复杂的系统进行学习和鉴别，这是学习体验的核心。

-

4. 符号领域原则

学习，意味着在某种程度上掌握符号领域，并且能在某种程度上加入趣缘群组或与之相关群组。

-

5. 从元级别思考符号领域的原则

学习，意味着主动且具批判性地思考某一符号领域与其他符号领域之间的关系。

## 3

## 学习与身份：
## 成为"半精灵"意味着什么？

## 《奥秘》：学习与身份

我在上一章指出，符号领域鼓励新成员构建并扮演新的身份。我将此类身份命名为解决问题的探索者，游戏《皮克敏》为六岁大的儿子构建了这一身份。所有符号领域的学习都需要身份建构过程。它需要建构新身份，并在新旧身份之间搭建桥梁。

例如，一个在课堂中学习科学的孩子必须愿意承担科学思想家、解决问题的人以及实践者一类身份，才是参与了真正的探究，而不是被动学习。他必须能够发现并建构新身份与其他身份之间的联系。当然，如果孩子所拥有的一个或多个身份与科学课堂上建构的新身份无法协调、相互矛盾，或是后者对前者造成了威胁，就会使孩子处于不利地位。（例如，有的孩子可能不擅长学习技巧性的东西，有的则讨厌学校，还有人可能来自那些不"喜欢"科学或教育的家庭，更不用说那些生物课上的神创论基督徒了。）

本章将学习玩游戏当作一个典型例子，来证明身份在学习过程中是如何运作的，同时也能说明主动批判式学习是如何在学校等其他符号领域中达成的。电子游戏塑造着身份，并鼓励以清晰有力的方式使用及反思这些身份。如果学校也以这种方式教学，那么学校教育将更加成功，更有成效，因为这样的教育就是我们在上文中所说的主动批判式学习。为了能进一步展开讨论，我以一款具体的电子游戏为例，它就是幻想角色扮演类游戏《奥秘：蒸汽与魔法》(*Arcanum: Of Steamworks and Magick Obscura*，以下简称《奥秘》)。

首先，我聊聊这款游戏及其多种身份建构。继而，我会讨论学校教育，比较它与《奥秘》这类游戏中的学习过程的异同。最后，我会继续论述好游戏中蕴含的学习原则，它们对所有领域中的有效学习都很重要。那么，让我们先来看看《奥秘》吧。

《奥秘》的故事发生在一个名叫"奥秘"的巨大世界中，包括很多国家及城镇。很久很久以前，魔法（magick）称霸整个奥秘世界。但如今，技术到来，奥秘世界既有古老的符文，又有工业化的蒸汽设备，魔法与机器在这片土地上冲突不断。人类、精灵、侏儒、小矮人、兽人和恶魔，以及半精灵、半兽人和半恶魔（源于父母中有一方是人类）共同居住在这个世界中，每个种族都以不同的方式面对着魔法与技术之间的冲突。

在玩《奥秘》之前，你必须要为自己创建一个游戏角色。每个种族及性别都有不同的自然属性。例如，我选择了一个女性半精灵角色，将其命名为"珠珠"（Bead Bead）。与其他种族类似，半精灵有着独特的参数等级，包括力量、体格、灵敏度、颜值、智力、意志力、感受力和魅力值。以上每种特性都会影响你的角色，也就是**你**，在奥秘世界中的谈话内容及行动，以及游戏中的其他角色如何回应你。（例如，如果你在某个战斗场景中不够强大，那你最好够聪明，能找到解决问题的办法，否则就得颜值或魅力值够高，能让别人愿意来帮助你。）

在游戏初期，你还能为自己选择一个独特的背景故事，这些故事构成了你过去的身世。例如，你的角色有可能是个有钱的社交名媛，在年少时养成了高超的社交技巧，有助于她现在向他人求助；你还可能扮演一位少年英雄，从父母那里承袭了卓越的剑术，但要尽力不辜负他们的好名声。除此以外，玩家还有很多别的选择。

游戏一开始，你就能得到5"分"，可以按照自己的意愿分配给你的角色，从而改变角色的"自然"属性。例如，作为一个女性半精灵，珠珠天生的力量值为7，但我把其中1分用到了这里，使其更强大。随着游戏的推进，你会得到更多游戏经验，因而能获得更多可以分配的分数，以此使你的角色能以特定方式成长。

你可以将陆续获取的分数分配给角色中的主要特性，例如力量、灵敏度、智力等，但你也能用它们来增强其他技能，如使用弓箭、开锁技能、具有说服力，能使用各种魔法咒语或制造武器等多种技术装备，在艰苦的任务中能快速疗伤或降低体力消耗。你可以选择让角色是偏魔法属性，也可以是偏技术属性，或是二者兼有。

在游戏过程中，你会与大量奥秘世界中的角色交谈、互动。你的行为决定了自己的名誉是正义或邪恶。其他诸种角色也许会跟你结盟，这取决于他们自己的联盟是正是邪，还取决于你的说服力、颜值和魅力值。在整个游戏中，你能获得金子，为自己和伙伴购买服装、战甲及设备，如果你让伙伴们不开心，那他们可能会离开你，带着你赠送的东西溜之大吉。例如，我有个伙伴是个非常自以为是的人，但一直威胁我说，如果我继续偷别人的东西，那他就要离开我。我并没有改掉偷东西的习惯（但至少在他看着的时候，我有所收敛），而是会在他同意的情况下，通过用金钱救济街边贫穷的乞丐来让他安心。

你在奥秘世界中的探险始于一场大灾难。你要扮演一名巨型飞船的乘客，飞船名为"西风"（Zephyr）。两个奇怪的飞行器突然出现并袭击"西风"，同时也摧毁了自己。西风由于着火而坠落到地面，幸存下来的只有你和一位奄奄一息的老人。老人拿出一枚刻着字的戒指，并用尽最后一丝力气告诉你一条密语。他恳求你收下戒指，把它转交给"那个男孩儿"，还告诉你有个大恶魔正赶来，想要摧毁一切。在死前，他跟你保证，那个男孩儿"知道该怎么做"。你成了空难中唯一的幸存者，但很快就能碰到一个神秘人，他是奥秘世界中某个宗教的信徒,名叫维吉尔(Virgil),如果你愿意,他会跟在你身旁帮助你。

由此,你的探险开始了。游戏主线是完成老人遗愿,同时还会触发很多支线任务,后者也是主线的一部分。此外,游戏还有很多副本任务,由你在奥姆世界中碰到的角色来跟你宣布,你可以选择完成或忽略它们(但如果你做了这些任务,那么你将会提升自己的经验值,并得到更多经验分数,用其增强自己的角色属性)。等完成整个游戏的时候,你的角色属性与其他玩家的角色将会产生极大差异,而且如果你在最初和游戏过程中以其他不同的方式培养自己的角色,那么你的游戏过程也就与现在的体验完全不同了。

**三种身份:虚拟身份、真实身份及投射身份**

《奥秘》这类游戏涵盖了用有趣又重要的游戏方式来建构身份。在玩《奥秘》这样的角色扮演游戏时,人们会获得三种不同的身份。每种身份都强调以下关系:"一个真实的人(这里是詹姆斯·保罗·吉)扮演一个虚拟角色(此处指珠珠)。"它们共同运作,马上会成为一个更大的整体。

首先,这里有一个**虚拟**的身份:玩家在奥秘这个**虚拟**世界中的虚拟角色,就我而言,它是半精灵珠珠。我会在下文中将这一身份称为"由詹姆斯·保罗·吉扮演的**珠珠**"。之所以"珠珠"二字用粗体表示,是要表明,该身份强调了珠珠是奥秘这个虚拟世界中的虚拟角色(虽然是我在"控制 / 培养"她)。

在虚拟的奥秘世界中,鉴于珠珠的种族(即女性的半精灵)及我目前培养她的方式，有些事珠珠能做，有些则不能。例如在游戏的某个场景中，珠珠想要说服市民议会，出钱修建一座纪念碑，以此来取悦这里的市长。为了完成这一目标，她需要够聪明，有足够的说服力。半精灵天生就很聪明，在游戏中，我已经提升了珠珠的说服力属性（例如，通过在这方面增加分数）。因此，她能在市议会上圆满完成这一任务（虽然半兽人有别的才能，但我怀疑它肯定无法做到这一点）。这些特点（她的智力和说服他人的技能）以及她在市议会中的成就（她凭此赢得了盛誉）都是珠珠这个虚拟身份的一部分。

虚拟人物珠珠（即虚拟身份中的我）成败的因素是个有趣的关于我的所做的混杂体。毕竟，我创建并培养了珠珠这个角色，所以我应该为她的成功而受到称赞，并为她的失败负责，起码在一定程度上是这样的。然而，珠珠就是她本人，一个女性半精灵，而且必须完成整个奥秘世界的体验，由一个我未曾创造过的世界构建起来。因此，在这种情况下，她的成败与我无关。我想，很多家长就是按照这种想法来看待自己的孩子的，只是在上述案例中，我的孩子（珠珠）就是我（詹姆斯·保罗·吉）。

在玩《奥秘》这类游戏时，第二种关键身份是**真实世界的身份**，即我自己作为"詹姆斯·保罗·吉"这一身份，一个非虚构的电脑游戏玩家。我将这个身份称作"扮演珠珠的**詹姆斯·保罗·吉**"，其中詹姆斯·保罗·吉之所以用粗体表示，是为了强调现实世界中的詹姆斯·保罗·吉是一位在现实世界中玩《奥秘》游戏的人（但珠珠只是一个工具，我依靠她来控制游戏）。

当然在现实世界中，我有许多不同的非虚构身份。我是教授，语言学家，英裔美国人，是一名出生在婴儿潮时期的中年男人，是父亲，是个爱读书的人，原本成长在普通家庭，却成了中产阶层的一份子，之前曾是虔诚的天主教徒，是个影迷，还包括很多其他身份（其中大部分无需在此罗列）。当然，只有当上述身份对我玩《奥秘》游戏产生影响并凸显出我的玩家身份时，它们才变得相关。实际上，每当我玩《奥秘》，我在现实世界中的任意一个身份都会被频繁使用。例如，当我因为让珠珠偷东西而得到乐趣时，在我最初选择做一个女性半精灵时，当我选择用分数提升角色参数，让她能像持剑奋战的男人那样又强壮又优秀时，在上述情境下，哪些身份在发挥（积极的或消极的）作用呢？

在玩《奥秘》一类的游戏时，玩家还有第三种重要身份，我将其称为**投射身份**，这是在两个维度上使用了"投射"（project）一词，其一指"将人们的价值观和欲望投射到虚拟角色上"（此处是珠珠），其二指"将虚拟角色视作玩家本人正在创造的项目，这个生物在时间中的某种轨迹，是根据我的意愿，对角色当前及未来的状态做出的设定"（当然是在游戏角色的能力范围内）。这一身份是最难描述的，但如是想要理解《奥秘》这类游戏的力量，它也是最重要的部分。我会把这一身份称为"**扮演**珠珠的詹姆斯·保罗·吉"，其中"扮演"一词之所以用粗体标示，是因为这一身份强调了现实世界中的人与虚拟角色之间的耦合及互动。

《奥秘》这类游戏让我这个玩家能在某种程度上自由（选择）构建虚拟角色，并在游戏中培养她。就投射身份而言，我费心考虑一些问题，包括我想让她成为什么样的"人"，在游戏结束后，又希望她拥有什么样的人生历史。我想让这个人及其人生反映我的价值观，但我需要用批判式思维好好考虑一番，因为我之前从未将一个半精灵投射到这个世界。然而，这个人物及其人生也反映了我自己在玩游戏过程中学到的东西，反映了我是如何作为珠珠在奥秘世界中探险的。这款优秀的角色扮演游戏促使我产生了新想法，去反思我看重及漠视的那些东西。

作为一个活生生的人，詹姆斯·保罗·吉，一个具有多重身份的生物，我面临着一个事实，即我在某种程度上是固定不变的。虽然我跟其他人一样，也在变化着，但此时我就是我自己（我想要让自己头发更浓密点儿，希望自己能瘦点儿，希望能是个更棒的游戏玩家，但总事与愿违）。至少在此刻，我必须带着自己的局限性活下去。在游戏中的任一个特定时刻，我的虚拟替身珠珠也在某种方面是固定不变的，她只擅长某些领域，但也有短板（例如，虽然她是个偷盗高手，但开起锁来却不怎么样）。至少在游戏中的某个时刻，我／她必须要接受她的局限。

我所谓的投射身份，是指我想让珠珠变成的那种人，想让她拥有的人生故事，我正努力为她并通过她创造的那类人及人生。由于这些愿望是**我**对珠珠的期望，因此投射身份既属于我，也属于她，而且还是一个让我能从中超越我和她两个人的缺陷的空间。

为了把投射身份解释得更清楚，进一步区分它与虚拟身份（珠珠）及现实世界身份（詹姆斯·保罗·吉）的不同，不妨来看看每种身份失败（或成功）的不同方式。

虚拟角色珠珠（我的替身）能在战斗中被其他角色打败，因为作为一个半精灵，她那时因为不够强大而无法获胜。如果我想扮演珠珠，那么我必须要接受这一不足。当然，我能站在珠珠的角度做出反思，之所以那时因为身体上力量不足而无法获得自己需要或想要的东西的感觉。

真实世界中的人（詹姆斯·保罗·吉）可能无法有效地进行游

戏操作，如此一来，珠珠败给原本可以打赢比自己弱势的生物；他没能在恰当的时机和节点保存游戏（例如，对于一场不可能获胜的对战来说，在战斗中存盘是不明智的选择）；因为他的空间感知能力很差（珠珠也继承了这一点），所以不能在迷宫中为自己（珠珠）找到正确路线。他甚至能意识到，由于自己之前接受的天主教教规，珠珠不能接受一位女士的邀请，免费带她去（为女性设立的）妓院（这只是一个例子，奥姆世界中有这种妓院，但由于我以前学到的天主教教规依然鲜活地存在于现实世界，因此对珠珠来说，虽然享受禁忌之夜是当之无愧的，但却违反教义。后来，珠珠中途晕了过去）。

作为一个游戏玩家（这一身份与多种其他身份相互交叠），在真实世界中的我有很多不足。如果我想要接着玩，并最终能在游戏中表现得更好，那么我不得不接受这些缺陷。在现实世界，对于我这样出生在婴儿潮时期的人来说，游戏本身的一个缺陷在于，电子游戏没有奖励（事实上，是在惩罚）一些被我所珍视的学习及思考方式（例如，节奏太快，以至于如果没有充分参与非线性探索，那么就无法完成一个目标）。

作为一个构建过程的投射，珠珠的投射身份也可能失败，因为我（真实世界中的詹姆斯·保罗·吉）让珠珠（虚拟的我）在游戏中做些我想让她成为的那个角色不会或不应该做的事情。例如，在我刚开始玩游戏时，我让珠珠卖掉了老人留给她的戒指。这并不是玩游戏时的无心之失（因此并不是现实中的我在正确操作的情况下造成的失误）。这一行为是受到游戏的设计语法允许的，因此我不应该在游戏世界中承担任何恶果。它也不是半精灵没能力做到的事，她也没有因为过于遵守原则或过于缺乏贪婪之心，而不想去做。因此，这并非是侵犯了珠珠的虚拟身份。

然而，就我为珠珠规划的人生（这么说有点早，或是在游戏结束时，她已有的人生）而言，上述行为就是**错误**的。我发现，当我（珠珠）卖掉戒指的时候，我为珠珠创造了一段历史，而那并不是她应该有的经历。我曾想让她变得更聪明，更谨慎，最终毫无遗憾地回望一生。我觉得自己"让她失望了"，于是从头开始游戏。因此，在我的投射身份中，珠珠是我的投射，我把情感和动机赋予珠珠，它超越了游戏世界的界限，并且进入到我自己创造的世界领域。

超级英雄是很多第一人称射击游戏的主角，这类角色不同于珠珠，往往不能选择或培养而只能保有原样［例如 Xbox 游戏《光晕》(*Halo*) 中的士官长（Master Chief）］，在此类游戏中，年轻人也经常会反复做同一段战斗任务，因为他们觉得自己"让角色失望了"。他们想以更辉煌的方式赢得胜利，才能配得上超级英雄的称号。他们对角色极具责任感。他们将一种身份投射至角色应为的样子，也就是角色到最后应该在虚拟世界中留下的发展轨迹。

与之类似，在第一人称射击游戏中，虽然有些玩家让自己的超级英雄角色不仅击毙敌人，而且还杀掉"无辜的平民"，但相当多的玩家都不会这么做，因为他们认为这不符合超级英雄的做事原则。也就是说，他们将超级英雄投射到世界中。实际上，我曾命令珠珠杀死一只讨厌的鸡，上文说到的那位正直的伙伴曾因此严厉地批评了她，让我后悔莫及。玩家会在其虚拟角色上投射一种身份，这种投射既基于玩家的价值观，又取决于游戏教玩家角色应该或可能是以及会变为怎样的。

"玩家／虚拟角色"关系中的三重身份（虚拟身份、现实世界身份和投射身份）非常强大。它超越了小说和电影中的角色认同，因为它兼具主动性和反思性,因此一旦玩家就虚拟角色作出过某些选择,那么该角色马上就会以参数设定的方式被构建起来,这些参数与玩家能做什么有关。虚拟角色对玩家有所帮助,并且影响了玩家接下来的行为。

作为玩家,我在游戏的最后为珠珠感到骄傲,这种骄傲要远远超出自己之前对小说或电影中角色的感受,无论曾经多认同他或她。在小说或电影中,基于有些角色的所做作为,我能认同那些必须或应该为之骄傲的角色。但我对珠珠的满足感与骄傲相交融(或者,如果事情结尾以相反方式发展,那么我将会感到后悔),在各个层面,在我心中,为自己感到骄傲。这种感觉不(仅仅)属于我个人。从某种程度上说,如果我以批判的方式玩游戏,那么这种骄傲还是面向社会的,因为恰恰是对某些事物的骄傲才超越了真实世界中的自我,让自己摆脱了小我。

**身份与学习**

本书的主题为,优秀的电子游戏会在结构中体现好的学习原则。有些原则会在后面的章节中详细讨论。现在,我想聊聊带有上述身份的《奥秘》游戏体验以何种方式与游戏外的学习产生关系,以及其中的原因。

像《奥秘》这样的游戏,能轻而易举地让玩家在游戏中获得身份认同。然而,所有的深度学习,也就是带有主动性和批判性的学习,以各种不同方式与身份产生不可分割的关系。若是人们不愿全身心地为学习付出时间、努力及主动参与,那么他们无法在某一符号领域内进行深度学习。这一努力需要他们愿意认可新身份，将自己视作能学习、使用并重视新符号领域的**那类人**。与之相应，他们需要相信，如果成为某一领域学习中的佼佼者，那么他们会被该领域中其他人看重和接受，这些人是与该领域相关的趣缘群组成员。

有人指出，一些贫穷的非裔美国都市青少年对学校教育颇为抵触，因为不管是在与喜欢还是讨厌他们的人交往时，他们都感觉学校教育是以白人为中心的，他们相信，即便自己在学校中成绩优异，一个使其感到有种族主义倾向的社会无法让自己找到好工作，无法拥有更高的社会地位及权力。因此，他们将无法设想自己能在学校教育中取得成功的新身份。也就是说，他们无法将自己当作那种能学习、重视并使用相应素养，并凭此来获得重视和尊重的人。没有上述身份认同，深度学习也不可能达成。学生不会付出主动批判式学习所需要的时间、努力和带有责任感的行动。实际上，他们拒绝以另一种身份进入到学校的学习中，并认为那种学习具有极大风险。

《奥秘》这类游戏塑造了三重身份，亦是其他许多符号领域中主动批判式学习的根本，包括在学校中主动而批判的内容学习。我们不妨以学校中优质的科学课堂为例。

首先，我们先来谈谈**虚拟身份**。在优质的科学教学课堂中，虚拟身份非常重要。学习者需要在词语、互动和行动上参与进去，从而使自己认同"科学家"的身份。然而，这意味着什么呢？有很多不同类型的科学及科学家。在课堂中，教师必须动态呈现一系列价值观、信仰和语言、行事及互动方式，以此向师生说明，在课堂上成为某一特定类型的科学家意味着什么。这意味着从某一特定视角出发，将科学的某个子领域视为一系列认知及社会实践。当然，学生并非"真正的"科学家,亦不会很快成为真正的科学家。此时构建的只是虚拟身份(作为**科学家**的学生)。

就像我用《奥秘》中的角色珠珠所做的那样,科学课堂中的学习者一方面应该将虚拟身份(某一类型的科学家)视作部分地,由所学(科学的)符号领域的历史及工作所决定;另一方面应将其当作开放的,自己能针对该身份做出选择(当然要与该领域相互兼容)。例如,在我曾工作过的四年级课堂中,孩子针对速生植物做了实验,其指导者既包括发明此类植物的科学家(此人对科学家应该如何思考、评价及行为有着明确的认知),还包括他们的老师(她对学生在科学课堂中应如何思考、评价及行动也有自己的看法)。从课堂所设立的规范来说,学生应该像科学家做科学研究那样,以合理的方式在课堂活动、互动并使用语言。然而,孩子们还可以选择一种特定的风格,来认同科学家这一虚拟身份。

例如,孩子们选择了自己想问什么问题,想要做什么类型的实验帮自己找出答案。相比而言,有的学生比其他孩子能够进行更紧密的合作。有的能在实验前进行更好的预习,有的则在实验后能更全面地复习。有的尝试检查前一个有疑问的实验的结果;其他的选择第一次尝试些什么。虽然所有人在必要时都使用科学语言的词法和句法结构来介绍植物,这是课堂上的一条重要原则,但有些学生说话带有非裔美语口音,有人则没有。

第二,我们来看看**真实世界身份**。优质的科学教学包括学习者的真实世界身份(作为科学家的**学习者**)。科学课堂中的所有学习者都会将其真实世界身份带入课堂。就像我玩《奥秘》游戏时一样,每位学习者都具有多种真实世界身份:一个孩子可能是非裔中产阶级男孩儿,极其喜欢《宠物小精灵》,擅长说唱音乐,还兼具其他多种身份。然而，就像玩《奥秘》游戏的我那样，游戏玩家身份会在多重身份中凸显出来。学习者亦是如此，在科学课堂中，学生的身份会在多重现实世界身份中凸显出来，是一名学校的学生，此时此地在学校中学习科学的学生。

如果孩子将现实世界中"缺损的学生身份"（亦是学校的学生，在学校中学习科学的学生，实际上很多学生都是如此）带入科学学习中，那么只有在该身份被修复后，学生才能进行主动批判式学习。试想一下，如果你开始就认为自己无法学会玩游戏，尤其是角色扮演类游戏，那么你能在玩《奥秘》时表现得多出色呢？实际上，在我尝试玩《帝国时代》（*Age of Empires*）、《星球大战：银河战场》（*Star Wars: Galactic Battlegrounds*）、《魔兽争霸3》（*War Craft III*）等实时策略类游戏时，我就碰到了类似的情况。任何有关限时的比赛都让我心惊胆战，因此，我不算一个优秀的实时策略类游戏玩家，也无法从中获得乐趣。我需要完成重建工作。

不仅如此，如果孩子不能或不会在一个或多个现实世界身份及课堂中重要的虚拟身份（此处指某一类科学家）之间构建联系，亦或是老师或他人破坏了上述联系，或无法帮助学生构建以上联系，那么学习依然存在着隐患。例如，有些孩子的优势源于他们认为家中有人擅长技术学习，因为他们能在其中一个真实世界身份（像我们这样的人能学活技术类的东西，小菜一碟）与科学课堂中的重要虚拟身份（这门课所创造的该符号领域中的科学家不畏惧或敷衍技术学习）之间建立强大的联系。如果孩子无法构建此类关系，那就要进行一些重建工作。

但如何才能重建呢？这并非易事。实际上，这需要依靠优质教学，尤其依赖具有社会文化多样性的课堂教学。然而，优质的修复工作只是优质教学的强化版，其对象是各种类型的学生，包括那些无需进行重建工作的学生。

在我看来，上述教学要注意以下三点：

1. 必须鼓励学习者去**尝试**，即便他们已经有充分的理由害怕去尝试。

2. 必须鼓励学习者**付出极大努力**，即便他们开始并没有太大动力去做。

3. 学习者付出努力后，必须取得一些**有意义的成就**。

之所以有上述三条原则，是因为如果人们甚至都不愿意尝试一下，就无法在某一领域中投入精力。未经努力就获得的成功是没有意义的，同样，仅付出些许努力就获得的成功也没有什么价值。

以上三点看起来似乎颇为基础，却被当前多数针对教育的争论所忽略，后者通常并没有关注学习者带到课堂上的诸种身份，也未涉及在具体教学方法中，上述身份与学习动机及学生的努力（或缺少努力）存在何种联系。

电子游戏在以上三个方面表现得尤为出色，至少对某些类型的学习者来说是如此。例如，当开始玩游戏时，我肯定以忐忑又不自信的玩家身份进入了游戏任务。以前，我从来都不擅长此类任务，在与双胞胎兄弟玩早期的电子游戏时，我也总是输给他。如今，我感觉自己年纪太大了，没办法在游戏中获胜。不仅如此，我无法想象，自己在现实世界中的哪些身份有可能发挥桥梁的作用，连接起诸种虚拟世界和电子游戏所构建的多重身份（例如，炸毁外星人，我一直喜欢外星人）。

那么，是什么因素最初让我有了想要尝试的冲动呢？我曾看自己的儿子打游戏，从最早的《小熊维尼》到之后的《睡衣山姆》、《小鱼弗莱迪》、《汽车帕特历险记》（*Putt-Putt*）和《狐狸特工》。其中，有些游戏我自己也玩过（只是为了帮助儿子）。我试过一款更适合大人的游戏，那是从商店"随机"挑选出来的不太知名的游戏，叫做《时间机器的新冒险》。当然，它与文学作品（赫伯特·乔治·威尔斯的书《时间机器》）的联系激发了我的好奇心，鉴于我在现实世界中的某些身份，玩游戏似乎更容易被我接受。孩子成为我体验游戏的纽带，并教会我能在某种程度上进入到该符号领域，在其中取得足够的初步成功，从而让自己坚持练习，并渐入佳境。想要帮任何领域的学习者重拾信心，上述体验必不可少，虽然这些体验会因人而异。

更为重要的是，我还认识到电子游戏创建了心理学家爱利克·埃里克森（Eric Erikson）意义上的"社会心理性延缓"（psychosocial moratorium），这是一个学习空间，其中学习者承担的风险要明显低于现实世界。毕竟，你能先保存游戏，失败时只需从存档节点重新开始即可。通常情况下，你能将游戏调节至自己能应付的难度水平。此外，你当然还能选择自己想要玩的游戏。虽然你在玩任何一款电子游戏时都不得不付出极大努力，但失败的代价相对较低，而成功后却能获得更多的奖励。之所以这么说，并不是意味着失败或在一些游戏任务中表现不佳时，玩家不会感到心烦或受挫。实际上，肯定会的。他们当然介意自己的表现如何，但介意的代价却不会让人望而却步，就像在学校中一样。

一旦我愿意去尝试，又是什么促使我愿意在电子游戏中付出努力呢？在好好挑选了一款电子游戏后，游戏为你呈现的虚拟世界就变得颇为引人入胜。我发现游戏《时间机器的新冒险》的虚拟世界特别吸引人。我最喜欢的部分是，当一束光照耀整个游戏世界，所有大人角色变回到童年时期，所有孩子们则长成了大人，因此虽然你扮演的角色是小男孩儿布兰登·威尔斯（Brendan Wales），但他有时却是个大人。对我来说，游戏吸引我的部分可能跟你们的情况不同。的确，与刚开始玩游戏时相比，现在游戏吸引我的原因极为不同。然而，从某种程度上说，如果学习中的虚拟世界及其重要的虚拟身份无法吸引学习者，那么达成深度学习的可能性微乎其微，部分原因在于学习者不愿意为了掌握该领域，付出所需的努力和行动。

《时间机器的新冒险》之所以吸引我，是因为最初我建立的关联方式，它联系了我的真实世界身份、我在游戏世界中扮演的虚拟身份和自己行动的虚拟世界。例如，我构建的联系基于文学（书籍）、学术（作为理论家的威尔斯）、解决问题（至少在最开始，与我的学者身份存在着另一种联系）、兼具中世纪与未来元素的世界（我曾亲身体验了中世纪世界，但此刻无需多述）和幻想世界（我一直愿意逃离现实世界，这也是为什么我总是喜爱电影并不愿离开象牙塔的原因）。

一旦这些关联把我吸引至游戏中，就会促使我付出很多精力，若是无法获得成就感，那么它会让我陷入极度失望中。然而，若是让我得到只有极优秀的游戏玩家才能获得的奖赏，那游戏同样会让我感到失望。我会因此相信，该领域缺乏深度及多样性。因此，游戏怎么才能让玩家通过努力赢得成功，而不是唾手可得，但同时保证只要努力，就可以获得成功呢？

好的电脑游戏的设计能适应不同游戏水平，并且如果玩家付出努力，获得一定程度成功，就奖励每种类型的玩家。例如，在射击游戏中，我经过多次探索后，可能因为发现一把好看的步枪而激动万分。因为这比我之前用来御敌的铁撬棍要强太多了，但同时，你可能由于在游戏中比我表现更出色，已经发现了一辆坦克。

当然，电子游戏以多种不同的方式为玩家提供了成就感。首先，他们遵循一种极为强大的学习原则，我们可以将其称为"输入增强原则"。当系统依照该原则运作时，少量输入就能引发大量输出（开车就是个绝佳的例子：你轻踩油门，就能加速很多）。在电子游戏中，你在现实世界中按下一些按键，整个虚拟的互动世界就向你敞开。输入增强原则能极大增加学习动机。

顺便提一下，在现实世界中，科学通常遵循着输入增强原则。在化学实验中，你只是混合了某种化学物质，却得到重大发现，能治愈癌症，或是炸掉实验室。再想想孟德尔神父（monk Mendel）和他的豌豆：他在花园中（以正确的方式）闲逛，但却发现了地球物种起源及发展的规律。再以牛顿的运动定律为例，简单优雅的原则居然涵盖了如此辽阔的土地，为如此广泛的事物提供了如此深刻的启发，让人们惊叹不已。然而，这并非意味着人们无需付出大量汗水。孟德尔花了好多年（顺便说一下，他没有通过高中生物教师资格考试，这也是他被困在花园里的原因）。我只是想说，当人们实际上付出很少，但收获很大时，那就会感到心满意足。它就像是奇迹。

除了明显增强的输出量，电子游戏还提供了其他的奖励。当我愿意为游戏《时间机器的新冒险》付出努力时，吸引我的新元素也随之产生，超出了那些与现实世界身份相关的内容，也超出了我所经历过的输入增强。我发现，这款游戏与别的好游戏类似，都有助于像我一样婴儿潮一代的人用新的方式学习和思考。我从自身发现了新能力。我察觉到一种新身份越来越清晰，即将要加入到自己其它的现实世界身份中。自不待言，所有好的学习皆是如此，因为我们获得了一种新的重要身份，能赋予我们新能量，这是信心重建工作所能达到的最终效果。

以上内容指出，优质的科学教学，或是任何内容领域的优质教学，都必须达成三个同样的目标。学习者必须被引导去尝试。想要做到这一点，他们要与其现实世界身份建立联系，并制造出一种社会心理性延缓。

学习者必须被引导去付出极大努力。想做到这一点，他们要让学习中的虚拟世界和虚拟身份（如在课堂上成为某一具体领域的科学家）变得更吸引自己。学习者需要被完全吸引并沉浸其中。

最后，上述努力必须获得适当程度的成功，与学习者在其学习的符号领域中的发展阶段相契合。需要为不同程度的努力建立成功，让学习者始终知道只要付出更多努力，就能取得更大成功。输入增强原则需要被设计在教与学中。为了能保证最大程度的成功，虚拟世界的构建需要让学习者发现新能力，并能察觉新的重要身份的生成。

让我们转向**投射身份**（作为科学家的学习者）。如果学习者以投射身份参与科学课堂，那么他们必须在课堂上将自己的价值观和欲望投射到"某类科学家"这一虚拟身份中。他们还要将该虚拟身份视作自己的投射，这种投射发生在一种身份的建构中，这意味着通过他们自己的价值观、欲望、选择、目标及行动定义的某种时间中的轨迹。这是构建所有权的过程。

当学习者使用一种投射身份时,他们想让自己"扮演"的科学家成为某一类型的人,并在课堂的学习轨迹中让其拥有一段历史。他们对这位科学家有所期盼,就像我在玩《奥秘》时,对珠珠有所期待一样。也许他们想让自己的科学家持之以恒,面对失败时毫不气馁,能与人合作,有冒险的经历,持有怀疑的态度,并具有创新性。无论他们自己在"日常"生活中是否如此,他们都想让自己的科学家变成这类人。在优质的科学教学中,学习者并非只是扮演某一领域的科学家(他们的虚拟身份)。此外,他们还主动将那个虚拟的人构建为具有特定经历的那类人。他们将自己的希望和欲望投射到那个人身上。

学习者对"角色"(虚拟的科学家)的希望、价值观和期待,对该角色的投射,以及为它所构建的经历,并非仅仅来源于学习者的现实世界身份,虽然在多数情况下,学习者将其价值观、欲望、期待和目标都反映在现实世界身份上。此外,它们还源于学习者正在学习的有关虚拟身份及虚拟世界(在该课堂中,成为一名科学家意味着什么)的内容。别忘了,投射身份处于真实世界身份与虚拟身份之间的交界处(例如,在真实的我和虚拟的珠珠之间)。投射身份是一个空间,在其中学习者能超越虚拟身份及自己真实世界身份的局限性。

如果课堂上的学习者以投射身份参与到学习中,那么魔法会发生,但这种魔法并不能在玩电子游戏时以那样的方式产生。学习者将在某种程度上了解自己的**能力**,能把虚拟身份视作一种现实世界身份。无论我多么渴望按照心里所想的珠珠的样子,让自己变成女性半精灵,在现实生活中,我都没有能力做到这一点(虽然我还是能够采用她的一些性格特点)。然而,在优质的科学课堂中,学习者将体验到能成为梦想中的某类科学家（和人）是什么感觉，能在课堂上将其"角色"构建成这类科学家是什么感觉。

当然，学习者不一定非得在现实中认识到这一能力，不一定要成为科学家。他们甚至无需认为自己能成为特别优秀的科学家。毕竟，在投射身份中，你也会发现自己的缺陷。通常说来，只要他们从自身发现了新能力，这就足够了。他们或许会终身把科学作为一项重要但又脆弱的人类事业来理解它，能与其产生关系，学习更多相关内容，甚至批评它。

教师要认真挑选将要教授的符号领域，以及他们在课堂上所要构建的具体虚拟身份及世界，其重要性就在于此。如果孩子们进入了深度学习，他们会将真实世界身份（"现实世界中的所感、所想及所重视的东西"）与学习过程中重要的虚拟身份（"这是按照科学家感受、思考及重视的方式"）并置，以此为基础，通过其投射身份学习新价值观和新的生活方式。这种并置是学习者投射工作得以实现的基础。（此时此地，我想成为**这类**科学家和人，而不是**那类**）。

**学习原则**

上述内容提出了更多好游戏中的学习原则。在这部分，我将其总结出来，以对第二章中的列表进行补充。列出我们已讨论过的内容后，我还会介绍几条与之相关的其他原则：

6. "社会心理性延缓"原则
在一个现实后果被降低了的空间中，学习者能够承担风险。

-

### 7. 坚持学习的原则

学习者有着广泛的参与（极大努力及训练），是现实世界身份的延伸，该身份与让他们感到某种责任的虚拟身份和吸引他们的虚拟世界有关。

-

### 8. 身份认同原则

学习包括学习者在接受、使用这些身份时能有真正的选择（在培养虚拟身份的过程中），并且有足够的机会，以思考新旧身份之间的关系。学习者关联并思考了三重身份，分别是现实世界的多重身份、一个虚拟身份和一个投射身份。

-

### 9. 自知原则

通过构建虚拟世界，学习者不仅学到了该领域的内容，而且还了解了自身及他们目前拥有的和潜在的能力。

-

### 10. 输入增强原则

只需很少的输入，学习者便能获得大量输出。

-

### 11. 成就原则

对具备不同水平技能的学习者来说，他们从一开始就能获得内在奖励，且奖励程度依据每个学习者的水平、所付出的努力、逐渐成熟的掌握，也标志着学习者持续的成就。

因为好的电子游戏遵循着上述学习原则,其他若干原则也在发挥着作用。对于人类来说,学习在很大程度上是一种**实践效果**,电子游戏设计师意识到了这一点,很多学校却忽略了。人类需要大量练习自己所学的内容,才能将其掌握。不仅如此,当人们不再将学到的技能付诸日常生活实践,他们往往会忘掉大部分学会的东西,包括在学校所学的。这就是为什么我们很容易看到,许多大人若是在工作或家庭生活中不再经常使用在校学过的科学、数学或读写,那么他们就对此颇为生疏。

人们的学习是一种实践效果,这为学校中的学习制造了极大困难。如果孩子们没有机会练习所学内容,那么他们就无法以深度方式进行学习。之所以无法实现深度学习,是因为他们只能在具体实践语境外了解事物。而与此同时,如果孩子们想要掌握将要学习的内容,必须要有足够的动力参与大量练习。可是,如果以上练习很无聊,那么他们将会产生抵触心理。

好的电子游戏包括玩家在一个有趣的世界中进行行动和互动,学习者对该世界作出了一种身份承诺,并且以前文所述的身份参与到活动中。鉴于这一事实,玩家一次又一次地练习各种与玩游戏相关的技能,通常并没有意识到自己正在进行如此长时间的练习任务。例如,我们在上一章中提到了我六岁的儿子,他将自己的皮克敏分组并重组,如此重复了上千次。在战斗中,我也曾多次让珠珠放下剑,及时地使用咒语。玩家视野的设定标准是依据自己在游戏虚拟世界中的期待和目标,而不是基于在有意义的、以目标为导向的语境之外的技能练习水平。

教育者通常抱怨一个事实,即电子游戏总是引人入胜,而学校却并非如此。他们说,孩子必须学着在有意义的语境和他们自己的目标之外练习技能（技能训练）。他们又声称虽然这很糟糕，但那就是学校的教育方式，而且生活也的确如此。不幸的是，如果人们能以某种方式让学习发挥最大效用，那么人类这种生物之所以学习没有达成这种效果，仅仅是因为教育者、制定政策的人以及政客想要糟糕的教育。

实际上，有些孩子在技巧训练式教育下学得很好。然而，根据我的经验，这些孩子**确实**认为这种指导很有意义，又引人入胜，这通常是因为他们相信，这种学习会帮助自己达成目标，并在今后的生活中取得成功。与之相应，之所以他们对此深信不疑，是因为他们相信身边的各种权威人士（家人和老师），而后者就是这么告诉他们的。其他孩子则不然，我也不相信。

综上所述，我已经把自己的立场解释清楚了：被动学习，而不是主动批判式的学习，无法使人在当代社会中获得更大能力和emponerment，而只能为人们提供一个低端的服务工作。将读写或数学当作一套固定的程序，而不是在人们的理解活动和自身目标的达成中积极运用这些程序，就无法让学习者在生活中面对新的符号领域时，又快又好地学习。

学习一款电脑游戏的操作方式，例如射击游戏或写实风的军事游戏，但完全不理解游戏操作在虚拟世界中完成的有意义的活动，也不理解在游戏中自己的目标，这将会使人迅速命丧战场（而且因为缺乏足够多的练习，你会因此在临终前一次又一次地存档）。在我看来，打个比方，在学校中亦是如此。

上文中的成就原则（第 11 条）告诉我们，虽然好的电子游戏会奖励所有付出努力的玩家，但会根据不同的技术水平来给予玩家不同奖励。然而更为重要的是，好的电子游戏为玩家提供了更好且让人印象更深刻的奖励，因为（如果）玩家在玩（或重玩）该游戏时，就是在不断地学习新东西。这意味着在好的电子游戏中，学习者和大师的界限并不明显（不管玩家认为自己实际达到了何种水平）。如果玩家的行为只是遵循固定套路（例如，如果他们选择"自动驾驶"操作，并一直用常用的熟练方式来解决问题），当达到某一水平时，游戏便会意识到这一点，并且不会奖励上述行为。这个事实强迫玩家思考自己已经养成的固定套路，跳出既有模式，使其技能达到更高的新水平。由于电子游戏允许玩家进行大量练习，随着玩家越来越熟练，这一更高的技能水平本身因此变成固定模式（自动的），需要在之后的游戏中得到改变，或者在第二次体验同样的游戏时，提升游戏的难度，或者玩新的游戏。

有些教育者争论道，通过练习让技能自动化，在面临新情况时重新反思这一自动过程，以学习新技能，并转化旧的技能，然后通过进一步的练习提升新技能的熟练程度并再次走向自动化，以上的循环过程恰恰是世上智慧实践的基础。如果人们想进行流畅又娴熟的训练，那自动化是不错且必要的。然而，如果人们不改变固定的套路，无法适应新状况和新机会去学习，那么就会妨碍新的学习。新的学习需要学习者重新有意识地思考那些已经习以为常并被视作理所当然的技能，以新的方式思考这些技能，考虑它们与各种具体问题存在着何种联系。在一个快速变化的世界，对于那些想要主动思考和行动的人来说，形成套路、适应套路、新的学习和构建新套路这一循环是必不可少的条件，这个世界需要人们掌握日新月异的符号领域。电子游戏特别善于构建并维持这一循环。

最后，目前讨论的所有结构特点发挥着作用，以保证好的电子游戏在学习者的"能力范围"内运行。我的意思是，游戏通常在学习者的能力范围内运行，但却刚好突破最大能力边界，因此在多数时候，人们认为游戏富有挑战性，但不是"无从下手"。如果学习总是在学习者的能力范围内运行良好，那么唯一的结果只能是，学习者的行为会愈发遵循固定套路，因为学习者总是通过做同样的事来体验成功。就像我们看到的那样，这有助于学习并练习流畅又熟练的行为（这确实也是必须要做的），但不利于培养更新更高级的技能。然而，如果学习超出了人们的能力范围，那么学习者只会感到挫败，进而放弃。

虽然好的电子游戏为玩家提供了足够的机会练习甚至将不同维度的技能自动化，但它们也让玩家有很多机会挑战自己的能力边界，使他们重新思考自己的固定套路，并使其在游戏及自身范围内，达到一个新水平。的确如此，对很多学习者来说，正是在这些时刻，他们挑战自己的能力边界，这也是学习最激动人心的时刻，能获得最大的成就感。令人遗憾的是，在学校中，许多所谓的优秀学生都很少能挑战自己的能力极限，因为他们毫不费力地学着那些对他们没什么要求的课程。与此同时，人们却总是一再要求那些表现欠佳的学生在能力之外进行学习。

其他的学习原则也随之产生。这些原则是在好的电子游戏中发现的，但也适用于电子游戏以外的深度主动且批判的学习。

12. 练习原则
学习者在练习并不枯燥的情况中做了大量练习（例如，在一个吸引学习者的虚拟世界中，学习者持续地体验到成就感）。他们在任务上投入了大量时间。

**13. 持续学习的原则**

学习者与大师之间的界限非常模糊，因为下文所述的"能力范围"原则，学习者必须在越来越高的水平上，改变其固定套路，以适应变化的新情况。以下为新的学习所经历的循环过程：形成套路，改变套路，并再次构建新套路。

**14."能力范围"原则**

学习者有足够的机会在能力范围内学习，但要挑战最大能力，从而在这些时刻感到学习具有挑战性，却不会"无从下手"。

## 4

### 情境意义与学习：
### 摧毁全球阴谋后，你还应该做什么？

**学习与体验**

就学习而言，传统观点强调思想，而并非身体。人们认为，学识与概括、原则、规则、抽象化和逻辑计算相关。按照以上观点，人们的思考过程似乎与数字计算机非常相似。数字计算机根据规则运行，这些规则告诉它们如何处理符号，若是计算机不处理这些符号，那么上述符号对计算机没有任何意义。

按照另一种观点，人类的学习和思考实际上并非总是以这种方式发挥作用，尤其是在最佳状态下思考时，更是如此。这种观点认为，通过反思之前在世上获得的具体体验，人们能够学习、思考并解决问题。也就是说，人们获得体验，存储体验，并为这些体验构建联系或关系。

当然，人类并不会"原封不动"地将这些体验存储在脑海中。与之相反，他们会根据自己的兴趣、价值观、目标和社会文化身份，将经验进行编辑。这一编辑过程帮助他们构建了多种方式，使他们能关注自己的体验，强调其中的某些东西，并忽略其他内容。不仅如此，恰恰是人们在经验之中构建的联系，对学习、思考及解决问题才是至关重要的。

当人们面临一种新的生活情境时，该情境中的元素让他们想起了过去曾体验过的东西。他们用以前经历过的元素来理解新情境。有时候，他们只需将过去的体验挪用到新情境中即可。在其他情况下，他们需要或多或少地改写过去的体验，将其应用在学习新东西的过程中，并以此方式将其应用在未来的情境中。

让我来给你举个简单但颇具启发性的例子，来比较一下学习及思考的两种方法，分别是要而论之和使用具体的生活体验。假设你过去曾碰到过一些中年白人教授,他们出生在普通家庭,但如今却成为中产阶级。在任何情况下,这些人呈现出许多"阶级冲突",即对中产阶级身份及相应产物的不适感。

现在考虑一下这一信息能够在你头脑中存储的两种方式。其一是词语概括,就像下面这样:

(一些?很多?)中年白人教授出生在普通家庭,如今却成为中产阶级,呈现出许多"阶级冲突"。

另一种在头脑中存储这类人的方法是,你在这一体验的所有元素之间建立一套或弱或强的联系。换句话说,你能在"中年"与"教授"、"出生在普通家庭"、"现在是中产阶级"和"呈现出许多阶级冲突"等元素之间建立联系。其他元素亦是如此,每种元素必须与其他元素或多或少地建立联系。也许你能让"教授"与"中产阶级"之间建立很强的联系,与"白人"建立较强的联系,同时与"出生在普通家庭"建立更弱的联系。

就这些教授的体验而言,你必须在所有的元素间构建上述关联。之所以这么做,是为了让你清晰地勾勒出复杂的图示,虽然你的大脑通过在神经元中建立强弱不一的联系,也能发现这一点,其中"教授"一类的观念会或强或弱地激活你的记忆,让你想起"成为中产阶级"或"呈现阶级冲突"等其他观念。实际上,我们在此处谈论的就是你在自己经验中发现并存储到头脑中的**模式**。

试想一下,当你碰到的中年教授是一位非裔美国人,他生于普通家庭,但如今进入中产阶级。你能得出什么结论呢?如果你的头脑中存储了对上一种情境的语意概括,那么你无法得出任何结论,因为这个人是非裔美国人，而上述概括只是针对白人教授的，因此超出了概括范围。数字计算机将这种概括存贮为一套符号，在面对"非裔美国人"时，这一概括就会失效了。

另一方面，如果你存贮的内容是上文所说的经验元素之间的各种联系，那么此人情境中的很多特点或元素就会激活你的记忆，让你想起上述联系。例如，这位非裔美国人是教授但出生在普通家庭，这个事实会让你想起此人呈现出的多种阶级冲突。之所以如此，是因为你的大脑将教授及出生在普通家庭与呈现阶级冲突建立起了极强的组合关系。虽然你也将教授与白人之间建立了联系，但你没有使用这一联系，因为在这种情况下，你知道主人公并不是白人。你抑制了它，选择了其他关系，让自己能设想到，你可能发现此人显示出某种程度的阶级冲突。

当然，到头来你也可能是错的。也许这位非裔美国教授对其中产阶级身份颇为满意。但是，人们需要猜测并做出假设，以在生活中思考、行动并解决问题。所有穴居人都存贮着"老虎很危险"这样的概括性想法，即使他们第一次看到一头狮子，可能因此丧命却没有留下太多子孙，也不愿意反思上述概括性想法。对那些能够发现狮子和老虎相似之处的人们来说，他们能找到上述元素与危险之间的联系，并将其应用到许多其他物种。

如果最后你是错的，那么你也许会在"非裔美国人"和"阶级冲突"之间构建负联系，同时强化"白人"和"阶级冲突"之间的关系。你还会调整一些其他联系，不过都是尝试性的，因为目前你只需处理一种情况。如果你碰到许多别的案例，都是生于普通家庭的非裔美国教授如今却满意地成为中产阶级，那么你最终会更加自信地修改自己建立的联系。

我刚才说过，倾向用规则、抽象化和概括来思考和学习的观点就像电子计算机一样，代表了人类思考及学习的一种方式。而强调在真实情境体验的元素间建立联系，并以此来思考和学习，这种观点本身与另一类计算机相关：即所谓的联结机制或平行分布式网络计算机。

很多证据表明，人类的思考深度扎根于生活中的具体经验。其中一个证据源于对人类语言的研究。在所有人类语言中，抽象概念通常以词语或词组的方式编码，基于物质世界中的具体体验来构建隐喻。例如，想像一下我们如何谈论精神和思考。我们会说："你为什么就不能让它**进入**你的大脑呢？""将它记在**头脑中**"，或是"我无法把这个想法从脑海中**抹去**"。在以上情况中，我们将大脑当作一个容器，事物能在其间出入。

再举个例子，想想我们如何讨论论辩过程。我们总是这么说，"他**驳斥**了你的观点"，"她**维护**了自己的立场"，"她**梳理**了自己的观点"，或是"你需要**质疑**他的基本假设"，其中我们将论辩过程当作一种战斗或对抗形式。最后，再想象一下我们是如何谈论意识的："他**恢复**了意识"，"他**失去**了意识"，"他**进入**昏迷状态"，或"试着把这种体验**带回**到意识知觉"，我们在这里将意识视作一个我们能来去往返的场所。

当然还有很多其他的例子。重点在于，人类的学习和思维跟语言一样，其抽象化过程都是以物质世界具体经验中的具体意象为基础而完成的。有个好法子能让人们看起来愚蠢，那就是让他们通过词语和抽象概念来学习并思考，从而无法用有效方式和生活中具体经验的图像或情境联系起来。不幸的是，这种方法在学校中屡见不鲜。

在本章中，我将讨论电子游戏倡导的情境的、经验的和具体的学习及思维方式。从这一点来看，好的电子游戏体现了很好的视角来看学习、思考和问题解决如何在世间发挥作用，以及应该如何在学校发挥作用。我会基于自己对游戏《冲出重围》的讨论，来做出具体说明。

## 《冲出重围》

《冲出重围》结合了两种不同的游戏类型。它首先是一款第一人称射击游戏，让你从第一人称视角与各种敌人展开战斗。此外，它还是一款角色扮演类游戏，就像《奥秘》那样，你需要选择如何创建并培养自己的游戏角色。在开始游戏之前，你为自己的角色命名，并决定其外貌（例如，你可以将角色的皮肤设定为黑或白）。无论你为角色起了什么样的真实名称，它的代号都是"J·C·丹顿"（J. C. Denton）。丹顿是联合国反恐同盟（the United Nations Anti-Terrorist Coalition，简称为 UNATCO）的秘密特工。值得注意的是，该游戏发行的时间远远早于 2001 年 9 月 11 日。实际上，这款游戏引发了一些有趣的话题，包括谁是恐怖分子，谁不是恐怖分子，在何种情况下才是恐怖分子等。

J·C·丹顿并不是真正的人类。他和他的兄弟保罗（Paul）都经过技术"增强"，其血液中被注入"纳米生物体"，因此两人具有异于常人的能力。纳米人是体积非常小的机器人，能够生存在人体细胞中（据说他们是机器人技术的未来，这些微小设备能用来疏通动脉栓塞，或是在人体内进行其他类型的手术。然而，在"现实"

世界中，我也不清楚这种技术已经发展到何种程度，也不知道未来会发展成什么样子）。在这里，纳米人被注入至J·C·丹顿的身体中，让他（你）在游戏世界中获得了各种超能力。

为J·C·丹顿设定好名字和外貌后，你就得到了一定数量的分数，可以用来提升他的（你的）技能。技能共有11种，包括计算机、电子设备、环境训练、开锁、医疗、游泳、使用不同型号的武器（包括爆破装置、重武器、低端武器、手枪和来福枪等）。每种技能都有四个使用等级，包括受训前、受训后、高级和大师级。游戏伊始，你的技能皆为受训前级别，只有手枪操作始于受训后级别。你用开始得到的分数来提升丹顿（你）在某些其他方面的训练等级，但这些分数可能只够你小幅提升少量技能。随着游戏进程，你会赢得更多分数，从而进一步提升丹顿（你）的技能。

从始至终，选择提升哪些技能直接影响你的游戏体验。例如，如果你的开锁技能已经达到专家级别，那么就能轻而易举地进入平时如果不找到钥匙就无法进入的地方。如果你的爆破水平一般，那么如果你试着去拆炸弹，则很有可能因此送命。如果你的计算机技能非常好，那么你就能比别人更轻松地入侵你在《冲出重围》世界中发现的大量计算机设备；否则你只能尽力从其他途径获取相关信息。

我在玩这款游戏时，直到结束前才发现自己要面对许多强大的机器人和其他敌人。我从一个军事基地的黑暗角落里找到一把大枪，非常适合把机器人炸到九霄云外。唉，我从未培养过自己的重武器操作技能，因此那天只能使用潜行及更巧妙的战略。（说实话，我使用这些更微妙的策略获得的分数来增强重武器训练，之后返回此处，拿到枪，然后兴致勃勃地一枪干掉了所有机器人。）

然而，选择丹顿的技能水平并不是培养这个角色的唯一方式。如我之前所说的那样，他经过"纳米强化"。实际上，他身体周围分布着用来进行纳米增强的空槽。在游戏开始时，你身上已经安装了三个纳米增强设备：其一是信息连接器，让丹顿能接受来自指挥官和盟友的实时神经信号；其二是敌友身份识别系统（Identification: Friend or Foe，简称IFF），能分析他人，并告诉丹顿此人是敌是友；其三是一盏指示灯，从丹顿自己的生物系统获得能量。

当你在游戏世界中找到特殊的能量增强罐时，你就可以将其安装在闲置的空槽处。按照设定，每个能量罐有两类特殊能力，例如拥有举起卡车的力量，或是能变成隔墙看物的透视眼。当你把一个能量罐安装到丹顿身体的相应空槽中，里面的纳米生物会因此释放到他的血液里。你能且只能选择一种罐子上标出的能力，一旦你填充了一个空槽，那种增强功能就会永久被安装上，就再也无法尝试第二种选择了。因此，你需要谨慎挑选。你所选取的增强功能影响着你（丹顿）在游戏世界中的发展，还影响着接下来用何种策略才能最有效地应对敌人和挑战。你还能发现，升级能量罐能提升已安装的任何增强技能，并因此让它们变得更强更有效。

除了要提升丹顿的技能及纳米增强水平，还有其他方式能让玩家的决定影响游戏的进展。你可以用丹顿的身份与其他角色进行交谈。你能选择不同的谈话主题，使用不同的方式去回应。你与某一角色的谈话方式将会影响他们对你的看法，对你的反应，并决定了他们稍后会成为你的敌人还是与你结盟。不仅如此，你还会在《冲出重围》世界中面临其他带有后果的选择，你如何做出这些选择影响着之后游戏的进展。

一旦开始游戏,你就进入了一个未来主义风格的世界,体验艰难时世。犯罪、恐怖主义和疾病全部都失去了控制。任何一个独立的政府或机构都无法快速有效地阻止世界毁灭。雪上加霜的是,一种被称为"灰死病"(Grey Death)的可怕瘟疫正在世界上各个国家及城市蔓延,成百上千万人因此丧命。这种疾病只有一种治愈方式,即叫做永生甘露(Ambrosia)的疫苗,该产品由美国的维萨生物公司(VersaLife)生产,供不应求。

联合国反恐同盟的使命之一就是监管这种治疗灰死病的疫苗。然而,普通大众却根本不知道这种药物的存在。这是一个机密,只有政客、权贵和亿万富翁才能买到,以确保世界经济不会崩溃。至少有钱有势的人是这么说的。一切都与《冲出重围》开篇时看起来的样子大相径庭。

J·C·丹顿的第一个任务地点在纽约的自由女神岛(Liberty Island),就是自由女神像所在的地方。在雕像内,一个名叫 NSF 的恐怖主义组织扣押了一名联合国反恐同盟的特工。丹顿(你)很快就发现,NSF 发现了永生甘露的存在,并企图复制这种疫苗,并将其对公众发布。由此,你开启了一段狂野探险,你需要穿梭在世界各地不同地点和城市(所有地点都以现实建筑地图为基础,带有极富未来主义色彩的细节),破解阴谋诡计,解决很多问题,并与各类敌人对战。

《冲出重围》经常会让你陷入道德上的两难境地。例如,你在很早的时候就会发现,NSF 并不是真的"坏蛋",你和联合国反恐同盟的战友也并不是真的"好人"。然而,你已经杀死了几个 NSF 的士兵。如果你已对这一任务过于狂热,那么你心中真正的内疚感就所剩无几了。实际上,我完成第一个任务,返回联合国反恐联盟基地后，见到了军需官，后者是个经验丰富的老兵。我跟他讲了自己的所作所为，他说我不是一个真正的军人，因为我太急于杀敌，而不是尽可能地从他们身边潜伏过去。他拒绝给我更多弹药，让我更谨慎、更人道地使用剩余的弹药。因此，当我发现NSF部队并非如联合国反恐联盟所说是真正的恐怖分子，我感到更加内疚了。

在之后的游戏中，你被迫做出选择，是去救重伤的兄弟保罗，他正与你一起对抗联合国反恐联盟；或是让他战死沙场，自己逃跑，为了自己未完成的使命而继续战斗（的确，保罗也催着你离开，自己则留下来保护你撤退）。如果你救了兄弟（当然你自己活下来了），他之后还会在游戏中出现；反之，之后你会在一个敌军基地看到他的尸体。我在玩《冲出重围》的时候，让保罗牺牲了，至今依然很后悔（彼时，我觉得自己并不具备能救他的足够技能，但也许那只是一个免除自责的糟糕借口）。

到《冲出重围》结束后，你知道的东西要比开头时多出不少。你发现，世界实际上是由全球极少数的富人精英来控制的，那些精英隐藏在幕后，控制着美国政府等机构，其中不少成员自己都不完全了解到底是谁在掌控着整个世界。这些精英是所有世界灾难的罪魁祸首，而且还从中获利。在游戏结尾，三个敌人（每个人都曾帮助过你）尝试说服你加入到不同的终极任务中，继而导向三种不同的游戏结局。

第一个人告诉你，世界将永远由少数精英控制，虽然当前的精英群体自私、邪恶又腐败。他告诉你，你和他及其盟军应该取代这个精英统治阶层，而且你们所有人都会更具人道主义，因为你们是更善良的人。如果接受他的建议，你会成为精英统治阶层的一员。但实际上，你（J·C·丹顿）道德高尚，而且不会被收买，难道不是吗？

第二个人跟你说，只要整个世界通过全球网络通信联系在一起，世界将永远被少数精英所控制。此人鼓励你参与一项摧毁全球通信基础设施的行动，回归到技术上原始的小型乡村世界，这些村庄在任何较大的系统中都不会相互关联。他说，这是唯一符合道德及人道主义的未来图景。

最后一个人同意让少数精英一直统治未来的世界，如果世界在全球范围内相互连接成一个庞大体系，更应如此。但此人并不是人类，而是一个大型精密的人工智能。他告诉你，今后唯一兼顾道德和人道主义的方式是让他这个完全冷静又理性的存在来统治世界，而不是由人类主宰，理由是人类都极易因为激情和权力而陷入腐败。纵观历史，人类已经无法为所有人构建一个没有暴力的人道主义世界了。只有纯粹理性并具有极高逻辑性的存在才能做出正确的决定。这个人工智能机器让你加入行动，从而实现它的统治。

你必须选择接下来的结局。是做一个无法被收买的精英？还是回到小乡村？亦或是实现人工智能的理性统治？我必须要承认，我（J·C·丹顿）在《冲出重围》结尾完成任务后，从周围倒塌的庞大的全球通信设施废墟中跑出来，让世界回归到了许多小村庄的状态。那一刻，我兴奋至极。你可能作出了其他选择。

《冲出重围》有一个特征，亦是好游戏的特点，但与其他游戏相比，该特点在这个游戏中要更明显：几乎每个问题总是有多种解决方式。玩家能选择适合自己学习、思考和行动风格的策略。当然，对学习和玩游戏来说，这都能激发极大动机，并为反思自己的学习、解决问题的方式提供丰富的资源（也许还能用来实验新方法）。

## 电子游戏虚拟世界中的故事和生活

《冲出重围》具有丰富多彩又持续反转的故事线。然而，《冲出重围》的故事和其他带有精彩剧情的电子游戏，与书籍和电影中的故事发挥的作用不同。书籍或电影既能按照顺序从头讲到尾，也能从中间的行动开始，稍后再讲到故事中的初始事件。无论哪种情况，读者或观众都知道，别人（即作者）决定着故事中发生的事件顺序。这位"作者"（当然可能是很多人）还决定着读者或观众获得关键信息的来源。例如，一条关键信息可能在一对情侣的对话中，而不是在隐藏的日记中。与之不同，在电子游戏中，有些玩家通过一种方式获取上述信息，但其他人会以其他方式达成目标。

在《冲出重围》中，随着玩家发现文档，入侵计算机，偷听或参与对话，或是旁观事情发生，他们一点一点地揭开故事。不同玩家找到不同的东西，并以不同的顺序发现与故事线相关的信息。不仅如此，参与行动的玩家自己就是故事线的一部分，而且不同玩家的行动也不同，或是即便参与同样的行动，也会使用不同的顺序。

电子游戏中的故事线融合了以下四种元素：

1. 游戏设计师的（作者的）选择

-

2. 作为玩家，你是如何让这些选择按照你发现事物顺序的特定情况中展开的

-

3. 作为故事中的核心角色，你所执行的活动（因为好的电子游戏中有大量选择关于行动的内容、时间及其顺序）

4. 你自己对角色、情节和故事世界的想象性投射

在上述内容中，首尾两条也适用于书籍和电影，但第二、三条却是电子游戏所独有的。

因此，在《冲出重围》这类电子游戏中，故事存在于玩家自己的选择和行动中，但这种融合方式却无法在书籍和电影中找到。我们可以将其简称为"赋形故事"。之所以这么说，是指将思想视作身体的一部分。因此，对我而言，"赋形"意味着"在身体中"和／或"在思想中"。特别令人遗憾的是，没有一个与"赋形"相对应的词来表达思想。当我谈论一个人在（虚拟或真实）世界中的赋形体验时，是要涵盖感知、行动、选择和对行动或对话的心理模拟。

这并不是说，电子游戏的故事比书本或电影中的更好或更糟。每种形式都有自身的优势及劣势。例如，由于电子游戏中的故事通过你这个玩家来表现，因此你（你扮演的角色）不能阵亡，并保持死亡状态（你可以死，但必须从某个存档节点或从一开始重新开始游戏）。否则，游戏在本身"结局"之前，就结束了。在书籍或电影中，若是与你产生共鸣的人物死了，你会感到异常悲痛和失落（你知道，这个角色可能再也无法复活了，除非这是个超自然故事。而且当我们喜欢的书籍或电影中的人物复活后，我们有时候也会哭出来，因为这实在是极为少见且并不真实的特殊事件）。

当你扮演的角色在电子游戏中死掉了（当然，它一直是主要角色），你会感到伤心失落，但你也往往变得"恼火"，因为你（玩家）失败了。也许你甚至还会感到自己让角色失望了。继而，你往

往是从一个存档节点重新开始玩，鼓励自己表现得更好点儿。这也是我们为什么将电子游戏的故事称为赋形故事的部分原因。你在电子游戏故事中所做的情感投入与你在书籍或电影中的情感投入完全不同。

为什么电子游戏中的故事（还）在某种程度上无法像好书或好电影中的故事那么深刻或丰富呢？原因有很多。例如，基于不同玩家所做的选择以及他们之前在游戏中的行为，电子游戏必须提供不同的后续发展。这产生了一个书籍和电影不曾面对过的计算问题，因为在书籍或电影中，设计者总是知晓之前做了何种选择（虽然特别简单的"选择你自己的冒险"类书籍是个例外）。不仅如此，真实的对话超出了电子游戏当前的计算能力，因为人类对任何话语都会做出许多不同的回应。《冲出重围》这样的游戏为玩家提供不同的对话选项，供其做出选择，来完成对话。需要再次强调的是，创建灵活且无法预料的对话是书籍和电影都未曾面对过的一个计算问题，因为它们只是编写具体的对话。

电子游戏通过创建我所说的赋形故事，弥补了以上缺陷，那些故事以不同于书籍和电影的方式吸引并鼓励着玩家。我发现，电子游戏的故事有一点非常有趣，即我如此沉浸在任务里，担心自己所处的位置，能在那里找到什么，正在做什么，要碰到福事还是祸事，现在需要做什么等，更长的故事线似乎总是模糊地浮现在我面前。我无法将所有碎片拼在一起，因为我现在太忙了，不管怎样，我在很早之前发现的一些碎片如今都变得有些模糊。当然，我稍后可以暂停（在安全的地方），试着将碎片拼起来，之后还常常去检索游戏为玩家保存的日志。

因此，虽然我在玩游戏时，总时不时地停下来构想更大的图景

(我当然需要这么做,就在游戏结尾时,在我决定要将世界变回至小村庄之前),但置身于万物之间也会有一种美妙的感觉,不是以上帝视角,而是在大地上看这个世界。我想这也是我们将这些故事称为"赋形故事"的部分原因。但是,这也与"现实"生活非常相似(这种感觉就像进入学术学科那样做研究,而不仅仅是某些东西变得一成不变后再开始学习)。

再次强调,电子游戏的故事并不比书籍和电子游戏中的更好或更糟。它们不一样。它们提供不同的愉悦和挫折。

**情境意义和赋形意义**

电子游戏故事的赋形本质产生了一个关键特质。在电子游戏中,意义(感觉、重要性)本身是有具体语境的,还是被赋形的。我在第二章中提出,如果人们真正明白自己正在某一领域中做的事,这便是意义运作的方式,而不仅仅是不带心思地重复那些无法在现实活动中安放的词语和符号。当学习和思考是强大又有效的,而不是被动又迟钝时,电子游戏是学习和思考如何在任一符号领域中发挥作用的绝佳例子。

在《冲出重围》这类游戏中,任何事件、物体、物品、谈话、手写字条或是其他具有潜在意义的符号,它们的意义都等着玩家来赋予。除非并且直到你能为你作为角色穿梭其间的世界和在那个世界里采取的行动赋予意义,否则你并不真正了解上述符号的意义。不仅如此,由于游戏世界和你在其中的行为总是变化的,你所看到或发现的事物的意义也发生着变化。也就是说,电子游戏中的意义永远是具体情境中的具体意义。它们永远是由玩家在现场来主动组装（或改变）的，涉及由游戏及玩家共同创造的虚拟世界中的图像、材料和赋形行为。换句话说，电子游戏中的意义就是我在第二章中提出的"情境意义"或"具体情境意义"，而不是概括性意义。

例如，在玩《冲出重围》时，你发现一个简单的数字密码，包括由五个数字，可能是在桌子上发现的，也可能是通过入侵别人电脑找到的。显而易见的是，这个密码几乎不具有任何含义，当然也并不完全是这样，因为你知道这是某种密码。此时，该密码只具有脱离语境的一般含义，指"某种密码"。除非你发现使用它能带来一些好的效果（例如，用来打开保险柜、门锁或计算机），否则这个密码一文不值。如此一来，数字就有了"打开这个保险柜"的意义，该意义就是情境化的、赋形的、以行动为导向的意义。

《冲出重围》中有一个非常精彩的瞬间。有个异常邪恶又强大的女性赛博人在大部分游戏进程中都在威胁我（J·C·丹顿）。在联合国反恐联盟指挥中心，当我想要脱离并反抗联合国反恐联盟时，此人要杀了我。她打算全力相搏，有可能让我惨败。然而，在她不注意的情况下，我在电脑中找到了一个代码，如果我当着她的面说出来，就能使她的赛博机制实现自我毁灭。那些没有找到代码的玩家必须与其经历一番苦战。然而，我说出了这个代号，体验了神奇的赋形意义和情景意义（与之类似的体验是，我第一次发现，若是把分型方程输入计算机或是在纸上画出它的图表，而不是重复性学习及口头罗列其数字属性，就会形成奇妙的图案）。

如果我提到的数字是在《冲出重围》的一张废纸上发现的，**而是**你在游戏中找到的便条或日记也是如此。你听到的任何话也如上文所言。想要理解这些东西，你必须将其放置到正在发展中的情节和你正在探索并协助构建的虚拟世界中。此外，你必须主动去做，因为你能选择自己去哪里，去做些什么。在《冲出重围》这类游戏中，每个具有潜在意义的符号，不管是语言、行为、物品，还是行动，都在邀请你进行一项**具体的赋形行为**（这种行为实际上是在头脑中进行或模拟的）。随着你在游戏虚拟世界中体验新情境，参与新行动，该**邀请函**的本质也在变化。

即便是那些看起来具有固定的一般意义的东西，如开锁，在不同的情境中也具有不同意义。例如，有时候你也许只剩下一把撬锁工具。如此一来，撬锁就具有如下含义：**试着用其他方式打开门，把撬锁当作最后的补救办法，因为还有更重要的门等你去开启**。需要注意的是，如果你不为开锁赋予一些有用的意义，那么你在游戏世界中将会倒大霉。若是人们不考虑游戏中的具体情境和赋形行为，就要付出代价。

当然，有人也许会说："好吧，这只是意义在电子游戏中运作的方式，离开了游戏，它就不是且不应该如此，例如学校。"通过第二章的讨论，你应该得知我反对这个观点。纯粹字面上的概括性意义，不能让人们根据情境构建的意义，无法在不同的情境中激发人的赋形行为的意义，是百无一用的（只能用来应付学校的考试）。

有种理论强调情景式的赋形意义，极为契合当前的一些心理学前沿研究，即有效理解口头和书面语言时，这种理解是如何发挥作用的。例如，试想如下两种评论：

……理解基于知觉模拟，这种模拟为情境式行为提供了媒介。

……对于一个具体的人来说，一件物体、一个事件或一个句子的意义在于，此人能用这个物体、事件或句子做些什么。

虽然电子游戏主动鼓励上述情景式、赋形式的思考及行动，但学校通常不会这样做。在学校中，词语和意义经常脱离物质条件和赋形行为。它们只是采用一般意义上的，所谓去语境化的意义。它们的意义只是用依旧只具有概括性意义的其他词语和词组来拼写单词或词组。人们（就像之前第二章中提及的那些学物理的大学生一样）不能真正用这些词语**做**些什么（他们甚至不能用这些意义模拟或展开一段对话，不能在对话中灵活使用学到的东西，无法用不同的方式适应不同的具体情境）。

试想一下，如果你要设计一款电子游戏，有个建筑学学生是你的玩家，他需要学习一种新的 3D 建模系统，一种非常复杂的符号系统（虽然我没玩过，但这样的游戏确实存在）。自不待言，学习这样一个系统，其复杂程度与在学校里学习一门新语言或一个新学科别无二致。如果这款游戏玩起来跟好游戏一样，那么玩家对这个新系统（其中所有的词语、符号和流程）的理解，会被赋予至游戏虚拟世界中的材料、图像和行动中。不仅如此，在不同的新情境下，玩家的理解将不得不发生改变和转化。此外，玩家将不得不当场主动地把这些理解组合起来，并面对在虚拟世界中这些组合所带来的真实后果。实际上，正是这些后果促使玩家来检验自己基于情境和具体行为构建的意义是否可靠。

我们不妨将其与下列情况进行比较：让这些学生坐着读书，听讲座，并在不涉及真实后果的情况下来讨论上述问题。在这种情况下，学生只能获得一般的和 / 或字面上的意义，而不是赋形意义，能让他们为了真实实践中的不同场景去定制意义。我不是说，我们需要通过电子游戏来教育这些建筑系学生（或其他人）。优质课堂能教会人们以许多不同方式来构建情境意义和赋形意义，虽然这可能意味着要时不时地走出课堂。

我想，我们不太可能只凭借阅读和讲授来教新手画建筑草图（虽然我们的确经常使用这种方法，向已经了解旧绘图系统的大人们讲授新知识，但如你预料，其效果并不怎么好）。然而，我们确实遵循着固定套路，在学校中用这种方式教孩子们科学、数学等知识。

现在，有人肯定要说："但是，我们无法在学校里教会学生所需要学习的所有内容，无法通过情境意义和赋形行为让他们理解科学和数学知识。没有那么多时间，而且他们毕竟不是都要当科学家。"上述说法确实非常符合常识，但问题在于：**确实没有别的理解方式**。在所有领域中，如果你所知道的只是概括性的意义，那么实际上你不知道任何对你有意义的事情。

当然，科学课堂中的学生无需像"真正的"科学家一样，知晓所有情境中的情境意义。他们也无需成为自己所学科学知识领域的专家，对情境意义极为精通。然而，他们的确需要知道<u>一些</u>重要的核心情境意义是如何在其符号领域中运作的，对其拥有<u>一些</u>具体感知。否则，他们根本就不懂如何在该领域中理解词语及其他符号。

试想一下，一个人声称自己知道"民主"一词意味着什么，因为她能给你列出词典中的解释，也可能是从一本社会学课本中找到的定义。然而，如果面对下文中的说法，她就不能以观点中的具体情境（在某些国家，财富对选举所造成的影响）为基础，给出聪明睿智的解释：

如果一个国家的候选人为了赢得选举胜利，必须接受有钱人的资助，那么这个国家就没有民主可言，因为如此一来，只有富人才能决定候选人名单。

做出回应的人不一定非得同意上述说法。但此人却肯定要在这段话中理解"民主"一词的情境意义。不仅如此，这个人要么接受这一情境意义，要么就得用与该表达相关的其他情境意义来提出反对意见。这是包含行为的对话。在对话中，如果你不能结合具体情境来使用"民主"一词，那么你就无法理解这个词，不管你能把这个词的定义背得多么流利。

我再举个例子，还是用一个普通的词来解释。我一个学校同事特别推崇低年级的字母拼读教学。有一次，他跟我说："刚入学的大学生无法阅读我指定的书。"他将这一问题归咎于早期字母拼读教学的缺失。他认为学生是全语言教学法（Whole Language）的受害者。因此，他为"阅读"一词赋予了以下情境意义：**能将文字解码，即将字母转化为声音。**

然而实际上，这种情境意义并不能有效表达我这位同事所描述的那个情景。这些学生当然差不多都能将文字解码，而且很多人做得非常棒。这一点很容易得到验证（让他们脱离语境去解读复杂的没有意义的话）。如果这些学生真的有问题，那么真正的问题在于，他们不能很好地**理解**大学课本上复杂的学术语言。此类语言与"日常"口头语言极为不同，需要学生听说过，或是有点阅读基础，之后才能熟练地使用它。只有"阅读"一词被放置到如下语境中，我同事的说法才有可能是正确的：**对课文内容的理解达到一定**

水平，不仅指解读、了解日常词语及表达的字面含义，还要理解专业写作语言，这种语言要比日常生活语言更具技术性。

最后，让我再用一个有关科学教学的例子来说明情境意义，这个例子会让我们从词语转向其他类符号的情境意义和赋形意义。通过教孩子们一种名为 Boxer 的计算机编程语言，科学教育家安德烈亚·迪赛萨（Andrea diSessa）曾成功地教会六年级及以上的孩子们学习伽利略运动定律（与牛顿定律相关）背后的代数知识。

学生用编程语言将一套不相连的步骤输入电脑。例如，这个程序旨在表现匀速运动，其第一个指令可能告诉计算机，将一个移动物体的运动速度设为每秒一米。第二步则让计算机去移动物体。第三步让计算机一次又一次地重复第二步。一旦程序开始运行，学生将看到一个物体的图像以每秒一米的速度重复运动，这是一种匀速运动。

现在，学生能使用多种方式来进一步细化这个模型。例如，学生可能添加了第四个步骤，告诉计算机在物体每次运动后，让这个物体的运动速度值增加 a（为了方便，我们假设 a 为 1 米 / 秒）。那么，在屏幕上移动第一次后（此时物体的移动速度为 1 米 / 秒），计算机会将物体的速度设置为 2 米 / 秒（因为增加了一米），接着在下一次运动时，物体会以 2 米 / 秒的速度移动。之后，计算机会把每秒移动的速度再增加 1 米，那么下一步运动时，物体的移动速度就是 3 米 / 秒。如此一直循环下去，除非学生增加了一个步骤，告诉计算机何时停止重复运动。这一过程显然就是在说明加速度的概念。而且，你当然也可以不将 a 设定为正数，而是设定为负数，然后看看运动的物体会随着时间发生什么变化。

学生能持续完善这个项目，并且观察每个阶段的变化。在这个过程中，学生在一位优秀教师的指导下，能通过自己写程序、观察变化和修改程序等活动，发现大量有关伽利略运动定律的知识。学生在这里做的，是紧密结合实践，以赋形的方式观察一个表达系统如何通过电脑屏幕上的虚拟世界中的运动鲜活地表现出来，该系统没有代数或微积分（即计算机编程语言，它实际上只是由一系列集合组成）那么抽象。

以代数的方式表现伽利略的定理则更具概括性，基本上由一组数字和变量组成，并不直接与实践或物质性事物的运动有关。就像迪赛萨所指出的那样，代数无法有效分辨下列情况，如"在运动中，距离 = 速度 × 时间（d=rt），将米转换为英寸（$i=39.37 \times m$），用一条直线来定义一个坐标系（y=mx），或是其他带有概念变化的情境"。它们看起来差不多。他还指出："虽然这些语境可能与专家不固定的日常工作几乎毫无关系，但区分上述语境于学习至关重要。"当然，这些专家已经根据不同的目标用代数实现很多赋形体验了。

一旦学习者在具体情境中，用赋形的方式理解了伽利略的运动定律，他们就理解了代数方程的一种情境意义，从而在更抽象的维度理解了这些定律。现在，这些方程开始在赋形认知的维度有了真正的意义。随着学习者在更为具体的物质情境中理解代数，他们将以主动且具批判性的方式掌握这些知识，而不仅仅是将其看作一系列符号，需要以被动方式来反复死记硬背，从而去应付考试。正如迪赛萨所说，"编程将分析转变为体验，并促使分析模式及其体验性意义之间建立起联系，这是代数甚至微积分无法达到的。"

迪赛萨深知，电子游戏了解的某些东西，学校却常常不明白：

当意义被使用时，它是物质性的，基于情境的，并且是赋形的。抽象系统最初通过上述赋形体验来获取意义，那些体验源于真正理解它们的人。抽象化源于情境意义和实践，是逐步发展而成，而且要时不时返回其中，否则对大多数人来说，抽象是毫无意义的。

**探究、假设、再次探究、重新思考之循环**

电子游戏极为有效地证明了一点，即意义在本质上是情境化和赋形化的。正因为如此，电子游戏还能把握一个过程（并让玩家去实践），该过程带有"反思式实践"的特点，在法律、医药、教育、艺术等领域中，有不少专家进行此类实践。想要玩好一款《冲出重围》这样的游戏，玩家需要完成以下四步：

1. 玩家必须**探究**虚拟世界（包括观察当前所在的环境，点击某些东西或参与某种活动）。

2. 边探究边反思，以此为基础，玩家稍后必须形成一个**假设**，设想某物（文字、物品、材料、事件或行动）被应用在某一具体情境中可能意味着什么。

3. 玩家带着头脑中的假设**再次探究**世界，看看自己能达成何种效果。

4. 玩家将上述效果视作从游戏世界中得到的反馈，并接受它，或重新思考自己最初的假设。

实际上，如果你没有完成这个四步式过程，你就无法在电子游戏中存活太久。例如，在一款优秀但中规中矩的射击游戏中，以《重返德军总部》(*Return to Castle Wolfenstein*) 为例，你边四处跑，边射击某些东西，却没有完成以上过程，但你很快就会耗尽弹药和体力，也许还没走几步，未抵达正确位置就阵亡了。在好的电子游戏里，你需要尝试许多不同的东西，再考虑一下相应的后果，试着理解它们对你和你在虚拟游戏世界中的发展意味着什么。实际上，如果你没有完成上述四步，那么你根本不会在现实世界的实践中取得什么进展（没办法成为优秀的教师、音乐家、艺术家、建筑师、商人或运动员）。

有人将上述四个步骤视作在一切复杂符号领域中进行专业反思性实践的基础。然而，该过程也是孩子们（甚至非常小的孩子们）在学校以外进行学习的方式。这还是孩子们的早期成长过程中，最初用来建构思维并学习文化的方式。换句话说，对人类这一特定生物而言，当学习对我们在世上生存和繁荣而言是必不可少时，上述四个步骤就是人类学习知识的核心。

人类思维是一个强大的**模式识别器**。实际上，人们极为擅长发现一些并不存在的复杂结构（例如占星术），这是我在下一章中要解决的问题。年幼的孩子做了点事（即探索），例如，他们尝试把放在地板上的一本软布做的书弄烂。这个小孩儿往往无意识地边做边思考自己在做什么（即"行动中反思"），并在做完后思考自己做了什么（即"行动后反思"）。这些反思包括倾听世界，它仿佛针对你的行为"做出回答"，从你自己的目标及欲望的角度，针对该行为的成败给你反馈。

基于这一反馈，这个孩子对一种可能存在的模式（一个关系体系）形成了一种假设（一种猜想），如："书是软的，它们会被压扁，但却不会被弄坏。"孩子接下来的行为（再次探索）被当作对该模式的检验，事物真的是这样吗？现在，地板上的布书旁还有一本纸书，也许孩子尝试着将纸书弄坏，但却发现后者没有被压扁，反而被撕成碎片了。基于这一测试，孩子再次在行动中和行动后反思，接受或重建自己对以上模式的假设（现在假设布书会扁，而纸书会破）。

通过行动和反思，这个孩子成为了"教会自己的老师"，"训练"自己头脑中的联系网络（大脑存储的模式）。这里，联系网络是这样的：书——布——压扁；书——纸——破碎，一个包含两个较小子模式的较大模式。值得注意的是，孩子的模式已经捕捉到了一个事实，即有两类书。的确如此，孩子可能已经为书构建了另一种子模式：书——纸板——变弯，不会破碎，将此推及至另一类书。

随着这个孩子围绕"书"这一节点形成更多关系（例如趣味、图画、父母给自己朗读过等），他构建了一套相互联系的模式（不妨将其称为所有的"书籍的模式"）及子模式（其元素包括书——布——压扁，或书——父母——给我朗读——感受到被关爱）。当然，这个书籍模式中的子模式也是其他相关的更大模式中的子模式。例如，"书——布——压扁"这一子模式也是更大的"压扁模式"的子模式（该模式涉及扁的状态是如何在世界中发挥作用的）。

构建这种联系是非常关键的，不仅仅针对孩子的思维发展而言。它还构成了孩子正在形成中的身份，作为了一个与某一类型的家庭、社会群组和社区相关有教养的人。例如，我在第二章中说起过自己六岁大的儿子，就是玩《皮克敏》的那个男孩儿。在两岁的时候，他第一次去森林远足。他在一棵倒下的树上看到了一只花栗鼠，并说道："亨利的森林"，指《火车头托马斯》(Thomas the Tank Engine)中的一只花栗鼠，他曾在家里读过这本书，故事讲述了森林被大火烧毁后，有个名叫亨利的拟人火车头帮助当地重新植树造林。

此时此刻发生的事情成为这个孩子生活中的赋形体验的一部分，他正在"真实的"花栗鼠和"书里的"花栗鼠之间建立思维网络（模型）。如果上述步骤继续发展（当然确实如此），真实世界和书中的内容就会相互融合，为孩子连接成同一组联系或模式。书籍和真实世界并不是分裂的，也不是相悖的。

我们在生活中构建了最初模式，并以此为基础构建后来的其他所有模式（因为它们决定了我们之前做出及修改的假设，为我们的思维发展设定了某个轨迹），所以，这样的孩子在真实世界和书籍中建立起了关联，作为他们在思想、身体和文化上是怎样的人的基础部分。他们在学校面对书本和读写素养时采取了不同的方式并且以此建立对世界的看法，区别于那些形成其他关联模式的孩子，这种现象也见怪不怪了。

当然，凡事都并非绝对。一旦学习体验足够强大，就会鼓励人们去转变自己的思想联系。在此，我是针对孩子而言，其认知、社会及文化发展所接受的某种"设定"和"指导"。然而，对有些孩子来说，他们无法将文化素养与自己日常生活中的赋形体验及其社会群组连接起来，那么学校就需要提供强大的学习体验，为培养文化素养设置新的指导方向。令人遗憾的是，这些孩子在学校接受的素养教育，往往完全背离了那些对他们重要的东西，因为他们一直在反复地受到针对语音等内容的机械训练。

一旦孩子们形成自己的概念，例如书的概念，他们就能构建成一套具有复杂联系的模式和子模式，并用这些模式将意义放置到相契合的具体情境中。他们选择出子模型，与他们所在的情境相契合（对其有用），让这些子模型适应现在的情境。如果上述子模型还不存在，那么他们会利用现有的碎片胡乱拼凑一种新的子模型，并使其适应当前的情境。

例如，如果一个孩子想要又硬又平的东西，用来在上面画画或涂色，他会将意义赋予到书上，例如**又硬又平的平面，有利于支撑一张纸**，继而得出下列模式：书——纸张——硬书皮——不会弯曲的书皮，还会得出其他模式，并使其适应现在的需求。当然，这种适应是以生活中的体验为基础的，反过来形成了儿童头脑中的新的子模式。我们的生活体验在思维中构建了模型，思维继而塑造了我们的生活体验（以及我们在其中的活动），这反过来塑造着我们的思维。概念从未被固定下来，也不会终止。它们就像一棵大树，永远想要长得更高一些（例如，得到更多一般特性），但它必须一直要让根扎入更深的泥土中（例如，返回至赋形体验中）。

就像我之前所说的那样，这种与思维相关的看法与传统心理学的观念非常不同。根据传统观念，概念就像头脑中的概括性定义（就像字典中的词语定义）。在传统观念中，头脑通过存储的"事实"和大量类似于逻辑表述的概括来思考（如"所有书都有封面"）。就我提出的观点而言，大脑基于存储的经验图像（模拟）来思考及活动，这些图像彼此间存在着复杂的联系（因此具有一些普遍性），却总要以生活中的赋形体验和行动为基础，去适应新的体验。

上述两种有关思维的观点会产生不同的后果，影响着人们对学校应该如何运作的看法。如果你相信传统观点，那么你就认为学校应该教孩子们死记硬背，应该直接了当地告诉他们重要的概括性观点。如果你同意另一种观点，那么你就认为学校必须给予孩子赋形体验，让他们凭此构建联系网络，并持续在生活中再次检验。当然，就像我在下一章要讨论的那样，根据这一观点，孩子们依然需要具有主动性的教师，对孩子们从赋形体验中得出的假设和构建的模式进行指导。否则，即便是有创造力的孩子也许会偶然发现一些奇妙的模式，但最终会在学校教育所涉及的符号领域内失灵。

探究—假设—再次探究—重新思考，这个四步式过程是儿童思维形成的基础，它与专家从业者的行为模式并没有什么不同。当然这四个步骤也会促进好科学产生，不管是来自于优秀科学课堂中的孩子，或是实验室中"真正的"科学家，因为科学是专家实践的一种重要形式。令人感到讽刺的是，虽然以上过程是小孩子学习的基础，也是成年专家实践的基础，却常常被学校教育忽视和摒弃。

例如，有些圈子里流行着一股风潮，即教会小孩子通过准备好的直接指令（所谓的 DI）来解码文字。这是对流行于 20 世纪 60 年代的教学法的回归。在这种教学中，教师照本宣科，直接告诉孩子他们需要了解的解码内容。孩子们一遍又一遍地重复老师的稿子，训练拼读。虽然这听起来有点难以置信，但也有人会满怀热情地完成任务，而且孩子们能通过这种方式学习解码。现在，甚至还有人倡导使用这种方法学习科学和数学等学科。

此处的问题在于，通过这种教学法学习的孩子并没有学着为自己发现模式，并检验模式（当然，这需要好老师的指导）。他们正在学习存储散乱的事实和知识元素，而不是更深层的模式。如果所有人的头脑里只有一个事实列表，那么当他们面对新情境的时候，一旦列表上的东西都不适用，他们必须记住另一个事实。与之相应，这个事实跟他们之前存贮的那些内容一样，只适用于最初引发它的情境。然而，如果人们头脑中有一个模式，在面对新情境时，他们能思考该如何修改这个模式，以适应新情境。现在，他们在头脑中形成了一种更有效的新模式，这个模式也许真正能解决此人从未碰到过的新问题。

上文提到孩子建构"书"的概念，虽然这个案例已经表明了列表和模式之间的区别，但我想再举个例子，进一步详细说明。例如，你已经知道卧室可以包括以下物品：床、灯、桌子、五斗柜、地毯和一些图片。这就是一个列表。现在，你看见或听说一个大学生居住的卧室，里面有一个电热炉和小冰箱（也许它是几个学生合租的大房子中的一间）。如果你只知道一个列表，那么你就会将这个添加到列表中：卧室里也可以有电热炉和小冰箱。即便没有真实的需求，你也能去思考这个问题，因为在任何情况下，列表都可以无限扩展下去。

然而，假设你并非凭借列表，而是从一个模型，一个典型卧室的视觉图像开始。头脑中的模式当然并不是真实的卧室图片。它们只是神经元素系统，代表床、地毯、台灯等东西，每个系统（如，代表床的系统）之间或强或弱地连接，并多多少少都会激活其他系统（如代表五斗橱和床头柜的两个系统）。但为了说明我们的问题，大家把头脑中的模型想象成图片就行了。

为了让头脑中的图片与大脑中的神经模式更相似，我们可以想象一下根据图片中的元素与图片中的主要物品之间存在的强弱联系，可以调整聚焦程度。因此，我们可以想象一下，在典型卧室的图片中，床处于清晰的锐聚焦位置，但房间中的植物更模糊一些，因此与床相比，植物与典型卧室的关系要弱很多。也许在你的图片中，电视的清晰度处于床（聚焦非常清晰）和植物（聚焦不那么清晰）之间。

当你看到大学生卧室里有电热炉和小冰箱时，如果你的头脑中出现这样的图片，那么你将不得不修改自己的图片。也许你将原始图片修改得不像典型的卧室，而是一个上班族的卧室。这意味着你将"上班族"与图片中的其他元素建立了联系。值得注意的是，这张图片并不像一个列表那样可以无限扩展，它现在不包括电热炉和冰箱。接着，你创建了一个大学生居住的典型卧室图片，里面有电热炉和冰箱。

如果你后来发现一个类似的卧室中也有电热炉和冰箱，但里面现在住着一个上班族，你会发现它与那张大学生卧室的图片大致契合。你只需略微调整图片，就能将其变成一个资金紧缺的人的图片，而不仅仅是一个大学生。之后，你还会修改典型上班族卧室的图片，使其变成典型中产上班族卧室的图片。你甚至可能思考大学生即使来自富裕家庭，其生活也往往跟手头拮据的人一样，上述想法能促使你进一步思考我们社会中的阶层、年龄和制度之间的互动。因此，模型为你将来的学习做好准备，而列表不会。

事实上，你正在构建图片（模型），将其细分，并在面对新情境时增加或减少上面的东西（转变物品的焦距）。在现实中，你正学着如何在情境中寻找"卧室"这个概念的意义，以适应不同情境，包括你之前可能未曾见过的情境。就列表而言，它不需要这种思考和学习。模式是经验性的**理论**（这里是有关卧室的理论），我们用更多的生活经验、更多次探究及再探究去改变它。列表只会随着时间的流逝而增加内容，让我们花费更大力气去死记硬背，并愈发不能达成真正的深度理解。

**评价系统**

目前，我讨论了探究—假设—再次探究—重新思考这个循环，这是小孩子和专业人才都使用的典型学习及思维方式，但在学校中，学生不一定用这样的方式学习和思考。然而，就学习而言，小孩子和专业人才之间存在着什么样的差别呢？我相信，上述区别我所谓的**评价系统**的运作方式。

学生经过行动、反思和探究世界后，得到一种结果。那么，他是基于什么标准来判断结果的"重要性"及"可接受程度"呢？这种提问形式说明，孩子们必须**评价**从生活中得出的答案，必须判断自己是否"喜欢"它，从他们的视角评价它是否是"好的"。否则，又何必用这一答案去反思并进行后续的社会交往，以及在自己的头脑中建立了联系网络呢？

孩子们能判断自己"喜欢"什么，什么是"好的"结果，这就是**评价系统**，即他们在活动领域内的目标、愿望、感受和价值观。在评价系统中，情感和认知合二为一。孩子们基于自己存储在评价系统中的目标、愿望、感受和价值观，对之前形成的假设进行修改。有些幼儿因为自己破坏事物的能力感到兴奋不已，他们会把将书撕碎当作好的结果，并继续寻找其他容易被撕碎的东西。

某一符号领域的专家级从业者，无论来自教育、科学、法律、商业、建筑、艺术行业，还是在其他行业，都需要构建一个与该领域相关的评价系统，从而可以评价该领域内的行为（探究活动）。

也就是说，他们必须形成一种目标、愿望、感受和价值观，从而让该领域的"圈内人"能将其视作同领域成员（与该领域相关的相似群组）具有的典型特征。与小孩子在日常生活中的学习相比，这一个过程要更加专业。不仅如此，如果该领域内的学习具有主动性和批判性，那么学习过程及其产生的评价系统必须具有更具自觉性的反思和批判，这种自觉性要远远高于那些认识世界的小孩子。

然而，这并不是说个体不会将这些"社会的"目标、愿望、感受和价值观（源于该符号领域相关的趣缘群组）与他们自己的目标、愿望、感受和价值观整合起来，使其带有个人特色。大多数情况下，他们的确是这么做的。他们还融合了其他他们所属的符号领域和真实世界中拥有的其他身份，包括文化身份。如此一来，在评价系统中，不仅情感和认知会合二为一，而且社会的、文化的和个人的因素也会整合在一起。

虽然如此，在所学习的符号领域中，相关的趣缘群组制定标准，并通过进一步训练，决定了该领域中哪些是可以"被接受"、"被认可"及"可行的"评价系统。新手学习那些被该领域视作可行的目标、愿望、感受和价值观，从而恰如其分地评价自己在该领域中的探究活动。从这一角度上说，学习者正在形成一种我们所说的该领域中的"趣味"。

在任何领域，无论是玩电子游戏还是学习某一科学分支领域，学习者会在没有真实的评价系统作用下学习。在这种情况下，学习者只是按照别人的要求死记硬背。另一方面，学习者能够足够主动地参与到该领域的学习中，以构建自己的评价系统，为其在该领域中的思考和行为制定标准，并提供指导，但该系统在很大程度上是无意识的，并不以明显的方式反映出来。这是主动但缺乏批判性的学习。

在批判性学习中，学习者通过行动、与该领域相关的趣缘群组进行互动，以此来构建一个评价系统，还要自觉地、明确地反思该系统包括的目标、愿望、感受和价值观，比较它与其他评价系统的异同，针对该系统做出主动且具批判性的选择。当然，这些选择要么必须要限制在一定范围内，被与该领域相关的趣缘群组认可并接受，要么就改变该群体可以接受的内容。无论是哪种情况，学习者都在元级别承担着一种投射身份，用在新符号领域中形成的新身份与现实世界中身份进行主动的、具有反思性和批判性的相互作用。

当玩家用主动且具有批判性的方式体验《冲出重围》这类游戏时，他们构建了一种视角，来判断怎样才算是玩得好。它不仅意味着要渡过危机或解决某个问题，不只是幸存下来，并能坚持到游戏结束。玩家关心的是，自己的角色（其虚拟的自我）如何发展。随着游戏时间越来越长，我对《冲出重围》越来越得心应手。我发现自己为了达到更好的成绩，重复做同样的任务，让我的角色看起来更棒，让我自己在回顾游戏进程时，能对角色在虚拟世界中的互动充满骄傲（这种骄傲既是针对我的虚拟身份而言，也针对我在现实世界中的玩家身份而言）。

彼时，我构建了一个评价系统，以此为基础，自觉地反思我是否及何时愿意去反思。在做出这种自觉反思时，我会自问为什么在意这种或那种结果，自己在游戏世界中的价值观是什么。每当此时，我就在很大程度上了解了自我，了解了游戏的虚拟世界，了解了这款游戏和其他相关游戏的结构。

人们通常不会自己构建评价系统。举个我自己的例子，虽然我玩单机游戏，不是多人游戏，但我通过多种个人游戏之外的方式来构建评价系统。在进入游戏后（早期玩的一款游戏），我在互联网上阅读了大量与其有关的内容。我进入了与游戏相关的网络聊天室，了解其他人对这款游戏及这类游戏的看法和感受。最后，我还阅读了与电子游戏相关的杂志。我参考了几个不同的游戏通关方法，既被作者通过某一关卡的方式所吸引，又对他们谈论那段游戏体验的方式感兴趣。

当然，也有玩家经常用团队对战模式玩多人游戏，还经常登入聊天室谈论他们的游戏体验，这些人评价系统的形成与该游戏相关的趣缘群组有更直接的关系。我认为，随着自己玩过的游戏越来越多，通过互联网、杂志、书籍和面对面的言语交流，与此类游戏相关的趣缘群组进行更多交流。我通过《冲出重围》这类游戏构建的评价系统发生了改变，变得更加深刻。例如，一位年轻律师是伴随着电子游戏成长起来的，我通过跟他聊天并一起体验 Xbox 射击游戏《光晕》，学到了很多东西。

如果玩家不仅构建自己的评价系统，还能对正在形成并不断变化的评价系统展开反思，那么他们就能洞悉与该评价系统相关的电子游戏类型的结构。颇为常见的是，玩家在游戏测评或与该游戏相关网站上表达上述见解。的确如此，一些玩家使用游戏自带的软件创建他们自己的游戏扩展包或全新的游戏。

由于我目前玩射击类游戏，例如《马克思·佩恩》、《红色派系》（*Red Faction*）、《光晕》、《重返德军总部》，我发现自己在比较它们的异同。尽管是支言片语，我发现自己对游戏的元素做出如下评价："没什么新内容"，"加分项"，"对《半条命》（*Half-Life*）的怀旧式致敬"（一款非常受欢迎的早期射击游戏），"图像与动作的绝佳融合"，"情节线中不仅包括解谜，还包括解决问题"，还有更多评论（有些内容很难在此用语言表达，尤其是与《半条命》中跳跃相关的部分）。我的评价系统以一种重要的方式，与射击游戏的知识和视角产生了紧密联系，而射击游戏作为**结构化的实体**，具有自身的"设计语法"。这是一种"语言"，我开始思考并使用它，甚至用创新的方式思考并使用它，因为我能批评此类游戏，并且想象不同的新游戏。最后，虽然我不具备开发游戏的技能，但我在玩游戏时（行动中反思）和玩过游戏后（行动后反思）动了很多脑筋，思考更好的新游戏"应该"是什么样子。

我的主张是，在任何领域中，主动且具有批判性的学习都应该让学习者在某种程度上成为**设计师**，就像那些创建游戏扩展包的玩家一样，也有些学习者实际上会设计新东西。其他人则跟我一样，会在头脑和谈话中设计，并提升游戏活力。在我看来，如果不能为某一符号领域构建一种评价系统，那就根本不存在结构和设计行为。而且，如果没有与该领域相关的趣缘群组和相关领域中的赋形行为，缺少探究、假设、再次探究和重新思考的过程，那么评价系统根本不可能被构建起来。

从这方面看，关于学校我已经说得够多了。然而，请容许我提醒大家，讨论评价系统、结构与设计，以及反思与趣缘群组相关的赋形行为，此类话题鲜少出现在针对学校或教育的研究中。或许这就是为什么电子游戏与课堂学习相比，能让如此多年轻人更快更好地学会同样复杂的内容。

**文字资料**

我讨论了情境意义和赋形意义、探究世界和设计东西，有人会问,传统的印刷文字要何去何从呢?我相信,电子游戏能教会我们很多阅读文字资料的方法,前提是人们要理解他们所读的内容,同样需要使用情景式的、赋形的、主动的及带有批判性的阅读方式。

像《冲出重围》这样的游戏,其创建的虚拟世界中包括大量文字,你能一直发现文字,例如纸条、电子邮件、日记和入侵各种计算机得到的信息。这些文字不仅帮你拼凑起正在进行的故事,还能帮你决定接下来要采取哪些行动。在有些游戏中,例如《克莱夫·贝克尔之不朽》(*Clive Barker's Undying*),你发现里面有大量文字内容,而且是玩(并享受)这款游戏的核心。

然而,电子游戏也以不同的方式与文字内容存在着深度联系。它们被大量不同类型的文字内容包围着。例如,杂志和互联网上有很多游戏测评。不仅如此,在某个网站刊登的官网测评下面,玩家经常能也确实会发表自己的评价(而且玩家对官方测评人丝毫不留情面)。

游戏附带说明书(虽然也有极少例外,但通常如此,《冲出重围》的说明书有20页)。它们往往附带一个手册,以日记或笔记的形式,或是用其他方式成为游戏虚拟世界的一部分,为那个虚拟世界提供背后的故事或背景信息。例如游戏《爱丽丝漫游魔境》(*American McGee's Alice*),讲述精神失常的爱丽丝回到了一个噩梦般的魔境,这款游戏就附带了一本手册,名为"拉特里奇私人诊所及精神病院病例记录"(Rutledge Private Clinic and Asylum Casebook),其中包括医生每天为爱丽丝记录的治疗病例。

对于许多游戏来说,发行商为玩家提供了丰富多彩又详细的攻略指南,告诉玩家有关游戏的一切(角色、地图和游戏的地形、武器、敌人、要寻找的物品、要遵循的完美策略等)。这些指南还为游戏提供了一个完整的通关过程。有些网站（通常免费）提供玩家自己写的各种通关指南。这些网站还提供来自其他玩家的提示，和游戏的"作弊手段"。（作弊手段是用操作游戏程序的方式获利，如给自己额外的生命值或更多弹药）。

这些文字都被整合至评价系统中，该系统跟电子游戏相关的趣缘群组相联系。不同的玩家和群组对使用这些文本的必要性、时机和方式有着不同看法。以通关指南为例，这些文档通常长达70页或更多（单倍行距），根据一套严谨的规则来编写，讲述游戏应该包括什么以及看起来如何（包括一个日期列表，记录着通关指南的修改日期）。一些玩家完全不看通关指南，虽然他们也有可能自己写。另一些人认为通关指南能且应该被使用，但只是在完全卡壳的时候用来获得提示。实际上，那些通关指南的作者自己通常也推荐玩家如此使用指南（试想一下，写了70页单倍行距的文档，却建议人们只在自己卡壳时才去看一眼）。

当然，如果孩子们在学校里学习科学等内容时也有通关指南，那么我们会把它叫做"作弊"（更不用说如果他们用"作弊编码"）了。然而，试想一下，如果学生按照严格标准写了大量通关指南，并且争论使用它们的时机及方式，这些争论将变成学生正在扩充的评价系统的一部分，评价"学（好）科学"意味着什么。那科学课堂将会变成什么样子？的确如此，在这一角度上说，真正的科学家确实有通关指南。他们（通过与别人交谈，也通过文字）知道其领域内的相关成果的研究史。他们还知道人们应该从什么程度上参考或遵循这些研究史。

现在人们普遍认为，"年轻人"不会阅读手册一类的东西，直接就开始玩游戏。从某种程度上说，这的确如此，我会在下一章中详细解释其原因。部分原因在于，电子游戏非常善于通过开始玩游戏来教会人们怎么玩游戏。但我会说，这些年轻人正在以正确的方式阅读并使用文字，而且真正理解自己用情境化的有效方式阅读了什么。也许那些出生在婴儿潮时期的人受传统教育的影响太深了，经常尝试做一些让自己后悔并受挫的事情，他们坚持在以赋形的方式理解指南内容之前，先阅读指南。

更普遍的做法是，玩家快速翻阅新游戏的指导手册，然后就开始玩游戏。有经验的玩家常常仅瞥一眼，就能知道操作方式和自己可能需要注意的特殊事项，因为他们通过玩游戏来学习怎么玩游戏（或如果游戏有新手训练，则完成该部分）。如果一款游戏对他们来说是个新类型，那么他们可能需要多加注意。然而，无论哪种情况，与电子游戏相关的文字（指导手册、通关指南和策略指南）存在着下列问题，除非玩家已经在游戏世界中体验或生活了一段时间，否则上述内容没有任何意义。当然，如果玩家之前已经读过类似的文字，那么这种模糊性就可以补救，但从某种程度上说，这些文字最初之所以能被玩家理解，是因为他们已经具有一个赋形体验组成的世界，并能在这个世界中定位且说清它们的意义。

在学校中，尤其是在高年级、高中和大学中，各种文字也会出现在科学、数学等学科中，情况亦是如此。除非学生通过实践的方式，已经在生物学世界中体验并生活了一点时间，否则他们也无法理解生物课本。同样，若是学生已经阅读过大量相似的文字，那么这种模糊性也会得到缓解。然而，从某种程度上说，之所以学生最初能理解这些文字，是因为他们有一个赋形体验组成的世界（在现实世界，或至少在头脑中的模拟），并能定位且说清它们的意义。

当我给教师做有关电子游戏的讲座时，我往往会展示一本手册或策略指南，问问他们能理解多少。通常情况下，他们颇为受挫。他们没有任何经验，不能将文字中的词句放到相应的情境中。他们能得到的只有词语信息，只能理解其字面含义，却无法将其整合到一起。他们不能以自己理解的方式，或能让自己想继续读下去的方式，将这种词语信息转化成图像。我告诉他们，这就是他们的学生经常遇到的情况。如果学生从未将词句的意义放到具体情境中理解，那么当面对科学等其他学术领域的文字或课本时，他们就也会有同样的感受。它"只是词语"，是那些"好"学生能在考试中重复的词语，但"坏"学生却不行。

当你玩过一段时间的电子游戏后，与其相关文本会有神奇的变化。突然间，它们看起来清晰明澈，而且具有可读性。你甚至完全不记得它们最初有多么令人困惑。从这种角度上说，玩家能用多种方式使用文字，以达成不同的目的。例如，他们可以查看细节，以此提升自己的游戏体验。最近，我曾查询过《重返德军总部》中不同型号武器的信息。我发现自己当时正在使用的武器不够精确，而我完全可以使用更好的型号。此外，我还得到了一个关于如何防止更好的枪过热的关键提示。除了上述用途，玩家还可以进一步了解所在虚拟世界中的地点、生物和物品。他们能解决自己在游戏中碰到的问题，排除自己制造的麻烦或电脑的故障。他们能得到提示，或是将自己的游戏过程与别人之前的游戏体验做比较。

除非并且直到人们具有一些赋形游戏体验，并将其"存储为"文字的意义，否则电子游戏附带的文字就是模糊不清的。不妨让我拿《冲出重围》的游戏手册为例，来进一步说明。这是一本20页的小册子，以双倍行距打印。其中，有199处加粗的部分表示标题和副标题。我从标题和副标题中随机选择了一条，它位于第五页结尾至第六页开头处：被动读数器，破坏监视器，主动增强及设备图标，附近物品，信息页，笔记，目录，目录管理，书架，纳米钥匙圈，弹药补给。就这199个标题及副标题而言，每一个都配有文字，以说明与该主题相关的信息，并将其与手册中的其他信息联系起来。不仅如此，手册将计算机键盘上的53种按键，分别对应游戏中的一些功能。上述53种按键被提及了82次，以说明与199个标题及子标题相关的信息。

以下是该手册中的一个典型片段：

> 你体内的纳米处理器详细记录着你的状态、设备和近期历史。在游戏过程中，你能随时查看这些数据，只需按下F1键进入目录页，或是按F2进入目标/笔记页。一旦你进入自己的信息页，你可以通过点击屏幕顶端的标签，在不同页面间切换。你可以使用设置、键盘/鼠标来定制热键，以标记其他信息页面。

从字面上来看，这段话很好理解，但只明白字面意义是没用的。当你只在字面上理解此类文字时，你只会产生一种已经理解它的幻觉，当你试着将以上信息与手册中成百上千的其他信息联系起来时，这种幻觉很快就消失了。首先，如果你没有亲身体验过《冲出重围》一类的游戏，那么就根本无法理解"纳米处理器"、"状态"、"装备"、"历史"、"F1"、"目录页"、"F2"、"目标/笔记页"（当然也包括"目标"和"笔记"）、"信息页"、"点击"、"标签"、"定制"、"热键"这些词在游戏中是什么意思，对于游戏来说意味着什么。

第二，虽然你能了解每句话的字面含义，但若是这些句子组合在一起，而你没有将其放到这款游戏或同类游戏的情境中去理解，那么这些句子将引发大量问题。例如，目录页和目标/笔记页中包含同样的数据（状态、装备和历史）吗？如果是的话，为什么要将其放到两个不同的页面呢？如果不是，什么样的信息位于哪个页面？为什么？通过点击标签（但这些标签是什么样子？我能认出它们吗？），我能在不同页面间切换，这意味着有些信息在其中一个页面上，其他信息则在另一个上面。然而，我的"状态"是目录或目标/笔记的一部分吗？似乎都不是，但什么是我的"状态"？如果我能使用"设置、键盘/鼠标"将其他信息页（什么信息页？）定制为热键，这是否意味着没有其他方式能达成该目标？在最初，我如何才能按照自己的选择来为其定制热键？我能通过点击"标签"，在它们与目录页和目标/笔记页之间完成切换吗？如此种种，长达 20 页的内容开始看起来变得不胜枚举。而且别忘了，手册中有 199 个不同的标题，都配有上述一类信息。

当然，如果你不厌其烦地在小册子上认真查找并核对信息，那么上述所有问题都也能迎刃而解。你可以不断地前后翻看，进行对照。然而，一旦你在头脑中有了一套与各种物品及行动相关的联系，另一套就会从脑子里消失，而当你需要它时，就只能回去翻查一次。手册编写得很差吗？完全不是。实际上，它跟许多学校课本中的内容没有太大区别。无论人们能从中获得多少字面含义，凭其照字面意思机械重复或通过考试，但这个小册子已经脱离了符号领域中的实践，变得毫无意义。

当然，你可以说："哦，是的，按下 F1 键进入目录页，或是按 F2 进入目标/笔记页。"这么听起来，你似乎对此略知一二。但问题在于，在真正的游戏中，你按了 F2，就能在空闲的时候看着屏幕沉思。你不会受到任何负面影响。然而，若是在一场激战中快速做出反应，你需要更频繁地按 F1 键。在此，你根本没有任何"空闲的时候"。实际上，上述两种命令在游戏中的功能根本就是大相径庭的，具有不同的赋形意义和情境意义，而且从来不**仅仅**指"按 F1，打开页面"这么简单。这是它们的一般意义，你无法用它们做出任何真正有用的事，除非你能根据游戏的具体情境进一步解释它。

当你在游戏的具体情境中使用上述信息时，它与手册中其他成百上千条信息的联系就变得清晰且有意义。当然，如果你要将游戏理解为一个系统，并且能玩得不错，那么这些关系才是真正重要的。**现在**你可以读读这本手册，如果你需要将信息碎片组合起来，以检验一下你的理解是否正确，或是为了解决具体问题或解答具体疑问。

在玩《冲出重围》之前（之前只玩过一款射击游戏，而且与这款极为不同），当我第一次阅读这个手册的时候，我非常想把游戏束之高阁，置之不理。那些细节、问题和困惑将我淹没。开始游戏后，我一直试着去查询一些信息。然而，我对这些信息理解得不够好，只能一次又一次地反复查询相同信息，才能找到需要的内容。最后，你必须主动地玩游戏，探索并做出各种尝试，最后，手册内容就会一目了然。但到了那个时候，你已经根本不需要手册了。

近来有很多人热议，很多孩子都无法通过学校中的考试，尤其是那些来自穷人家的孩子，因为他们在早期不曾接受好的或正确的语音教学。但事实上，之所以许多孩子在学校考试中不及格，是因为他们虽然能认出印刷的文字，但随着他们进入高年级以及高中，却不能应对那些用学校语言提出的越来越复杂的要求。

就口头和书面两种语言来说，课堂需要的语言模式或风格不同于非正式的面对面交谈中使用的日常口头语言，从某种程度上说，前者比后者更为复杂。虽然在学校不同的学术语言与不同内容领域相关，但科学、数学和社会研究等课堂中使用的书面及口头语言形式都可以用"学术语言"来概括。

学术语言与《冲出重围》手册中的语言类似，如果人们没有任何赋形体验，不能在具体情境中理解其意义，那么这种语言就无法清晰地传达意义。例如，下面这段学术语言引自高中科学教材：

> 地表在多种侵蚀作用下受到严重破坏，通过输送媒介去除风化物，这一过程叫做腐蚀……在物理作用及化学作用下产生岩屑，这一过程叫做风化。

同样，人们当然能逐词逐句地理解这段话。然而，这并非"日常生活"语言。无论是在家里的餐桌上，还是在酒吧跟朋友喝酒时，都没有人这么说话。但对我而言，这种语言也会出现与《冲出重围》游戏手册一样的语言问题，因为我不曾有过相关经历，无法理解这段文字的情境意义。如果不能通过赋形体验理解它的意义，那么上述学术语言一定会让人充满疑问、困惑，也许还有气恼，就像《冲出重围》游戏手册带给我的感受一样。

例如，我无法理解"侵蚀"和"通过输送媒介去除风化物"之间的区别，我会将后者视作一种侵蚀。什么是"输送媒介"？什么是"物理作用"？我并不太明白"物理作用"和"化学作用"之间有什么区别，尤其是针对风化而言。此外，我们这里所说的化学物质是什么呢？是雨水中的物质吗？

由于第一句讲"侵蚀"，而第二句讲"风化过程"，因此我猜测，这两个词以某种重要的方式相互联系，但到底是什么联系呢？它们一定是两种"对地表的破坏"，因为这是首句的主语。然而，我还会想，产生"岩屑"是一种建造土地的方式，而不仅仅是破坏，因为岩屑最终会变成泥土（难道不是吗？），因此我会猜想，它最终有可能变成肥沃的土地。但是，这是一段有关地理的文字，他们并不在乎土地肥沃与否（难道在乎？）。在这里，"土地"一词，与我所熟悉的意义不同，可能具有一组不确定的情境意义。

当然，我可以翻来覆去地翻阅这本书，将上述疑问搞清楚。毕竟，这两句话原本就是在定义"侵蚀"和"风化"两个术语，但不是从日常生活语境，而是从某一特定的符号领域出发对专用术语进行的定义。当然，我确实需要了解一点，即它们**是**定义，也许我甚至都搞不清楚自己是否具有专业知识能用清晰可行的方式来定义以上术语，从而在更典型的日常生活交流中消除这些术语的含混性。由于它们是定义，因此二者相互联系，并与此书中的其他术语、描述语句、解释等内容相互关联，因此我能打乱页码顺序，按图索骥，先忽略前后联系，按自己的需要反复查找。

然而，一旦我也像地理学家一样，体验过诸种赋形图像、行为及任务，包括他们谈话及争辩的方式及其原因，他们的兴趣、标准和价值观，那么文本就变得清楚明白了。疑惑、挫折和怒气随之消失。基于这种学习方式，人人都会通过考试，而不是只有一半同学及格，让少数"优胜者"获得奖励。因为后者根本没有在实践中理解所学的知识，只是死记硬背，然后在考试中重复一遍而已。

**更多学习原则**

让我来做一下本章小结,列出更多电子游戏中的学习和思考涉及到的学习原则,以供我们借鉴。需要再次强调的是,我所说的每条原则既与电子游戏中的学习相关,也与学校中的课堂教学相关。在列出本章详细讨论的各原则之后,我还会聊聊与之相关的一些拓展内容。

15. 探究原则
学习是一个探究世界(做某事);对某一行为再三反思,并以此为基础构建某种假设;再次探究世界,从而验证上述假设;然后接受假设,或重新思考它的循环。
-

16. 多种路径原则
取得进步或进展的路径有很多种。因此,学习者可以基于已有的自身优势和学习及解决问题的方式来做出选择,也可以探索新的方法。
-

17. 情境意义原则
符号(词语、行为、物体、人工制品、信号、文本等)的意义与赋形经验紧密相关。意义并非一般性的,也不是去语境化的。无论意义最终达成何种程度的普遍性,它总是自下而上地产生于赋形经验中。
-

18. 文本原则

我们并非仅从字面上理解文本（例如，文本中的词语定义及其内部联系），而是在赋形经验中理解它。学习者往返于文本和赋形体验之间。只有学习者在某一领域获得了足够多的亲身体验，并具有大量与类似文本相关的体验，才能更好地理解文本的微言大义（在缺乏亲身实践的基础上，去阅读文本）。

现在，我们来了解一下与之相关的四条学习原则，文中虽未曾直接提及，却隐含在本章对电子游戏与学习的讨论中。"互文原则"，是指玩家体验了大量同一类型的电子游戏后，接触了大量与之相关的文本，因此能将这些文本本身视作一个家族或相关文本的类型。他们从互文性的角度来理解此类文本（例如，一款幻想类角色扮演游戏的攻略指南），将其与之前自己对同类游戏文本的阅读体验联系起来。如此一来，他们不仅根据自己过去的游戏体验将文本"套现"（大部分情况下都会这么做），而且还利用了曾阅读过的其他同类文本。如此一来，阅读"新"文本就是小菜一碟了。

"多模态原则"在本书中显而易见，所有针对电子游戏的讨论都与之相关。在电子游戏中，意义、思考和学习都与多种模态（文字、图像、行为、声音等）相联系，并非囿于文字。在游戏中的某个具体节点，多种模态有时相互支持，来传达类似的意义（如，"按此方向前进"）；有时则表示不同意义，每种模态各司其职，构建一个更大、更有意义、更令人满意的整体（如，"我刚进入了一处邪恶之地，最好万分小心"）。

"材料智能"①原则实际上是多模态原则的一部分。在电子游戏中，物品和道具存储了玩家获得的思想及知识。实际上，玩家所体验过的环境亦是如此。例如，在《冲出重围》中，如果你没有撬锁工具，那么，你就不得不为了打开一扇门而绞尽脑汁。反之，如果有开锁工具，那么该物品就存贮着开门的知识，你自己则无需记忆上述知识。你可以将思考及解决问题的各种技能应用在其他任务中，极为有效地提升正在完成的思考和解决问题的总量，因为撬锁工具就起到了这样的作用，许多其他"强大的"材料物品亦是如此。

在电子游戏中，玩家很快学会如何"阅读"自己所处的物理环境，并获得如何通过这些环境的线索。物理环境的形状和轮廓，周边散落的物体，共同引导者玩家推测出前进的方式（当然，玩家可能时不时地落入陷阱）。例如，在《爱丽丝漫游魔境》中，你（扮演爱丽丝）迷失在岩石和急流中，然而你却能看到远方的山顶上有一座庄园。此外，该环境中还有一些岩石和山丘的轮廓，提示你可以顺路而上。最后，前方出现了几块闪闪发亮的红宝石，你已经知道，如果拾取这些宝石，你的健康值将会提升。宝石所在的位置清晰地提示了前进的方向。如此一来，整个环境的布局有助于你成功猜出前进路线。

如果你能从物质环境及其中的物品中得到此类帮助，那自然挺好，好在物理环境及其中的物品是你智能的一部分，因为如此一来，你就有足够的能力去思考如何抵御那些在魔境中想要阻止你前进的步伐的疯狂角色（你也能思考如何解决其他大量问题）。

当然，在优质的科学课堂中，孩子们应该在科学中发现物品、

---

① 指使用材料来解决问题的能力。——译注

道具和环境建立的方式，能用来存储自己的知识和力量。与之相应，这能让他们思考并解决其他问题，当他们与上述物品及环境中所存储的知识能力相融合时，其能力将会得到真正提升。实际上，优秀的教师会创建科学的环境来引导学习者，并为学生提供有助于能力发展的各种物品，从而提升个体的成就。

例如，就现实生活中的钟摆而言，仅仅盯着它看，摆弄它玩，根本无法"发现"钟摆运动的原理。实际上，伽利略（Galileo）之所以能发现这些原理，并非像传说中的那样，依靠目不转睛地盯着摇摆的枝形吊灯，而是凭借几何学，根据钟摆的运动，在纸上画出弧、圆以及运动路径，进而找出其几何学特质。几何学是一种强大的工具，存储了许多知识和技能，免去了学习者自己创造发明的麻烦。迪瑟萨用来教学生学习伽利略运动定理的电脑程序也是如此。当然，我们常常期待，孩子们能在不借助工具、人工制品、材料指南的情况下去学习科学，而上述物品恰恰是真正的科学家要使用的，亦是科学家从自己的科学体验中获取的。几何学和迪瑟萨的电脑程序中都内置了一种名副其实的智能，就像游戏《爱丽丝漫游魔境》中的物品和环境一样，内置了"玩家智能"。

最后是"直觉（隐性）知识原则"。电子游戏不仅崇尚玩家关于如何玩游戏的显性知识，而且还奖励那些直觉的或隐性的知识，即内置于玩家运动、身体及无意识思考方式中的内容。通过反复体验同一类型的游戏，直觉知识得以构建起来。根据针对现代职场的研究，在当今这个快速变化的高科技世界中，每个行业中最有价值的知识就是隐性知识。通过持续与他人合作，员工从"实践社区"中获得隐性知识，以适应具体场景，并且在发生变化时"实地"作出调整。这种知识有时无法用语言描述出来，就算可以被表述，能写入培训手册，通常那时已经缺乏时效性了。

当然，就批判学习来说，自觉知识（conscious knowledge）非常重要，这一点我已反复强调过。然而，与电子游戏和理想职场不同，学校却常常忽视人们通过实践构建的隐性和赋形知识，更不会适应在实践中发生的"当场"变化（连想都不想）。但是，此类知识在许多领域中都颇为重要，也能在很大程度上解释学习者为何在某一领域内获得成就感，仿佛自己真是该领域趣缘群组中的一份子。有些学习科学的孩子未曾构建起隐性知识，没有"行业知识"，那他们也不会获得真正的成就感。更有甚者，即便有的孩子具备上述知识，但学校往往没有使其发挥作用，因为学校并不重视这些知识，只是脱离具体的情境体验，让学生漫无目的地死记硬背一些事实和数字，在考试中获得优异的成绩。

我曾帮助过一个中学课外科学小组，这些学生与学校的联系十分松散，学校的教学方式也没有对其产生太多影响。我们教会他们如何在实践中学习科学，如何讨论自己正在做的事和团队的发现。我们教会他们像"好知者"那样去说和做，而不是做被动的旁观者。很多男生纷纷慕名而来，加入我们的小组，其中有个孩子还在学校的科学竞赛中获了奖。在后续的跟踪访问中，这个孩子的高中老师给出了有趣的评价："很奇怪，他在实验课或强调动手能力的任务中，确实表现优秀，但他这门课的成绩却很差，因为他总是答错我出的选择题。"显然，这位老师根本不在乎自己的学生具备多少与实践相关的隐性知识。如果他不重视此类知识，那就几乎无法利用这种知识，无法将其中一部分转化为自觉知识，对其展开批判性思考。当这种做法涉及到商业利润的时候，明智的公司坚决不会犯这种错误。

接下来，我将刚才讨论过的原则逐一列出。

19. 互文原则

学习者将文本视作一个相关文本的家庭（"类型"），并在上述联系中理解所有同类文本，但前提在于，学习者对一些文本有具体赋形的理解。只有将一组文本视作一个文本系统（类型），才能极有效地帮助学习者理解此类文本。
-

20. 多模态原则

意义和知识的构建，并非仅仅依赖词语，而是要得益于各种模态（图像、文字、标识、互动、抽象设计、声音等）。
-

21. "材料智能"原则

思考、解决问题和知识被"存储"在实物及其环境中。这促使学习者能自由地参与到对其他事物的理解中，同时将其独立思考产生的结果与储存在实物和环境中的知识相结合，以取得更强大的效果。
-

22. 直觉知识原则

直觉知识或隐性知识的构建，取决于重复性的实践及体验，通常与某一趣缘群组有关，具有极其重要的作用，应当得到重视，并非只有可言说的自觉知识才能得到嘉奖。

< 5 >

## 教与学：
## 劳拉为何没有服从克洛伊教授？

## 显性知识与沉浸体验

就人类学习而言,信息是非常棘手的东西。一方面,人们并不擅长学习那些脱离了具体使用语境的显性知识。若是学习者已经具有大量此类语境中的体验,并能在听到或读到信息时,在头脑中模拟出相应的语境,那么上述问题也能得到极大缓解。如果无法完成上述模拟过程,人们往往很难处理相应的信息。此外,他们常常也很容易遗忘自己在真实使用语境之外接受的信息,特别是在无法设想此类语境的情况下。

另一方面,人们在自己不太了解的复杂语境中使用工具,那么学习效果就不会理想。如果孩子们不懂物理学,也没有数学工具,却胡乱地让球从斜坡上滚来滚去,指望以此发现伽利略的运动定理,那么最后,他们极有可能只会又生气又受挫。实际上,由于伽利略使用了深奥的几何学来发现上述原理,孩子们参与的任务难度比伽利略(一个天才)面对的还要高,因为他们既缺乏伽利略的知识,又不具备他的精密仪器。

如此一来,困境就产生了:就有效学习来说,人们需要显性知识,但学习的过程却极为艰难。他们还需要沉浸在真实的实践语境中,但若是缺乏显性知识和指导,他们就无法理解上述语境。这是直接讲授与沉浸实践之间的矛盾,多年来教育界为此争论不休。教育者往往走极端,只强调其中一项(讲述或沉浸),忽视另一项,不去讨论平衡及融合两者的有效方式。他们倾向于把对教育中照本宣科的支持与保守派政治联系起来,把对在实践中沉浸式学习的支持和自由派政治联系起来。无需多言,他们都没有解决问题。

电子游戏的制造商都是出色的资本家,上述做法对他们来说是奢侈的。如果他们不解决这个问题，那就没人愿意学着玩他们的游戏了。如果没人能学习这些游戏，那就没人愿意为游戏买单。如果仅凭老一派的"达尔文式"理由，也就是市场中的适者生存原则，那么市场上存活下来并发展很好的游戏就能解决问题。实际上，不同的游戏用不同方式解决了这一问题。这只是一个具体案例，能证明我在本书中提出的大致观点：好的游戏包括好的学习原则，因为如若不然，游戏就不会存在，因为不会有人想购买游戏。

本章会讨论两款好的电子游戏，我从中学习到了电子游戏中同时处理显性信息与指导与沉浸性实践的一些方法。这两款游戏针对上文中的困境进行了解答，反对将显性信息与沉浸性实践完全对立起来，而是将两者视作协同的共同体。

## 学着做劳拉

劳拉·克劳夫特（Lara Croft）是游戏《古墓丽影》（*Tomb Raider*）系列的女主角，也是同名电影的主角，她是全球最有名的电子游戏角色之一。劳拉出身贵族家庭，是父亲汉辛利·克劳馥公爵（Lord Henshingly Croft）的掌上明珠，过着衣食无忧的（虚拟）生活。在小时候，劳拉受到著名考古学家维尔纳·冯·克罗伊教授（Professor Werner Von Croy）讲座的影响，毕生理想也油然而生，那就是到人迹罕见之处去探险。讲座过后，劳拉在16岁时在寄宿学校上学，偶然间发现了一本《国家地理》（*National Geographic*）杂志，上面刊登了一篇冯·克罗伊教授的文章。劳拉从文中得知，教授正在准备前往亚洲进行新的考古之旅。

劳拉把文章拿给自己父母看，请求跟冯·克罗伊教授一起去探险。于是，父亲汉辛利公爵就给冯·克罗伊教授写了一封信，提出为后者提供资金，前提是让劳拉加入考古团队。在回信中，冯·克罗伊教授说自己记得劳拉，她在之前的讲座中提出了一连串颇为深刻的问题，并欢迎劳拉加入，当然也欣然接受了资金支持。由此，冯·克罗伊教授成为了劳拉的导师。在《古墓丽影》系列游戏中，成年了的劳拉在年轻时从冯·克罗伊教授那里学到了各种技能，追求知识与冒险，足迹遍及全世界。

作为极少数的女性电子游戏主人公之一，劳拉是此类游戏中身手最敏捷的角色。与多数冒险及射击游戏的主要角色相比，劳拉能让玩家在身体控制方面获得更好地体验。她能走能跑，能在站立及跑步过程中起跳，能向后跳、下蹲、躲避、滚翻，还能攀附岩壁并沿着岩壁活动，甚至能跳到藤蔓和树枝上，抓着它们悬摆。她（玩家）使用这些技能打败敌人，探索险象环生的古墓、神殿、沙漠、丛林和异域都市。

截至目前，我所描述的冯·克罗伊教授和劳拉的部分，只是背景故事而已。玩家并未亲身体验过这个故事，只是通过游戏手册来了解它，或是在玩游戏的过程中通过只言片语将其拼凑出来。然而，该系列的新作《古墓丽影：最后的启示》（*Tomb Raider: The Last Revelation*）却强调了这个背景故事，使其成为游戏的一部分。在《古墓丽影：最后的启示》开篇，游戏回到劳拉16岁的时候。彼时，她与冯·克罗伊教授闯进柬埔寨（Cambodia）一座神圣的皇家古墓，接受后者的训练。由此，玩家能真正体验劳拉在少女时期的学徒时光。

这一篇章就像书籍的一个章节，是游戏名副其实的一部分。玩家就像在游戏其他篇章中一样，必须要搜寻宝藏，躲开陷阱和危险，但与后面的关卡相比，此处的任务难度要简单得多。然而与此同时，这一篇章也发挥着新手教学的作用，手把手地教会玩家掌握游戏操作方式。该教学过程使用了很棒的形式。冯·克罗伊教授将劳拉训练成探险家的过程，也是他训练玩家熟悉游戏操作的过程。虽然其他游戏中也有类似的操作，但此处的新手教学却极为巧妙。

根据游戏伊始的视频，冯·克罗伊教授闯入了柬埔寨古墓，这是一座多层大型建筑，里面的通道百转千回。随着屏幕上显示出"柬埔寨，1984年"的字样，我们听到冯·克罗伊教授说道："我们打开古人的圣殿，成为几百年来首次闯入这座古墓的人。"话音刚落，我们就看到他旁边的少女劳拉，充满敬畏地环视四周，之后说道："这个地方让我毛骨悚然，（短暂的停顿后），但没您厉害。"这种有点儿不太礼貌的唠叨是典型的劳拉风格，让她更像一个被宠坏的自鸣得意的女孩儿。

然后，冯·克罗伊告诉劳拉要多加小心，事情并不像看起来这么简单。隐藏的机关和陷井遍布各处。劳拉要紧跟着他，按其指示行事。由于好人为探索此地的秘密而付出生命代价，恶人"为一己私利而出卖这里的信息"，所以冯·克罗伊坚称："我们必须尊重它，不能偏离路线，你也不要违背我的指示。"在随后两人的探险中，冯·克罗伊成为了霸道又令人生畏的教授。

然而，劳拉却没有因冯·克罗伊而退缩。她毕竟刚刚说过，与这座古墓相比，教授更让她心生敬畏。此外，游戏鼓励玩家不能对冯·克罗伊过于恭敬。即便冯·克罗伊曾告诉劳拉（玩家）紧跟着自己，不要偏离前方笔直的路线，但玩家（劳拉）如果想找到隐藏宝藏（如金色骷髅），唯一方式就是离开冯·克罗伊，在四周探查一番。实际上，当冯·克罗伊正为劳拉下达紧跟自己的命令时，任性的玩家（就像劳拉一样）则有可能正在一组石柱后仔细观察，看看那里是否藏着什么好玩的东西。如果玩家不这么任性，那到最后，他将错失许多有趣的东西，极有可能还需要重新再玩一次。

通过游戏的独特设计，玩家被置于劳拉的位置上，与其感同身受，接受冯·克罗伊的教导，但不让自己无条件对他俯首听命，不会完全遵循那种老派的学者思想。游戏的设计鼓励玩家采取一种特定的态度以及与冯·克罗伊的关系，更一般地说，要保持一种个性，实际上恰恰揭示出劳拉的性格特点。

在玩游戏时，我有点害怕冯·克罗伊。可能因为我此生都在遵循权威人士的命令，例如系主任，我发现自己想要遵从冯·克罗伊的指令。然而，我也想要宝藏，还发现自己内疚地偷偷离开冯·克罗伊的路线，继而觉得自己越来越像劳拉，不再是原来的我了。

游戏提供了巧妙的方式，即便对笨拙的玩家来说，若是愿意违抗教授的指令，他们也能有所收获。例如，在我玩游戏的时候，冯·克罗伊曾命令劳拉跳过一个坑穴。由于我（通过电脑键盘）笨拙的操作方式，劳拉掉到了下面的水里。她可以爬上来，再次尝试（实际上，她需要这么做，以完成冯·克罗伊的要求，并最终完成整个关卡）。然而，在游向岸边的过程中，我（劳拉）俯身注视水中，意外发现了一个金骷髅。玩家会情不自禁地琢磨：要是我故意不听从命令，没能在指定的地点跳下来又爬上去，那结果如何呢？我还能发现什么其他好东西吗？很快，玩家就会变得更像那个任性又被宠坏的劳拉了，并且会多次尝试上蹿下跳。在这样的电子游戏中，玩家反复地体验新的身份，这些身份挑战了他们原本对自己及对世界的一部分看法。优质的科学课堂也应该这么做。

**新奇的语言：冯·克罗伊教劳拉如何玩电子游戏**

冯·克罗伊让劳拉紧跟着自己，随后按下了墙上一块隐藏的石头，前方出现了一个小障碍，那是一面布满尖刺的墙。冯·克罗伊说："这是第一个障碍，跳一小步，用你的话说，就是试试胆量。按着'行走'键，然后按前进键。"

若是仔细想想，你会觉着上述说法怪怪的。然而，对正在玩这个游戏场景的人来说，他们一点也不会觉得奇怪。冯·克罗伊的谈话对象是虚拟角色劳拉，这个角色能在虚拟世界中又跑又跳，但却没有电脑，更无法操作键盘。然而，正在扮演劳拉的玩家却拥有电脑，也必须学会控制按键，从而让劳拉活动起来。（我用电脑玩过《古墓丽影：最后的启示》，但可能更多玩家用其他游戏设备玩《古墓丽影》系列，他们需要学习相应的操作方式，如游戏手柄。）因此，冯·克罗伊的话完美地兼顾了劳拉和玩家两方。这种融合让玩家获得了双重身份，既是现实世界中的玩家身份，还是虚拟世界中的劳拉。

更为有趣的是，冯·克罗伊说"按着'行走'键"，是指玩家需要按住电脑的 Shift 键，此键能让玩家走，而不是跑。（她在行走时，若是走到悬崖边，会自动停下。但在奔跑时，她则会迈过悬崖，掉下去。与跑着相比，让她走向悬崖更容易些。）冯·克罗伊接着说了"然后按前进键"，这是告诉正在按着 Shift 键的玩家，按下电脑上标有向上箭头的方向键，这才是让劳拉前进的按键。当玩家使用这种键盘组合操作时，劳拉会走向障碍物，并自动停在边缘位置。现在，她准备好起跳了。

就在此时，冯·克罗伊说："来吧，孩子，别害怕，这只是一个开始,更危险的还在后头。同时前进和跳跃。"这是在告诉玩家,按向上方向键(向前走)时,同时按下 Alt 键(此键能让劳拉跳起来)。如果玩家照做,那么劳拉就能轻松跳过障碍了。

在此,冯·克罗伊正使用按键的功能名称,即按键在虚拟世界中所承担的行为,诸如"行走"、"前进"和"跳跃"等行为,而不是电脑为键盘设定的名称,即"Shift 键"、"向上方向键"和"Alt 键"等。既然如此,玩家是怎么知道要按下正确按键的呢?答案可以从下列三种方式获得。

1. 玩家可以跟我一样,直接看游戏附带的操作手册。这意味着,当玩家听冯·克罗伊说话时,他们同时正在寻找着与指令对应的电脑按键。(这是虚拟世界与真实世界相融合的另一种方式。)

2. 玩家可以通过玩《古墓丽影》的其他作品,或是同类型的游戏,来做出聪明的推测。

3. 玩家也可以效仿我的孩子在类似场景中的做法,把所有的按键都试试,直到得出正确答案,并进而发现正确按键。

在第一部分,冯·克罗伊一直用上述方式说话,告诉玩家(劳拉)他们还能完成更复杂的动作,例如"这个裂口更宽,边缘更危险。先走到边缘,然后再同时按下前进和跳跃键。当你跳起来时,按住行动键,就能抓住边缘。"在这一部分的尾声,玩家不仅完成了游戏的第一个部分（而且它就像很多好游戏一样，篇幅很长），而且学会了游戏的基本操作方式。玩家还了解了一些基本策略，用来探索虚拟世界，并躲避一些危险。

**劳拉和学习**

　　对玩游戏的人来说，为什么这种"新奇"语言实际上却并不奇怪呢？在很多电子游戏中，玩家都能听到这样的话，让人"混淆"电脑前玩家所处的虚拟世界（如"行走"）和现实世界（如"按下行走键"）。实际上，这种语言表现出一个尤为重要的的基本学习原则，它常常被学校所忽略。若是脱离了亲身实践带来的沉浸性体验，无论教师将显性知识解释的多么清晰，学生也无法有效地理解它。与此同时，没有显性知识，学生也无法学习，因为他们不可能事必躬亲，发现所有知识。

　　解决上述问题的方法是，将信息置于具体语境之中，并以在具体行动的语境中理解的方式去表达信息。我们不妨举个现实生活中的简单案例。与其跟人说"当汽车侧滑时，向着打滑的一侧转动方向盘"，不如说"当汽车侧滑时，向打滑的一侧看"（自不待言，当司机往那个方向看的时候，也会随即向该方向转动方向盘）。后一种表述就在学习者的大脑模拟和现场实际动作中将信息与具体行为相互融合。

　　在优秀的科学课堂中，老师肯定会避免如下方法：自己先讲很长一段时间，再让学生将所学的知识应用到小组活动中。就刚才听到的知识而言，学生很难记住大部分内容。此外，在任何情况下，上述知识在实际上会有用的情境和具体方式下，没有多大意义。然而，优秀的科学教师绝不会放任学生参与此类毫无益处的活动。

反之，小组成员通过亲身实践来获得发现，优秀的科学老师会走到学生跟前，评价学生的进度及其在探究过程中得到的收获，然后提供相应的显性知识。正是在这一意义上，显性知识是有用的。教师为小组成员提供信息，以帮助他们进行下一步的探索，基于现有成果得到更多收获；或是将学生引导至一条相关但却更有成效的研究路径上去；亦或是提醒他们思考其研究现象中的某个方面，虽然学生还未关注它，但时机却已经成熟了。而且实际上，经过上述具体的探索之后，学生亦准备好聆听老师的讲解了。此时此刻，通过在头脑中模拟之前及未来的活动，学生能够为讲解中的大量词语赋予情境意义和实践意义。

然而，冯·克罗伊的"混合"语言中存在着更大的问题，其语言混合了与劳拉谈论虚拟世界，以及与玩家谈论游戏的操作。此类语言是好游戏所使用的众多策略之一，鼓励玩家把现实世界的身份（事实上，是多重现实世界身份）与其在虚拟游戏世界中扮演的虚拟角色身份相联系、并置，合并。这一过程亦鼓励玩家采用一种投射身份，我曾在第三章中讨论过该词。

我之前曾指出，投射身份是主动式批判学习的灵魂。有些孩子不仅愿意在课堂中扮演科学家的角色，还能主动将其与自己的真实世界身份（其中，有些真实世界身份也许是从其他游戏或学科中的虚拟身份出发的）联系起来，并持续整个学年。这才是真正的学习，是一种重塑自我的学习。当然，如果没有课堂中呈现的虚拟身份及虚拟世界，没有通过词语、行为和文本想象科学家和科学知识，那么任何一个孩子都无法达成真正的学习。

让我们回到游戏中来。作为好的电子游戏所使用的典型训练模块,《古墓丽影：最后的启示》的新手教学环节并没有将玩家在接下来的游戏中需要了解的和做的全盘托出。在这一章节中，游戏仅仅为玩家提供了足够的信息和技能，使其能在接下来的章节中完成任务，并学到东西。因为每个章节会越来越难，玩家在游戏的过程中，一直在边玩边学。实际上，在电子游戏中，玩（进行真实的活动）和学的界限是模糊的，大师和初学者的界限亦是如此，因为随着游戏的推进（随着进程逐步推进，游戏变得越来越难），玩家总是在主动面对新挑战。新游戏呈现新事物，提出新要求，以越来越具创意的方式挑战着玩家。

在《古墓丽影：最后的启示》的第二章节伊始，冯·克罗伊为劳拉（也就是你）提出了更高的要求，让你用刚掌握的新技能来跟他赛跑，通过陌生区域，抓住神庙另外一处的一块圣石。他说："我们来比赛，看谁先到达彩虹女神（Iris）那里，数到三就出发：一……二……"，但令人遗憾的是，"三"还没说出口，他就出发了，让自己处于领先地位。

如果你在第一章节中集齐了八个金骷髅，那么冯·克罗伊就会选择难度更高的"异端之路"（Path of the Heretical）。反之，他会选择更简单的"贤者之路"（Path of the Virtuous）。这是好游戏所具有的典型特征，表现出之前提及的多个学习原则：一款好的电子游戏会考虑到玩家水平，为不同玩家提供不同的奖励（但所有人都能获得奖励），并常常让玩家挑战自己的能力极限，达到"跳一跳能摘到果子"的目的。

更有趣且更重要的是，玩家由于找到金骷髅而获得奖励。想要发现金骷髅，玩家需要违背冯·克罗伊的命令，不能紧跟着他并对其唯命是从。恰恰是通过这一设计,游戏鼓励玩家变得更像劳拉,顽皮又主动,将自己对权威的恐惧和犹疑抛诸脑后,彻底忘却探险带来的风险。

**在子领域中学习**

在游戏的第三篇章,劳拉如今已经长大成人,前往埃及探险。冯·克罗伊也变老了,时不时出现在故事中。迄今为止,玩家已经知晓并体验了劳拉的背景故事,甚至知道了她是如何以及在哪里得到了那个大名鼎鼎的背包(的确,背包是玩家在扮演少女劳拉时捡到的)。那么问题来了,之前的两个篇章到底是"训练"(即学习)呢,还是游戏"真正的"一部分呢?当然,两者皆是。在好的电子游戏中,玩家通过体验真正游戏中的"子领域",从而学会游戏的操作。这是一条重要的学习原则,同样令人遗憾的是,学校教育常常忽略该原则。

很多电子游戏都明确地标识出新手教学模块。例如,许多射击游戏〔如《幽灵行动》(*Tom Clancy's Ghost Recon*)、《半条命》、《冲出重围》、《马克思·佩恩》等〕都设有此类模块,发布指令的人(有时是士官对你喊叫,有时是温和的导师,甚至是看起来很平和的女性全息影像,就像《半条命》中的训练模块)跟玩家的说话方式,与冯·克罗伊指导劳拉(你)一样。这些模块中的景观、行动及道具等与玩家在"真正的"游戏中体验的一样,但并不是游戏的章节内容。唯一的区别在于,当你试着学习使用炸药等类似物品时,你有可能因为失误而死于爆炸,这是你在训练模块中唯一会死亡的方式，反正我经历过很多次。

一旦游戏正式开始，首个章节（有时候是开始的若干章节）往往与新手练习模块相关，即便它不明确标识出来。与后面的内容相比，该章节的游戏节奏较为舒缓，要求也没那么高（这并不是说，这部分游戏松散又无聊，而只是为游戏世界及之后的部分营造一种氛围）。《网络奇兵2》（*System Shock 2*）就是个绝佳的例子，能够说明这种开篇方式。

在第一章节中，玩家极少面临任何形式的时间压力，犯错后通常也不会付出太大代价。通常说来，没有难对付的敌人袭击玩家，玩家通常根本不会碰到敌人。不仅如此，这一章节常常提供一个浓缩的范例，包括大部分重要的基本行为、道具和互动，玩家需要使用它们体验整个游戏。

不过，这些前期篇章只是游戏及其故事的一部分。《古墓丽影：最后的启示》将新手训练单元与前期的篇章融合在一起，其中任务难度降到足够低，因此许多基本学习过程能够在游戏（并不是通过书籍或大量脱离情境的显性指南）"真实"世界（这里指"真实的虚拟世界"）中"当场"完成。

之所以说在好的电子游戏中，玩家学习玩游戏的方式是体验真实游戏中的"子领域"，是指玩家将在整个游戏中生活、游戏及学习，而新手教学单元和开始的几个篇章被设计成简化版的游戏世界，玩家在其中完成基本的学习过程。学习并非始于一个孤立的空间（如教室或教科书），一个处于学习将要进行的领域之外的空间。与此同时，学习者并非被抛入一个"真实的"空间（即整个游戏），就像泳池一样，要么留在那里学会游泳，要么就被淹死。

因为好的电子游戏具有新手训练单元，所以开始的章节只是在练习基本操作,当玩家具备足够的条件时,会面临难度更高的学习任务,上述所有内容都是在游戏的虚拟世界中完成的,玩家会觉得非常有趣。我来给大家讲个小故事,以此进一步说明。有一次,我正在做一个有关电子游戏和学习的演讲。当时,观众中有两个25岁左右的高级游戏玩家(也是计算机专家)是一位学者的研究助理,这位学者被他们拖过来听讲座。在讲座结束后,学者当着所有人的面问他们,怎么看待我所讲的东西。在这些游戏中,我提到的那些学习原则真的在运作吗?两位玩家都作出了肯定回答。在玩电子游戏时,他们都意识到上述原则在发挥作用,但从未想过自己在游戏中的体验是一种"学习"。

这就是好游戏中学习过程的神奇之处,在优质的课堂中亦是如此,学习者无法总是清楚地意识到自己在"学习",学习了多少内容,或是学习难度。学习者置身于某一个领域(一个符号领域,如某种科学或一款好的电子游戏等),虽然他们正在学习(而且由于该领域的难度会逐渐增加,他们就一直在学习),但他们依然处于该领域中,依然是团队(相似群组)的一员,依然真正地玩着游戏,即便他们只是"新手"。

## 在电子游戏中迁移并超越

当然,在一款游戏中,玩家有时候能察觉到自己正在学习。有时候,学习者发现之前在该游戏或其他同类游戏中掌握了一些技能,但如今这些形成固定套路的技能却在土崩瓦解。随着游戏的推进,这种情况会变得越发常见。他们面临着新的挑战,因为当前的套路化技能不再发挥作用。在此类情况下，一种学习形式随之产生，它恰恰是我们想要在学校教育中提倡的那种形式，但极少被成功应用：借助创新思想来迁移以前的旧知识。我用自己的游戏体验来举个例子，详细阐述一下这一观点。

在第一人称射击游戏《重返德军总部》中，有一种纳粹"超级战士"，他们看起来像机器人，其机械和生理属性都被强化，具有强大的防御力和杀伤力。在该游戏结尾，我学会了一种杀死"超级战士"的策略，并因此颇为骄傲。实际上，我能极为熟练地使用这一策略。

具体操作如下：我停在距离超级战士很远的地方，藏好并掩护好自己，然后用远程步枪狙击敌人，枪要配有不错的狙击镜，我还要在超级战士开火时及时蹲下藏好。经过多次射击，超级战士阵亡了，而我却受了一点小伤，或是毫发无损。降低受伤程度或避免受伤是非常重要的，虽然对赢得战斗胜利没有什么太大助益，但若是生命值所剩无几，在下一场对战中，即便你面对一个弱小的对手，你也极有可能还没来得及找到补给箱为自己补充体力，就阵亡了。在与超级战士进行近身战斗时，即便我赢得了对战，通常也会损失惨重，使得自己过于虚弱，无法应付接下来的战斗。然而，我也知道有些玩家学会了近距离打败超级战士的技能，使其免于遭受重创。

在《重返德军总部》中，玩家扮演美国秘密行动局特工B·J·布莱兹柯维斯少校（Major B. J. Blazkowitz）。这是个非常有名的电子游戏角色，因为他最早出现在《德军总部3D》中，玩家将后者视作所有第一人称射击游戏的"鼻祖"。在该游戏结尾，玩家必须面对海因里希一世（Heinrich I），这位古代的骑士原本早就死了，但纳粹通过神秘的暗黑仪式将他从墓地中唤醒。海因里希就是一个恐怖的超级战士。他能把僵尸从地下召唤出来，让他袭击你（布莱兹柯维斯）。不仅如此，他还能召唤大量飞在空中的魂灵，不管你想要藏身何处，都能找到你，进而攻击你。如果你靠近海因里希，他就召唤附近的石头，使其从石柱和拱门上掉落，砸向你。只要他在地面上挥舞一下宝剑，就能把你拉向他身边，然后用那把巨大的剑轻而易举地杀掉你，一击毙命。

对于海因里希来说，试着藏在掩体后面去狙击它，这样的策略毫无效果。相信我，我曾试过很多次。飞在空中的魂灵每次都能发现你，并杀掉你。因此，我发现自己的常规策略不再有效。从这一点上看，游戏强迫我痛下决心，去试试其他方法，学习新东西，否则无法通关。

当然，在这种情况下，玩家可以回想自己在其他游戏中积累的经验，将其应用到当前的情境中，否则就得尝试新策略。策略一是回想以前的游戏经验，这种行为被学习理论家称之为"迁移"（transfer）。例如，学生将自己之前所学的生物知识应用到社会研究课中碰到的新问题，就是迁移。迁移并不总是能发挥作用，而且还会颇具风险（也许，我们最好还是不要用生物学思维的方式去进行社会研究）。迁移需要积极的学习，而且如果想要降低风险，那么最好经过批判式学习。

过去，认知心理学家曾认为迁移是极为容易的现象。在后来的一段时期，他们又认为人们实际上非常不擅长完成迁移过程，而且出于各种实用目的，迁移是无法在学校教育中达成的。如今，他们相信迁移是学习的关键，但却很难在学习者身上引发迁移，尤其是在学校里。显而易见，想要达成迁移的效果，就需要让学习者明确地意识到一点，即两个不同的问题或领域如何在更深层次上具有某些相同的特质。也就是说，它需要结构维度的思考，反思两个不同问题或领域是如何用相似的方式被构建或被"设计"的。不同问题及领域所具有的更具表面化的特征，往往会遮蔽其设计方式。

面对海因里希，又被他打败无数次后，我决定调动自己在其他电子游戏中学到的经验。我尝试了一个在《爱丽丝漫游魔境》中学到的打BOSS（特别强大的敌人）技巧。我用极快的速度移动，绕着海因里希左蹿右跳，时近时远，停下来的时间极短，只够我迅速使用最强大的武器去打他几次，然后赶紧再次动起来，以躲避他的炮火及其召唤的僵尸和魂灵。与此同时，我一直在疯狂地寻找医药箱，它们位于掉落的石头和砖块中，能够修复我的损伤。

在对付《爱丽丝漫游魔境》中的公爵夫人（the Duchess）、毛毛虫（the Centipede）和红心女王（the Queen of Hearts）时，这个策略是有效的。如今，它差一点也能奏效。与之前的尝试相比，我坚持了更长的时间。但天哪，海因里希最后打败了我。虽然我倒下时带着更强的自豪感和荣誉感（请注意，在投射身份下，我非常看重这些），但无论如何还是失败了。

既然《爱丽丝漫游魔境》的一些策略似乎是奏效的，那么我需要进一步对其中的元素进行取舍和改进。此时，迁移与创新邂逅。在这种情况下，玩家从过去的经验中筛选了有用的部分，同时不得不想点儿新点子（也许其他人已经尝试过，但至少对玩家本人来说是新东西）。这一时刻对主动性学习乃至潜在的批判式学习至关重要。此处，过去的经验一下子被凝聚起来，并实现转化，产生更新的经验，能在未来发挥作用，并进一步实现转化。

我分享一下自己的做法。首先，我用了一种迁移方式，也是我曾在许多射击游戏中用过的方法：跑出自己藏身的通道，使用火箭炮对着海因里希连发四弹，然后再迅速跑回通道中。在射击游戏中，有些敌人往往跟着你进入通道或其他狭窄的空间，很容易暴露在你的射击范围内，因为他们并非分散开来，而是以直线的队列向你冲过来。有些海因里希的重要帮手（三个恐怖骑士和帮他复活的纳粹）追过来，我轻而易举就将其击毙了。

海因里希暂时失去了帮凶，但这种情况不会持续太久。现在我知道，自己需要跑出去面对他，因为他可不会跟着我跑进通道，他将识破我的狙击策略，从远处召唤魂灵来袭击我，无论如何都要将我置于死地。如果不做任何改变，《爱丽丝漫游魔境》的策略将无法发挥作用。那该怎么办呢？当然，唯一的解决方式是：想点儿别的点子，并尝试一下。如果你阵亡了，那就等满血复活，重新回到战场。

我的计划是，先使用《爱丽丝漫游魔境》的快速移动策略，但需要更靠近海因里希。如果距离拉近，飞舞的魂灵会在我头上的空间盘旋，因为它们能对海因里希实施有效的远程保护。然而，如果距离过近，那么他会把剑挥向地面，用剑气把我卷过去。当我飞向他的时候，他会让我一剑毙命。此时，我似乎需要一个紧凑版的《爱丽丝漫游魔境》策略，强调以直线方式迅速靠近并远离海因里希，而不是我在《爱丽丝漫游魔境》中采用的大范围迂回作战方式。虽然其他玩家用环形扫射的方法打败过海因里希，但我却根本不擅长精密控制的环形运动。

我跑出通道，试试兼具迁移与创新的新策略。在与海因里希的正面对战中，我在乱跑时偶然发现了一个补给箱，用其补充体力。四次对战后，我极大削弱了海因里希的体力值。策略开始奏效，我比之前坚持的时间更长了。但当时，即便我已经使用了找到的补给箱，仅存的体力值已不足一半了。

之后，新东西出现了，它作为一种学习策略成为迁移及创新的补充元素，即意外的收获。在使用最后一个补给箱的时候，我发现自己的毒龙机枪已弹尽粮绝，于是换成了能发射电子射线的特斯拉电枪。我在一堆箱子后面发现了最后一个补给箱。站在箱子后面时，我注意到海因里希缓慢地向着这堆箱子走来，想要将我干掉。因此，我立即迅速地绕过箱子，跑到海因里希后方，他现在正眺望着箱子后的方位，也就是我刚才站着的地方。这一瞬间，他背对我，我冲着他跑过去，用特斯拉从后面给了他一枪。

由于他之前已经损耗了大部分体力，虽然这是个险招，但足以将其击毙。他在狂怒中死去，而我马上看到了一段过场动画（一个短片）。超级战士计划和海因里希计划的罪魁祸首是希姆莱（Himmler）。在过场动画中，我看到希姆莱正用双筒望远镜眺望远方。显然，他是在远处的山头观察我与海因里希的对战过程。

希姆莱沮丧地说："这个美国人，是他毁了一切。"他的副官接着说道："希姆莱先生，接您去柏林的飞机已经就位。"希姆莱不愿离去，他显然不想把自己的失败报告给希特勒。副官催促道："先生，元首正在等着你。"希姆莱缓慢地走回车中。既能终结海因里希，还能让希姆莱吃瘪，实在大快人心。

虽然这个例子可能看起来微不足道，一直都在介绍超级战士和被复活的死敌，但它与一种重要的主动学习类型有关，体现出其中的若干元素：

1. 学习者意识到，一种或多或少变成套路的策略不再发挥作用，因此不再使用它。

2.通过找出过去经验与当前问题之间的相似之处,学习者将过去经验中的技巧和策略迁移。(以《爱丽丝漫游魔境》和《重返德军总部》为例,从表面上看,虽然两者都是射击游戏,但大不相同,前者是第三人称射击游戏,而后者采用了第一人称。)

3.学习者了解到,虽然学校有时提出了问题,以便之前解决问题的方式直接迁移到新问题,但这种情况鲜少出现在真实生活中。学习者通过创意和创新性,将较早的经验改写并转化,从而迁移到新的问题。

4.学习者还使用(或是准备使用)自己当场(通常是"偶然")通过实践发现的东西,同时将转化后的策略进一步完善。(例如,在对付海因里希时,他在箱子后面搜寻我,而我已经绕道他身后了。)这需要在行动中进行思考,而不是在行动前或行动后。学习者要灵活应变,在行动中调整自己的策略。

**《网络奇兵2》**

《网络奇兵2》与《冲出重围》类似,兼具角色扮演和第一人称射击两种元素。就故事而言,它还融合了多种类型,包括星际旅行中的科幻元素,战争电影中的动作元素,以及影片《异形》

(*Alien*)中的恐怖元素。《网络奇兵2》沿用了前作《网络奇兵》中的虚构世界观,其中,人类已经占领了整个太阳系。在第一部中,名叫"初段"(SHODAN)的超强人工智能系统发了疯,杀死了西塔德空间站(Citadel Space Station)上的许多人。在勇敢的玩家成功制止了"初段"的恶行后,地球上的各个政府团结起来,创建了"联合政府组织"(UNN),旨在努力抑制那些长期掌权的超大公司。其中,规模最大的"三优企业"(TriOptimum Corporation)研发了"初段"系统。政府与大公司之间的权力博弈进入危机重重的休战局面,其中联合政府组织具有官方控制权,但大公司依然通过自己的军队和警察系统,保留了极大实权。

雪上加霜的是,在原本已危机四伏的境况下,新问题又出现了:虽然政府努力不让大公司染指航天工程,但三优集团却修建了一座新的宇宙飞船,能使用超光速进行空间旅行,并将其命名为"冯·布劳恩"(Von Braun)。实际上,冯·布劳恩正在太阳系之外进行它的首航。这艘宇宙飞船所搭载的新技术并未经过充分测试,其功能也无法达到预期效果。其中,最大的问题在于飞船上的中央计算机,名为薛西斯(XERXES)。薛西斯很容易出故障,问题多多(与人工智能"初段"略有不同)。不仅如此,飞船上的船员来自"联合政府组织"和"三优企业",分裂成剑拔弩张的两派,相互猜忌,彼此仇恨。

当薛西斯通过鲸鱼座T星系时,它接收到来自该星的求救信号,并决定给予回复。彼时,飞船出现了严重故障。你扮演一位在低温仓沉睡已久的军官,刚被唤醒。对你来说,上述状况简直是场灾难,因为你要被派出舱,帮助该星球解决问题。

当玩《网络奇兵2》时,你早在冯·布劳恩号启程前几年就出发了。你抵达一座军事募兵站（通过第一人称视角，你看不见自己，只能看到周围的世界）。在那里，你要在三种职业路径中选择一个，分别是海军陆战队、海军或秘密行动局（OSA），后者是一种特殊兵役，能学习通灵能力。这决定了基本参数（如你的强壮指数）和技能（如你有多擅长入侵计算机），进而开启了你的游戏之旅。海军陆战队强调武器和对战。海军则不太擅长武器技能，更注重技术和研究。他们具有入侵保安程序的技能，发现生物及物体，并对其进行研究。就 OSA 来说，他们有点像具有超能力的中央情报局特工（CIA），培养自己的通灵能力，以完成各种各样的特殊任务。（例如，运动再定位能让你隔空取物，远程电子干预能令所有工作中的安全警报失效。）

总体来说，《网络奇兵 2》为玩家提供了九种不同技能和五种不同参数。一开始，每个角色只具有一部分技能及参数，根据类型而变化。九种技能包括：骇客，让你能更容易入侵敌方电脑；修复，让你修好有故障的东西；修改，让你为现有的武器增加新特性；维护，让你的武器能时刻正常工作；研究，让你研究新技术和敌方心理；标准对抗，让你成为使用手抢、猎枪等传统武器的专家；能源武器，提升你使用激光枪、电磁脉冲步枪等能源武器的能力；重型武器，帮你使用榴弹发射器、聚变炮等体积更大的武器；新奇武器，让你拥有更多技能，去操纵在游戏中发现的特殊生化武器。五项参数包括：体力、耐力、超能力、敏捷性和神经机械能力。

做好选择后，你就签署了一个长达四年的服役合约。在前三年，游戏会根据你的角色类型，让你选择不同的任务，每种职位都会从某种程度上提升你的角色技能。你无需真实操作去完成这些初期任务，而是仅需观看视频，通过文字来了解自己通过每段体验而得到的收获。因此，等到游戏任务真正开始时，你之前做出的选择就决定了自己角色的未来走向。

一开始，你所选择的角色及三种任务决定了最初的技能属性和参数，你将用它们体验游戏的第一个章节。一旦进入游戏，你就会发现神经机械模块，有时候能以奖励的方式获得它。你可以把这些模块用在升级单元，支付提升技能及参数的费用。你想要购买的技能级别越高，要花费的神经机械模块就越多。

由于神经机械模块难得一见，因此你只能在少数领域成为专家，不管是就技能而言，还是就参数而言，或是二者兼有。所以，你必须精打细算，而不是四处挥霍捡到的模块。在游戏中，有些顶级道具及武器需要你在某一项技能或参数上获得最高评分之后才能使用它。如果你用完了所有的神经机械模块值，想要成为一个全才，那么到最后，你将根本无法使用这些道具或武器。

一旦你结束了前三年的服役期，游戏就正式开始了。在第四年，你发现自己从冯·布劳恩号的低温仓中被唤醒，丧失了近期的记忆。此时此刻，你马上意识到情况已经变得异常糟糕。管道破裂，地板满是碎片。横尸遍地，你听到爆炸的声音，尖叫声四起。

很快，你通过邮件联系到冯·布劳恩号上的高级系统分析师珍妮丝·波利托博士（Dr. Janice Polito），并告诉她，你的神经机械能力已经升级，能从内置在自己身体里的私人信息助手那里接收来自她和别人的信息。该机械能力的提升，还让你能使用特殊技能及工具。她告诉你，一切都乱套了，但你现在对细节一无所知。她只是说，你需要尽快去飞船四层找到她。想要到达那里并非易事，因为飞船的大部分船体遭到破坏，而且薛西斯似乎正在试着阻止你的每一个行动。

当你在飞船走廊中徘徊时，有三种方式供你进一步了解当前的状况，并因此能开始将故事拼凑起来。

1. 你偶尔从私人信息助手那里收到来自波利托博士的信息，后者告诉你刚才发生了什么，为你下一步行动提供建议。
-
2. 你发现飞船中散落着一些小计算机光盘，里面存储着船员日志信息。你捡起这些光盘，并读取其中的内容时，故事就慢慢浮现出来，同时你也得到更多信息，以进行下一步行动。
-
3. 内置在你身体中的神经机械系统能够接受灵力信号。当你的系统与上述信号对接时，它将信号破译为光和声音。如此一来，随着你在飞船中来回移动，你偶尔能看到人类的"灵魂"，看到他们死前做过什么。

凭借这些线索，你必须搞清楚冯·布劳恩号的船员发生了什么事，以及自己如何才能解除危机。

某种不明物体已经控制了飞船，并找到一种将船员变成僵尸的方式。随着在飞船中不断走动，你会遇到其他生物，包括巨型蜘蛛、神经机械保姆以及鬼鬼祟祟的赛博杀手。一旦进入飞船更高的楼层，你会遇到巨大的保安机器人和炮塔，眨眼间就能把你撂倒。这些生物是用人工智能设计的，每种生物都具有不同的行为模式，而且看起来非常聪明。

在《网络奇兵2》中，游戏为玩家提供了多种不同方式，来进行战斗或解决他们面临的问题。当然，你可以用不同的角色来体验游戏，分别试试海军陆战队、海军或OSA，上述每种类型都基于你最初的选择，以及后来在游戏中的选择，以此将角色培养成为不同的类型。因此，实际游戏中具有不同类型的海军陆战队、海军及OSA角色。每种不同的选择组合为游戏赋予了不同的感受，因此你能反复多次体验该游戏，仿佛每次都在玩新游戏。在第二轮中，即便你知道大部分道具藏在何处，但重型武器专家与骇客两种角色之间依然存在着巨大差异，前者能炸毁大批敌人，而后者则无需战斗，能绕过保安系统和门锁。若是一位超能大师，则能使用灵力来破解难题。

与所有好的电子游戏一样，《网络奇兵2》包含上文提及的多个学习原则。玩家做出选择，依照自己偏好的方式玩游戏，或是探索新方法。解决问题的方式有很多种。玩家获得多种信息，且这些信息的来源以多种模态出现，从而能帮他们以各自的方式发现故事，了解虚拟世界及其面对的问题。与《古墓丽影：最后的启示》一样，《网络奇兵2》也具有类似的新手训练模块和开始篇章，能说明重要的学习原则。

### 《网络奇兵2》的新手训练模块和开始篇章

《网络奇兵2》伊始，你可以选择进入新兵招募站的一个房间，进而完成游戏的新手训练环节。在此，你会听到一些指令，就像《古墓丽影：最后的启示》中冯·克罗伊跟劳拉所说的那样。当你首次进入训练室时,有个不见其人的声音会欢迎你,并告诉你将要参与一个虚拟训练课程,它使用"与军事实战级别一模一样的网络模拟界面"。之后,那个声音说道:"移动鼠标,看看你的视野有哪些变化?那意味着你处于射击模式。敲击 Tab 键。这将切换到'使用模式',让你能使用鼠标与游戏世界中的道具产生互动。"

此时此刻,我们又发现一种语言,它既指向你在游戏虚拟世界中的虚拟角色(如"军事实战级别的网络界面"),又指向了现实世界中位于电脑前的你,一个正在玩游戏的大活人。这种语言将你的真实身份与虚拟身份合二为一,你凭借它来学习如何玩电子游戏。新手教学模块按照此路径进行,直到你已经掌握了足够的技能,开始"真正的"游戏任务,进而通过真正的游戏体验来持续学习。你无需脱离具体情境下的亲身体验,提前背诵任何信息。

一旦正式开始游戏,你发现自己刚苏醒,就陷于灾难之中。波利托博士叫你在氧气耗尽前,尽快离开自己所在的房间。接着,你必须跟她取得联系。你周围一片狼藉。当你试图逃出去的时候,你发现这里遭到了严重破坏,周围布满浓烟、烈焰产生的热气以及松散的电线和尸体。你感到惊慌失措,但你却开始意识到,没有必要真地感到恐慌。这是第一个章节,就像多数好的电子游戏一样,既是真正的游戏的一部分,又是你的新手训练。其中,你既不会面临时间限制的压力,也不会受到什么伤害。你只需在前进的过程中,边玩边学就够了。你开始体验游戏的"感觉",即极大的恐慌以及四周充斥的恐怖氛围,但你却无需担心有任何严重后果会阻碍你的学习。

在该章节及后续其他前期章节中,你的学习方式之一是,在冯·布劳恩号的低层探索时,找到信息站(Information Kiosk)。每个信息站都在侧面贴着"三优信息终端"的标志,并在上方注明"三优企业出品,为你提供便捷服务"。当你将鼠标光标放置到信息站时,后者会高亮显示,屏幕底端会显示如下信息:"点击右键以使用信息站"。你点击鼠标右键后,空间站打开一条留言,告诉你玩游戏需要的信息,包括你所处的位置,即将采取的行动,以及不久后面临的任务等。这是按需生成的实时信息,只有在具体的情境中才能被理解及使用。

例如,有个信息站提供了下列信息:"你的私人信息助手存储了你在飞船上发现的所有电子邮件、日志和信息站备注。它还包括一个自动记笔记的功能,使你了解飞船上的紧急任务。通过点击右侧信息栏中的'日志'标签,你能进入私人信息助手。"看完上述信息后不久,你在附近的一具尸体旁发现了一条日志,你需要使用上面的密码来通过下一道门。多亏了信息站,你能从中获取大量此类情境信息。当然,如果你觉得自己不需要多余的信息了解游戏的基本操作方式,那么你也可以对上述信息置之不理。其实,游戏手册的内容被分散在游戏的前期章节中,若是玩家通过情境体验来充分理解它,并将其付诸实践,那么它就起到了提供信息的功能。

不久前,你得到了波利托博士的留言,这既是有关游戏操作的情境信息,还是有关游戏故事梗概的线索。例如,当你在地上发现一个能量细胞时,她给你发送一条信息(这是一条语音留言,但多亏了你的神经机械功能升级,该信息也以文字的方式出现在屏幕上的文本框中),告诉你能量细胞没电了,但附近应该有充电器。她随后说道:"拿起来用吧,它能为你拥有的所有电子设备充电。"为能量细胞充完电后,波利托博士告诉你,将充电后的能量细胞插入附近一扇气闸室门,你就能打开这个房间。接着,她说:"你得迅速点儿，真空封条坚持不了太长时间。"（因为这是第一章节，即便你笨手笨脚，动作又慢，你依然能成功完成任务。）

当你赶在氧气耗尽前走出减压仓时，波利托博士称赞了你，给你神经机械模块作为奖励，让你用于升级自身技能和参数。她为你解释了如何在升级单元使用该模块，你在接下来的房间中就能试试。她还警告你，要谨慎使用神经机械模块，因为它们"可遇不可求"。实际上，她只送给你四个模块，无法让你提升太多技能。因此，即便是在刚开始的阶段，你必须谨慎选择自己想要拥有的新技能或参数，继而逐步去培养。

接下来，波利托博士给你更多信息，在你寻找她的路上，为你提供帮助。当然，事情并非总是按照她说的那样发展。例如，薛西斯已经关闭了主电梯，并封锁了一些出口。在这种情况下，你和波利托博士不得不改变策略，寻找前进的新路径。在前行的过程中，事情愈发艰难。最终，你要面对的敌人是僵尸，后者试图（并能够）杀死你。你投入到首场战斗中，根据当前角色类型及之前做出的技能和参数选择，使用恰当的策略。

与后面相比，上述初期战斗较为容易，让你能尝试不同策略，提升自己选择的策略，并让你能应付更艰难的战斗。该游戏位于玩家的"能力范畴"边缘，我在第三章中曾提及过该词。游戏任务颇具挑战性，却不是无法完成的任务。当然，你得学着在关键时刻为游戏存档，因此在不幸牺牲的时候，你只要从存档点开始，无需从头再来。

《网络奇兵2》的初期章节还包括其他在好的电子游戏中典型的学习原则。首先，此类游戏会将玩家所面临的情况和问题进行排序。不仅仅是说越简单的越早出现。更为重要的是，早期的情境和任务隐含着如下设计初衷，即引导玩家发现并练习关于技能和策略的有效模式和经验概括。归根结底，这些模式和总结既有助于体验剩下的游戏，在玩家应对更加复杂的情况及问题时，又有助于之后更复杂的模式和总结的根基。

很多时候，学校教育，尤其是先进的教学法，通常强调让孩子们沉浸在丰富多彩的活动中，教师不做过多干涉。在学习活动初期，孩子们就面临着这种状况，并无太大助益。由于孩子们接触到大量信息，但教师指导却极为有限，因此学生很容易会在学习初期就碰到复杂的状况，而不是从简单的基本问题开始。鉴于所有孩子都具有强大的模式识别能力，因此上述复杂状况，通常会让他们偶然发现有趣的模式并总结，成为名副其实的"花园小径"。不管这种花园小径式的模式和概括此刻多么有趣，看起来有多聪明，但从长远来看，它们并不会有太大益处。实际上，它们很容易使孩子们错失那些更容易、更基础且更有效的模式和总结过程，而这些能帮助他们发现解决复杂问题的正确模式及经验总结。

在此并不是说让孩子（或是游戏玩家）从简单的问题开始，而是始于那些基础任务，从而引导学习者去发现并实践那些真正有成效的模式和总结过程。有成效的模式和经验总结能够让学习者在某一领域内获得真正的进步，能够发挥基础作用，发现更加复杂的正确模式和经验概括，以应对更加复杂、更困难的情况。

举个简单的例子，试想一下，如果玩家在《网络奇兵2》中遇到的第一波敌人是僵尸，能被你用铁撬棍击毙。稍后，玩家遭遇更强大的敌人，却发现无法轻易用铁撬棍杀敌，那么他很快就会发现一个策略，即用铁撬棍抗击容易对付的敌人，而更好的武器（和在游戏中已消耗的武器）和弹药则用来对抗更强大的敌人。

但现在，假如第一波敌人是赛博刺客，在远处上蹿下跳，边对着玩家射箭，边掩护好自己。这不仅会在游戏开始就为玩家带来挫败感，无法使其获得太多技能，而且玩家还将不得不使用高阶武器进行更复杂的行动。只有玩家学会如何使用上述策略，继而将其应用到僵尸身上，敌人才会必死无疑，但是会浪费宝贵的武器弹药。根据我们目前做出的假设，在学会如何对付赛博杀手后，玩家就会发现僵尸没那么厉害。玩家会获得成就感，觉得自己非常强大。然而，一旦玩家遇到比僵尸更强大的生物，自己却缺乏好武器或弹药，该策略最终会让玩家丧命。

这是个再简单不过的例子。实际上，像《网络奇兵2》这样的游戏采用了极为复杂的方式，来设计开始场景和任务，并导向有成效的学习。稍后，当玩家遇到更难的情况和问题时，他们就已经具有适当的基础，进而做出有成效的判断，决定接下来应该怎么做。这并不是说，上述情境和问题没有任何难度，或玩家很快就能偶然发现"正确"答案，无需大量思考及努力（别忘了，好的电子游戏总是有几种不同的"正确"答案）。毋宁说，孩子们不是不可能碰到更难的情况和问题，后者总是出现在学校中，而每当此时，学生经常缺乏基础或具有误导性的基础知识（教师准则：定制你的任务，以促进有成效的总结概括）。

好的电子游戏并非仅仅以智能方式为玩家定制情境和任务，至少在游戏前期不是这样。在开始的章节，这些游戏还为玩家提供了一个范本，我将其称为**凝缩范本**。之所以这么说，是因为上述章节在游戏开始阶段强调大量玩家需要学会使用的最基本物品和工具，以及玩家需要学会的操作方式。

这非常像创建一个外语学习课堂，在初期课程中，教师总是聚焦最基本的字词、词组和语法形式。与"真实世界"相比，这些字词、词组和语法形式通常在上述课堂中出现得更频繁和集中。这让学习者过度地练习了语言中最基本、最核心的词汇及语法,为后来的学习奠定了坚实基础,也对现实世界中的学习大有益处。

举个简单的例子,找到并使用医疗箱,或是疗伤,这些任务是许多射击游戏中重要的组成部分。因此,这些医疗箱能为玩家角色疗伤,让玩家体力达到最高值,或是回到健康状态。在早期,射击游戏通常颇为慷慨,让玩家很容易找到医疗箱,并习以为常,从而让玩家保持充足体力值,在游戏早期阶段大胆探索,无后顾之忧。之后,医疗箱出现的频率会越来越低,但玩家已是可以找到并使用医疗箱的行家了。

颇为常见的是,游戏初期总是包含下列任务:寻找物品,探索某地或应对某种状况,让玩家学会物品的使用范围和类型,了解将会遭遇不同的地点和空间,为接下来的行动进行预设。如此一来,玩家对游戏及其操作产生一种"好感"。等完成了初期任务,他们就更擅长并准备好更高阶的学习。不仅如此,玩家了解正常情况,已对将来要发生的事情心里有数,因此能较好地评估并分析自己稍后遇到的新问题和特殊情况。

如此一来,好的电子游戏提供了一种特殊的教育方式,用来学习被学校教育称为"基础知识"的内容。当玩家开始体验一款新类型的游戏时,如玩实时策略类游戏之前只体验过射击类游戏,那么他们根本不可能知道什么是基本技能,什么是高阶技能。他们也不知道哪些技能应该被反复使用,哪些技能应该组合使用,进而形成更复杂的技能。

玩家发现,通过玩游戏和与之类似的游戏,自己"自下而上习得"了游戏基本技能。他们所用的道具,反复采取的行动,以及各种方式的组合,原来就是某一类型游戏的基本技能,这些内容随着类型的差异而不同。令人感到讽刺的是,等新手玩家意识到某一游戏类型中的基本技能时,这些技能已经被他们掌握了,因为基本元素就是那些被反复使用的,亦是初期章节中所具有且集中出现的东西。玩家意识到,基本技能只是一款游戏最常见的类型特点,通过玩游戏就能将其学会。例如,玩家学会寻找并使用医疗箱(不管它以何种形式出现),这就是射击游戏中一项基本技能(和类型特点)。["现实的"军事游戏并非如此,如《闪点行动》(*Operation Flashpoint*),在这款游戏中,中弹后会致残,或是直接一枪毙命。]

然而,基本技能可以通过玩游戏的过程被玩家掌握,而不是通过脱离语境的技能或机械训练,因为游戏经过精心设计,新手训练环节及初期的章节亦是如此,通过这种方式,游戏为玩家定制任务,集中各类情况。如果学习者被迫在设计欠佳的空间中活动,那么无论是游戏玩家,还是学校里的孩子,都无法通过"游戏"(例如,置身于大量活动中)来实现学习的目的。

就真实世界而言,它没有游戏设计师,也没有在课堂中构建虚拟世界的好老师,因此这个世界并非是为了学习而精心设计的。放任学生在真实世界中不管,不去培养他们的思考和探索能力,这种做法不能被称为教育。

## 学习原则

上文指出,好的电子游戏中包括许多学习原则。在此,我将其一并列出。就像前面的章节一样,这些原则的排列顺序不太重要。

而且需要再次强调的是，我认为，所有的学习原则既与电子游戏中的学习有关，又与课堂教学中的学习有紧密联系。

23. 子集原则

学习会出现在某一真实领域的（简化版）子集中，即便是在最初期，亦是如此。

-

24. 循序渐进原则

在早期，学习场景被有序安排，因此早期的学习任务能达成有益于接下任务的总结。当学习者接下来面对更复杂的案例时，学生之前发现的有效模式或概括总结决定了学习空间（学习者能做出推测的数量及类型）。

-

25. 凝缩范本原则

学习者发现，与缺乏引导的范本相比，许多初期任务会包括更多基本符号和行为。也就是说，基本符号和行为浓缩在初期任务中，以供学习者反复练习，直到学好为止。

-

26. 自下而上习得基本技能的原则

学习基本技能既不能采用孤立的形式，也不能脱离语境。反之，能被称为基本技能的内容是以自下而上的方式，通过参与越来越多的游戏/领域或与之类似的游戏/领域而被发现的。

-

27. 按需并及时提供明确信息的原则

当学习者需要或恰好在信息能被很好理解以及在实践中使用的时候，学习者会得到明确的信息。
-

28. 探索原则

直接明确的信息告知一定要经过深思熟虑，不宜过多，应该让学习者有充分的机会去探索尝试，进而有所发现。
-

29. 迁移原则

要为学习者创造大量实践的机会，支持他们将之前所学的内容迁移到后面的问题上，包括改写或转化两种方式。

## < 6 >

### 文化模式：
### 你想成为蓝色索尼克，还是黑色索尼克？

## 电子游戏的内容

在第二章提到的一个案例中,爷爷认为,六岁大的孙子玩《皮克敏》是浪费时间,因为他没有学习任何"内容"。然而需要肯定的是,电子游戏的确具有内容。以《梦幻游乐园》(*RollerCoaster Tycoon*)为例,玩家需要建造和维护一座游乐园,并使其盈利。《荣誉勋章之联合袭击》(*Medal of Honor Allied Assault*)与第二次世界大战有关,包括惊心动魄的奥马哈海滩(Omaha Beach)之战,让人想起电影《拯救大兵瑞恩》(*Saving Private Ryan*)的开场画面。《文明3》(*Civilization III*)聚焦世界历史,讲述社会从无到有,如何被建立和维持的变迁过程。至于像《半条命》、《冲出重围》、《红色派系》等大量的游戏,都与阴谋有关,其中权贵或大公司试图通过武力和欺骗来控制世界。实际上,电子游戏的内容堪称包罗万象。

之所以电子游戏具有如此强大的力量,其中一个原因是它们能够构建完整的世界,并邀请玩家在里面扮演各种各样的角色。一旦玩家以这种方式进入游戏,就会产生两种结果:一方面,他们对世界先入为主的看法可能会被强化。例如,如果一个玩家认为战争是带有英雄色彩的,那么《重返德军总部》不会消除他的这种观点。如果有人认为生活幸福与否取决于财产数量,那么《模拟人生》(在这款热销游戏中,玩家组建并经营整个家庭和社区)也不会消除此人的这个观点。

另一方面,通过创建不同的新世界和游戏角色,电子游戏能挑战玩家对世界习以为常的看法。在《荣誉勋章之联合袭击》中,玩家通过游戏来体验奥马哈海滩之战,能够获得一种全新的视角,对战场产生全面的了解。电影《拯救大兵瑞恩》也能达到这一效果,但游戏让玩家处于战争之中，无法置身事外，四周传来震耳欲聋的噪音，身边伤者无数，也有受惊的人和战士，若是稍有失误，马上就可能命丧当场。在《模拟人生》中，随着玩家针对人、和他们的各种关系和生活做出一系列选择（有时玩家也会将真实生活中的朋友及其他人塑造成虚拟角色），他们可能清楚地意识到，之前被自己视作理所当然的价值观和看法，如今却想要对其进行反思，提出质疑。

在本章中，我们要讨论电子游戏的内容如何强化或挑战人们对世界习以为常的看法。在这一领域，与当前意义相比，电子游戏在未来的潜力也许更具意义。在该领域中，我们也面对更大的争议，且上述争议会更激烈，因为无论好坏，电子游戏会意识到自身对认识世界和身份而言所具有的全部潜力。

**刺猬索尼克和文化模式**

刺猬索尼克是一只可爱的蓝色小刺猬，是世上名副其实的最快、最傲慢以及最有名的刺猬。最初，索尼克是世嘉 DC（Sega Dreamcast）系列游戏的主人公。然而，由于 DC 这款游戏机已经停产，它又出现在任天堂 NGC（Nintendo GameCube）的游戏《索尼克大冒险 2》(*Sonic Adventure 2 Battle*) 中。索尼克能跑得特别特别快。当蜷缩成一个球时，它甚至跑得更快，就像一个模糊的蓝色炸弹。不管采用哪种方式跑，它都能躲过障碍，冲过敌人，纵贯山川，飞跳到空中，翻墙越障。

谈起《索尼克大冒险 2》的背景故事，它讲述邪恶的蛋人博士

(Dr. Eggman）在寻找祖父的实验室遗址时，发现了宿敌索尼克的邪恶版本，是一只名叫夏特（Shadow）的黑色刺猬。于是，两人共同密谋要释放大规模杀伤性武器"星蚀大炮"（Eclipse Cannon）。政府搞混了蓝色的索尼克和黑色的夏特（两人看起来很像），因为夏特的邪恶行径而误抓了索尼克。索尼克逃了出去，不得不摧毁蛋人博士和夏特的阴谋，从而还自己一个清白。

玩家能用两种方式体验《索尼克大冒险2》这款游戏。他们可以成为"好人"，将玩家角色设定为蓝色的索尼克，或是成为"坏人"，扮演跟索尼克长得很像的夏特。如果选择索尼克这个角色，玩家就会成为索尼克，与朋友针鼹鼠纳克鲁斯（Knuckles）和松鼠塔尔斯（Tails）一起努力阻止蛋人博士和夏特，不让他们占领这个世界。如果玩家选择夏特这个角色，则会扮演夏特，朋友变成了雌蝙蝠露姬（Rouge）和蛋人博士，三人试图毁灭世界。玩家能来回转换，以索尼的身份完成一部分探险，然后再换成夏特去体验游戏。

我在第二章中提过自己六岁大的儿子，他也玩《索尼克大冒险2》。开始拿到游戏时，他先用索尼克的角色玩了几个章节，然后开始用夏特的角色开始体验。在扮演夏特时，他做出如下评价，即"那个坏家伙是个好人"，真是奇怪的点评。当然，他的意思是，当你扮演电子游戏中的一个虚拟角色时，那个角色（你）就是整个故事的主人公（中心）。从这个角度上看，该角色就是个"好人"，即便从其他角度上看，他有可能坏透了。就虚拟世界的背景故事而言，儿子从未玩过以反派人物为主人公的游戏。

当然，电子游戏能轻而易举地被设计成让你扮演一个像圣人的罪人。实际上，这一点已经引发了极大争议。虽然电子游戏的世界充满了抗击邪恶的英雄，但它也同时包括另一类游戏，其中你能成为黑帮头目、赏金刺客或是偷车贼。例如，在臭名昭著的游戏《侠盗猎车手2》(Grand Theft Auto 2) 中，你要扮演一个刚崭露头角的年轻罪犯，竭尽全力在充满毒品、武器和帮派争斗的世界中闯出名堂。你所在的城市中包括三大派帮，每一派都控制着城市的一个区域。每个黑帮都有一套付费电话专线，你能使用它干偷车的零活儿。问题在于，如果一个黑帮认可你，那么他们会为你分配工作。想要得到这种认可，你必须开车前往一个敌对帮派的地盘，尽自己最大可能射杀敌方成员。在这种情况下，你显然不是主流传统意义上的"好人"。[《侠盗猎车手2》的续作《侠盗猎车手3》和《侠盗猎车手：罪恶都市》(Grand Theft Auto: Vice City) 也获得了巨大成功。]

我的儿子发现，有两种（其实不止两种）被称作"做好事"的模式。在第一种模式中，什么是"好的"是由玩家角色自己的目标、动机和价值观来决定的，因为该角色所处的某一特殊社会群体也持有上述观点。夏特及其群组（露姬和蛋人博士）有一套目标、动机和价值观，他们所看重的目标是毁灭世界。

如果你想以夏特的视角体验《索尼克大冒险2》，那么你必须（在游戏过程中）从他的角度行动，思考，并做出价值判断，这种视角让夏特成为"好人"或"英雄"。毕竟，你以夏特的身份身经百战，为胜利而喜，为失败而郁闷。可以肯定的是，如果因为你不同意夏特的价值观，但却扮演夏特，故意输掉战斗，那是毫无意义的。如果你这么玩儿，夏特早在第一章节中就很快没命了，你随后再也无法扮演夏特这个角色了。

在另一种模式中，什么是"好的"取决于一种更广阔的视角，不再仅仅是一个角色自己的目标、动机和价值观，不仅仅由某一个特殊的社会群体所持有。反之,它取决于一个更"广阔的社会"所持有的价值观和规范,包括多个群体,有时是相互竞争的群体,还包括或多或少一般化的行为原则和规范。就这一模式而言,索尼克为了社会秩序和多数人的生存而战,从许多不同群体的角度,从善恶的普遍原则角度,他做的是善事。

我这里所提到的好人"模式",并非指"专业的"哲学境况,不是伦理学或神学等有关道德的解释,而只是人们在"日常生活"中使用的概念。第一种模式可被称为群组模式,能用以下说法来理解,即"我当前的行为维护了自己所在或所珍视的群组的利益"。第二种模式可被视作一般模式,能用下述方式理解,即"我当前的行为看起来像个好人,因为我遵循着一些普遍的善恶概念,这种概念超越了我所在的较小群体"。

在现实生活中,上述两种模式常常发生冲突,引发各种有趣的话题,也会引发诸多问题。有些人轻易相信,他们所处群体的利益和价值观是或应该是符合普遍的善。另一些人认为,善的一般概念实际上只是隐藏在社会上某些特定群组的狭隘利益之后,这些群组将普遍的善遮蔽起来。然而,其他人相信,他们的利益和价值观并不是代表现在,而是未来的普遍的善的概念,为了实现未来更大的善,有必要使用恶来挑战当前的善恶观。当然,有关善恶的理解有很多种方式。

在玩《索尼克大冒险 2》的时候,六岁的儿子就面临着以上两种模式。他意识到,当你扮演别人(甚至是一只刺猬)或以其视角思考时,这不仅包括获取了一种新身份,而且有时候还意味着从一个你或他人可能从另一种角度认为是"错误"的角度来思考,并进行价值判断。他还了解到,从那个视角(在头脑或电子游戏中)体验世界，并不意味着他接受了一点，即愿意以自己的现实世界身份将该视角隐含的价值观和行为诉诸实践。

这两种关于什么是"好"的模式能够解释我所谓的文化模式。文化模式是图像、故事情节、原则或隐喻，能体现某一特殊群体在某种现象中发现的"正常"或"典型"的东西。在这里，我所说的"群体"要从广义上理解，即包括小社群，又包括整个人类，还包括介于两者间的所有社群。文化模式不存在对错之分。反之，它们仅仅体现或为了体现现实的部分看法，这种看法能帮助各个群组（及全人类）在处理日常工作时，免于提前进行大量计划和有意识的思考。毕竟，如果许多事情没有处于"自动航行"模式，那么我们就得把所有时间浪费在思考上，无法开始行动。

例如，有种说法认为"只有当人们的行为能够帮助其所在的群体（家庭、教会、社区、民族、国家——选择你的群体），这些人才算是好人"，这对许多不同群体来说，就是一种文化模式。我将其称之为"关于善的群体模式"。另一种说法认为，"当人们遵循普遍的道德原则（选择你的原则）行事时，这些人才算是好人"，这是另一种被广泛使用的文化模式，即使这些群体的文化模式基于不同的普遍道德原则。我将其称为"关于善的一般模式"。当然，这两种模式可能且有时的确会陷入冲突之中。

由于文化模式通常并不是人们能够意识到的东西，而且人们很少尝试用词语将其明确描述出来，因此解释它们的方式没有绝对正确的。若是被迫去描述这些模式，那么人们会把它们放置到不同的情境中，用不同的词汇去描述。如此一来，最棒的研究者能做的，就是研究人们的行为和语词，考察他们作为某一群体成员时，在什么样的情境下采取了何种行为，并根据他们的所做所说，最终总结出这些人必须要就某种现象接受何种文化模式，这是我们尽最大所能用语言来表达的文化模式。当然，当人们作为不同群体的成员在不同情境下行动时，他们也许并没有根据我们所假设的文化模式而行动，而是采用其他套路。

一般说来，社会群体并未明显意识到自己的文化模式，除非该群组受到了威胁。当然，当文化模式受到质疑或与其他文化模式处于冲突之中，人们就能明确意识到它们的存在（甚至能明确意识到整个群体的存在）。如果有人开始认为，自己为了家庭的利益而采取的行动，与一般的道德观念（不一定是此人自己的一般观念）是冲突的，那么这将引发不适和矛盾，但不适和矛盾可以通过多种方式得到解决。

在社会上，许多普遍的性别文化模式遭到了公开质疑，得益于此，人们开始明确地意识到这些模式。例如，有种文化模型认为，未婚女性是不圆满的"老处女"，因为她们没有成家。长期以来，这种观点受到女权主义、单身妈妈、有孩子的女同性恋群体质疑，这些人中不乏事业有成的单身女性。当然，这些人群一直都是存在的，只是没有公开发声，未曾让自己处于可见的位置，因为按照传统的文化模式，她们很容易被退至不可见的边缘位置。一旦她们发出自己的声音，她们所处的文化模式及社会工作就会出现在人们的视野中，被人们发现，从而不得不去公开辩护，或是将其改变。

这个世界充满了一直在变化中的各类文化模式。例如，如果有个青少年对自己的父母说"滚开"，你会怎么想？也许你会使用下列模式，如"正常的青少年都会反抗父母及其他权威人物"，进而不再深究。也许你会应用另一种模式，即"正常的孩子都会尊重父母"，然后得出结论，认为这个孩子缺少管教。那么，谁来决定一个"正常的"或"典型的"青少年应该是什么样子或应该做什么呢？不同的文化模式会给出不同的答案。

试想一下，当你要打开车门开车赶去打零工的时候，还在蹒跚学步的婴儿突然大发脾气，不管花多长时间，他都想要开启沉重车门，你怎么看？也许你会使用如下文化模式，即"小婴儿正处于渴望自立和独立过程中偶尔让人头疼的'阶段'"。你会得出结论，认为你的孩子和你所处的场景是非常"正常的"。也许你甚至会鼓励孩子。或者，你也许会使用另一种模式，如"自我和自私是小孩子的天性，需要严加管教，让他们学会如何与他人相处及合作"。无独有偶，你会得出结论，认为自己有个"正常的"孩子，但需要管教。

当你看到街上的乞丐时，你的第一反应可能源于这样一种文化模式，认为"人们要为自己负责，一旦失败，肯定错在自己"，然后继续赶路，不理会此人的施舍请求。或者，你可能遵循下列文化模式，认为"底层穷苦人只是受害者，残酷的竞争社会引发了诸多问题，进而将他们击垮了"，然后施舍一些钱。你还可能使用另一种模式，认为"给人钱不会让他们试图自救，而只会鼓励他们从别人那里得到更多帮助"，然后给乞丐一个基金会的地址，帮他们找到一份（可能是很糟糕的）工作。

当与人辩论时，你是否遵循了这种文化模式，即"辩论是一种语言冲突"？（为了帮助理解，我们不妨使用一些语言中的隐喻，如"我在辩论中**获胜**"或"我**击败**了她的观点"。）当你处于一段浪漫恋情中，你是否应用了"恋爱是一种工作"的文化模型？（为了帮助理解，我们不妨使用一些语言中的隐喻，如"我为这段恋情**付出了很多努力**"或"他**努力付出**，想要成为一个好男友"。）在谈论人们的工作时，你是否采用了如下模式，"与体力工作相比，脑力工作对社会更有价值",并发现即便学者与水管工争论有多少个天使能坐在针尖上自己也沿用了上述标准?也许上述问题的答案都是否定的,那么你就使用了其他的文化模式,至少有时候在某些情况下如此。

有关文化模式,还有几点需要特别强调。它们并非仅仅存在于你的头脑中。当然,你的头脑中存储了代表文化模式的图像和模型,但它们也在外部世界中被表现出来。例如,认为"小婴儿正处于渴望自立与独立过程中偶尔让人头疼的'阶段'"的文化模式出现在许多有关婴儿和育婴的自助指南中。我们身边这些杂志、报纸和其他媒体上的词语和图像表现了许多文化模式。模式还通过人们的言语和行动表现出来,我们凭此在各种群组中进行互动,并共同使用一种集体身份。

在更大的社会中,不同的文化模式与不同群组有关,虽然有些模式可能同时被社会中的许多(也许是所有)群组所接受。例如,上文有个文化模式认为,孩子形成自主意识要经历不同"阶段",该模式就与现代中产家庭的关系更紧密(并不是绝对的),而另一种文化模式认为"自我和自私是小孩子的天性,需要通过管教来学会如何与他人相处及合作"则更贴近传统的工人阶层(也并非绝对)。

文化模式无法用一种明确的方式加以表述,它们是经验的故事或图像,人们能从头脑中意识到或是将其激活,这些故事和图像代表被视作"正常的"或"典型的"案例或情境。从这一角度上看,文化模式就像理论一样,是有关孩子、育婴、恋爱、友谊、为善或做善事以及其他所有问题的理论。这些理论通常是无意识的,总被当作理所当然。然而,像其他的理论一样,即便是科学中最为明显的理论，文化模式并非是对现实详细的逐一描述。现实过于复杂，我们无法准确地将每一个细节记录下来。反之，文化模式和正式的理论皆旨在抓住一般结构，我们通过这种方式在世界中进行实践，并与世界交流，不管是要与其他人共同完成一个目标，还是在实验中成功地做出预测。

文化模式是人们与他人在世上相互交往的一部分。我们与他人产生互动，试图理解他们的所作所为。我们与社会上的各种媒体互动，试图理解那里所说的人们说过的话和做过的事。文化模式是被我们默认且当作理所当然的理论，我们（通常是无意识地）推导出这些模式，当我们想要像社会群组中的其他人那样时，就将其应用在事件的正常过程中。缺乏文化模式的人将不得不花费大量时间事无巨细地做出规划，才能尝试将其付诸行动。如此一来，他们势必会精疲力尽。此外，他们肯定也不会是社会性动物，因为促使我们成为社会性动物的因素之一，就是我们与身边的人共享文化模式。

文化模式能发挥多种不同的功能，而且不同的模式有时可能会发生冲突。例如，人类学及心理学家克劳迪娅·斯特劳斯（Claudia Strauss）在研究中发现，工人阶级民众在日常生活中遵循着固定的模式，她将其称为"一家之主"模式。我们可以将这种模式做出如下解释："男人负责养家，即便这意味着要牺牲他们的自身利益"。另一方面，斯特劳斯发现，很多中上阶层的人则采用了另外一种文化模式，它强调自身发展，而不是身边人的利益，包括家人的利益。当这些人有机会得到一份更好的工作时，他们通常会接受新工作，即便这会损害家人或爱人的利益。对斯特劳斯研究的工人阶级而言，在面对同样的选择时，他们会为了家人的利益而放弃新工作机会。

此外，这些工人阶级的男性还使用了另外一种模式来衡量他们自己的行为，斯特劳斯等人将其称为"成功模式"。该模式主张，"在美国，只要在工作中足够努力，任何人都能取得成功"。工人阶级的人认为，按照社会大众的看法，他们并不是事业有成的类型，并使用这个模式来责备自己，认为自己不够努力，或是不够聪明。他们使用成功模式来对自己进行负面评价，即便该模式在某种程度上与"一家之主"模式存在着冲突，而后者是他们养家糊口所使用的模式，而且后者不会像成功模式一样，让他们做出"自私"选择。

既然这些人并未明显意识到上述矛盾，那么它就依然处于隐性状态。他们只是为自己感到可惜，至少在被迫将自己放到与整个社会的关系中思考时，他们会有这种感觉。当然，在其他情况下，他们的感受可能截然不同，记住，人们在不同的情境中有不同的身份，所有人都是不同社会群体的成员。

那么问题来了，文化模式到底是"好"还是"坏"呢？之所以好，是因为它们让我们在世上行动并与人交往，无需不断地反思和思考。之所以坏，是因为当它们发挥作用的时候，它们的确能伤害我们自己或其他人，但却无人察觉。然而，某些境况促使我们去有意识地反思自己的文化模式。我们当然不想，或不需要直白地去思考所有问题。但我们的确需要在生命中的特定情境中，或是特殊时刻，去思考那些有可能弊大于利的问题。

《索尼克大冒险2》促使六岁大的儿子明确意识到并面对两种文化模式，这两种模式有时相互冲突，即什么才是"好人"和"好事"。当然，这种意识还仅仅是一个开始。许多其他体验，不仅是源于电子游戏，将会为这个孩子提供其他机会，对上述两种模式展开更多思考。而且事实的确如此，这些模式需要大量的思考，因为它们已经对世界产生了很大负面影响，而且有可能会继续造成伤害。

## 《废墟之下》

六岁的儿子获得的体验值得进一步深入讨论。以阿拉伯孩子为例,在 2011 年 9 月 11 日的恐怖袭击之后,市面出现了一些有关美国士兵杀害阿拉伯人及穆斯林的电子游戏,开始是网络版,后来是盒装版。出于显而易见的原因,这些游戏并不完全适合阿拉伯小孩儿。为了回应这一现象,叙利亚的"思想出版社"(Dar Al-Fikr)发行了一款电子游戏,名为《废墟之下》(Under Ash)。游戏主人公是巴勒斯坦男孩儿阿哈麦德(Ahmed),他通过扔石头来对抗以色列士兵和定居者。当然,这款游戏促使玩家深入了解了巴勒斯坦人的事业和观点。

在游戏开始时,阿哈麦德必须抵达耶路撒冷的阿克萨清真寺(Al-Aqsa mosque),那里是重要的伊斯兰圣地。一路上,他必须要躲避以色列战士和定居者,或是与之战斗。一旦到达清真寺,阿哈麦德需要帮助受伤的巴勒斯坦人,寻找武器,并驱逐以色列士兵。游戏还包括许多其他章节,其中一处,阿哈麦德混入一个犹太人社区,假扮成黎巴嫩南部的游击队战士。

该游戏制作公司的总经理阿德南·萨利姆(Adnan Salim)认为,《废墟之下》就像许多美国的射击游戏一样暴力,但目的是在"呼唤和平"。在一个与该游戏相关的网站上,萨利姆说:"屠杀和流血是人类有史以来最邪恶的行径。"我从谷歌的网页(www.underash.com/emessage.htm)缓存(所谓缓存,是人们在爬梳网页时,谷歌留存的截屏信息)中找到了萨利姆的上述观点。该网站就像其他与《废墟之下》相关的几个网站一样,已经不复存在了。游戏的反对者破坏了许多与该游戏相关的网站。我也不清楚这个网站到底是真是假。

另一方面，他指出：

> 《废墟之下》是在呼吁人道主义，以阻止杀戮和流血。经历过恐怖的体验和全球破坏性战争后，整个世界已经意识到一个事实，即战争从来都不能解决任何问题……
>
> 《废墟之下》在呼吁对话、共存和和平。公正是有着深厚根基的人类价值观，是全能的神规定的律法……另一方面，根据侵略、不公正和他们危害的程度，民族毁灭，国家稳定，文明崩塌……
>
> 《废墟之下》是在呼唤正义，实现真理，防止不道德行为及侵略。神创造了人类，众生就像梳子的梳齿一样，彼此都是平等的……
>
> 这是《废墟之下》的哲学。这种看法的根基驳斥了暴力、不公正、歧视和谋杀，呼唤人们之间的和平、公正和平等。
>
> 这种观点，得益于当前最棒的技术，能够被我们的孩子所接触，从而试图擦拭他们的眼泪，治愈其创伤，消除他们心中所有屈辱、自卑和苦难，让他们的脸上出现希望的微笑，带有自尊和力量。

如果你发现上述针对暴力电子游戏（别忘了，在美国，并没有人强烈抗议那些涉及阿拉伯人的射击游戏）的评价很奇怪，那是因为这种说法和游戏本身将几种文化模式视作理所当然，许多美国人又不了解上述模式（就像美国游戏及其相关评论将其他不同的文化模式视作理所当然一样)。例如,试想一下,在经历过世界大战的暴力之后,萨利姆说,世界"再次回到谈判桌,重启耐心的对话,促使欧盟(European Union)得以成立,不同国家几百年来的相互仇恨和战争得以终结。之后,他们同意在同盟之下和平共处,遵循共同的原则,即任何主权都不受侵害,且每个国家都能获益。"

在此,有种文化模式似乎在发挥作用:"体验暴力会让人们寻求和平。"就这一模式而言,我们能看到游击队战士试图推动更强大的实体(如国家),游击队无法彻底打败这些实体,因而只能以协商的方式解决分歧,而不是通过战争。在美国的电子游戏和大多数美国媒体中,有种文化模式似乎在发挥作用,并推动着现代世界的战争,即"体验大量暴力将会让那些较弱小的组织放弃战斗,并向较强大的组织投降"。需要注意的是,就像所有文化模式一样,这些模式也没有"对"、"错"之分(对这两种情况而言,历史上有数不胜数的正例及反例)。他们旨在帮助人们理解自己及他人,去参与到与他人的合作行动中,并以此共享这些文化模式。

现在,你可能不太想玩《废墟之下》了。如果你玩过这款游戏,你将处于这样一种情境中:你扮演一个角色的虚拟身份,该角色理解许多事情的文化模式皆与你不同。在游戏中,如果你不仅采用了这个虚拟身份,而且还使用了我在第三章中提及的与虚拟身份(阿哈麦德)相关的投射身份,那么你肯定能感同身受,置身在那些愤怒的年轻人中,"试图擦拭他们的眼泪,治愈其创伤,消除他们心中所有屈辱、自卑和苦难,让他们的脸上出现希望的微笑,带有自尊和能量"。

这是否意味着,你突然想要杀掉以色列定居者,或者甚至要支持巴勒斯坦对抗以色列,与以前的做法背道而驰呢?当然不是。但它却意味着，你能体验到小说或电影中无法达成的互动，将从内部视角体验到"他者"。甚至更为有趣的是，由于游戏中的文化模式并不是你的，与年轻的阿拉伯玩家相比，你将能以更明显的方式主动对其进行反思，因为那些阿拉伯玩家将这一模式视作理所当然（就像美国游戏玩家将其他不同的文化模式视作理所当然一样，那些模式与他们对现实的理解具有一致性）。反之，你可能会比较这些文化模式与被你视作理所当然的模式，对其进行有意识的反思。

要是《废墟之上》能让你体验两次游戏，一次扮演阿哈麦德，另一次扮演以色列定居者，就像《索尼克大冒险2》让你能扮演索尼克或夏特，再如《异形大战铁血战士2》(Aliens vs. Predator 2)让你可以选择海军，去攻打异形和铁血战士，还可以选择试图杀害海军而存活下来的异形或铁血战士，那会如何呢？我猜，如果你以阿哈麦德和以色列定居者的虚拟身份都玩过游戏，那么你会发现，整个故事比你现在想的要复杂的多，进而有点不情愿将任何一方的死视作理所当然。我承认，对于想要发动战争的人和国家来说，这种复杂性不受他们欢迎。

通过让人们从不同角度体验世界，电子游戏有着永恒的潜力去创造复杂性。部分原因在于，在一款电子游戏中，你自己需要扮演一个给定的角色。因为你迅速做出反应，而不是悠闲地琢磨，而且因为你（在玩的时候）为角色的胜利而庆祝，为其失败而惋惜，所以你必须生活在一个虚拟世界中，并且去理解它。这种置身于虚拟世界之内的理解不仅是思考，而且还是在世界中的活动，能发展成为新的不同文化模式体验。不仅如此，与我们在现实世界中的日常生活相比，你会更加有意识地体验这些模式，并通过这一过程的对比，更意识到自己之前的文化模式。在下一部分中，我会举个新例子，对于美国人来说，它没有《废墟之下》那么深奥难懂。

我还发现电子游戏的这一潜能容易引发争议，前提是这一潜力要被更多人充分认识到。《废墟之下》对我来说是虚拟的，但对于一个在暴力中失去了亲人的以色列人或巴勒斯坦人来说，他不愿意站在任何一方。实际上，不管是以色列人，还是巴勒斯坦人，都可以陶醉在自己一方，以虚拟的方式进行复仇。双方也许都会认为，"扮演"敌方是不道德的，即便在游戏中也会采用这样的视角看待世界。我也如此，认为某些视角过于令人反感，以至于我们不应该在游戏中使用它们。但问题是，谁来决定呢？如果我们只愿意站在我们这一方，即便只是一场游戏，那么暴力似乎也将无法避免。

我们无需想象那些让大多数人讨厌的游戏，不管我们的政治见解如何。这样的游戏实际上是存在的。例如，有款游戏叫《种族清洗》（*Ethnic Cleansing*），由位于弗吉尼亚的新纳粹国家联盟（National Alliance）发布。这款游戏在技术上很复杂，使用免费游戏设计软件 Genesis 3D 开发而成，让玩家在逼真的贫民窟和地铁场景中奔跑，杀害非裔美国人、拉丁裔人及犹太人。长久以来，像国家联盟这样的仇恨组织一直通过互联网、宣扬白人至上的音乐以及书刊来招募新人。然而，鉴于我们之前讨论过的原因，有人担心，与传统被动式的媒体相比，电子游戏这样的互动媒体会成为更强大的媒介。但如果事实真是如此，那么电子游戏在好坏两个维度都可能更为强大。

无论我们是否喜欢它，新技术为设计写实风格的精致游戏提供了便利，让玩家能成为任何一类人，或是生活在任何一位游戏设计师所能想象出来的世界中。最终，这种能力会为人们提供生活及互动的世界，这些世界中没有暴力，取而代之的是对话和各种社会交往。[《最长的旅程》（*The Longest Journey*）就是这样的游戏，主人公是一位 18 岁女性，名为艾波·瑞安（April Ryan），同类游戏还包括《西伯利亚》（*Siberia*），其主角是位女律师，需要在布满机械人的城镇里探险。]

上述能力还会让我们使用新的身份，学会根据新的文化模式来行动，这种能力也能延续我们的怨恨，甚至去学习新的怨恨模式。最终，是谁来决定你我使用什么样的身份呢？对我们来说，使用这些身份又是福是祸呢？对公众而言，问题常常集中于青少年，其中父母显然承担主要责任，但电子游戏玩家的年龄一般处于 25 岁至 35 岁之间。我不想让政客对自己在虚拟世界中扮演的角色指手画脚。但与此同时，我也担心那些玩《种族清洗》游戏的人。新技术造成了身份的流动，任何阻止这一进程的尝试都是危险的，它将所有人禁锢在各自偏好的身份中，而这在很大程度上为我们带来了种族清洗。我无法提供任何有效的答案，只想说，电子游戏具有很大潜力，能引发很多类似的问题。

## 走向战场

《重返德军总部》和《闪点行动：冷战危机》（*Operation Flashpoint: Cold War Crisis*）都是军事背景下的射击类游戏。前者采用第一人称视角。（除非你在镜子一类的物体中看到自己，否则只能看到手里拿的武器。）后者则既可以采用第一人称视角，也可以使用第三人称视角。（通过第三人称视角，你可以看到自己所扮演的角色的身体，就像你自己紧跟在他后面一样。）在《重返德军总部》中，你扮演第二次世界大战中的B·J·布莱兹柯维斯少校，抗击纳粹。在《闪点行动》中，你扮演的大卫·阿姆斯特朗（Private David Armstrong）开始只是个二等兵，但之后会逐步升职。二等兵大卫在美国军队服役，在战争中代表北约（NATO），在一个岛国上镇压当地的抵抗运动。

虽然上述特点使得这两款游戏听起来很像，但二者在许多方面是极为不同的。在《重返德军总部》中，代号为"B·J"的威廉·J·布莱兹柯维斯少校是军功卓越的美国陆军游骑兵（Army Ranger），被秘密行动局招募，被派往德军总部（Castle Wolfenstein）阻止海因里希，后者是10世纪的邪恶王子亨利一世（Henry the Fowler，也被称为海因里希）复活后使用的名字，他还拥有一支经过基因改造的超级战队。

该游戏与多数射击类游戏一样，你的角色（B·J·布莱兹柯维斯）在牺牲前能承受极大伤害。想要杀死他，敌人需要耗费好多子弹，而且他能找到散布各处的医疗箱，帮助自己补充生命值。虽然他的敌人很强硬，但实际上他能使用特殊的武器（例如，毒液枪能同时发射十几颗子弹）挡掉很多攻击，承受极强的伤害，能让你，也就是玩家，觉得自己像个超级英雄。实际上，当你成功将游戏通关时，你能观看一段动态视频，其中，位于华盛顿的上级正在讨论布莱兹柯维斯完成的任务是何等出色，他正在如何享受目前的休假，想象他正在某个热带小岛上放松休息。但之后，视频切回一个极富戏剧感的画面，我们看到布莱兹柯维斯从窗台上一跃而下，手里拿着枪，走进硝烟中，投入到抗击纳粹的下一场战争里，嘴角浮现出一抹顽皮的微笑。这就是他休假的方式。

像《重返德军总部》这样的游戏利用了几种普遍的文化模式，这是游戏的部分魅力所在。这些文化模式的套路是，将主人公塑造成具有超能力的人，将（有"正当"理由的）战争视作是英雄行为。此外，它们还利用了一种颇受男性欢迎的文化模式，即为不屈不挠的抗争（即便失败了）赋予浪漫气质，无论如何都要孤身抵抗众敌。（通常当人们观看实力悬殊的比赛时，该模式也会发挥作用。）当然，他们还使用了其他文化模式，包括将反抗群体的个人浪漫化，该模式在美国尤其受欢迎。

上述机制并没有什么明显错误。人们看到自己的文化模式受到肯定时，会得到乐趣，而且能在电子游戏中将其表演出来。毕竟，很多此类模式并非来自人们的真实生活体验，而是源于书籍和媒体中的内容。然而，我相信，若是没人质疑这些模式，或是不对其进行有意识的反思，那么就会出现问题。

有些现代射击游戏已经使用有趣的范式，去改变这些广为流传的模式了。如《神偷：暗黑计划》（*Thief: The Dark Project*）和《合金装备2：自由之子》（*Metal Gear Solid 2: Sons of Liberty*）等游戏的整个世界，以及《冲出重围》和《无人永生2》（*No One Lives Forever 2: A Spy in H.A.R.M.'s Way*）的部分内容，还有许多其他复杂的射击游戏，无不更强调秘密潜入和妙计，而不仅仅是打斗。与之相比，射击类游戏《星际之门》（*Anachronox*）和许多像《博德之门2：安姆的阴影》（*Baldur's Gate II: Shadows of Amin*）这样的幻想类角色扮演游戏则强调团队合作。有时候，《星际之门》会违背有关英雄主义和个人主义的文化模式，导致十分滑稽的效果。

实际上，这些趋势过于强大，以至于像《毁灭公爵》（*Duke*

Nukem）和《英雄萨姆》（Serious Sam）一类的游戏将"怀旧"作为自身卖点，声称返回到射击游戏"旧时的黄金年代"，其中，玩家只需冲锋陷阵，对着周围的东西一顿射击就够了。[在最新发售的《毁灭公爵：曼哈顿计划》（Duke Nukem: Manhattan Project）中，毁灭公爵的座右铭是："这是我的做法，否则……不管了，反正我就这么干。"]在很多现代射击游戏中，这种策略很快就会让你丧命。最后，我们可以再提一下颇受欢迎的《无人永生》，主角是一位类似詹姆斯·邦德（James Bond）的女性，而且（以戏谑的方式）恶搞了60年代和邦德类型所塑造的传统。

然而，以上内容都无法带给你《闪点行动：冷战危机》那样的体验。作为一款现实题材的军事游戏，它很快消解了我从书本和电影中得来的与战争相关的文化模式。它与《重返德军总部》一类的游戏具有如此明显的差异，以至于玩家不得不有意识地直面那些英雄主义射击游戏所强化的文化模式。

《闪点行动》将背景设定在冷战时期，彼时苏联总统米哈伊尔·戈尔巴乔夫（Mikhail Gorbachev）正大权在握。游戏故事以一场虚构战争展开，一方是令人不快的反方苏联军队，他们占领了一个岛屿，另一方是北约的一支维和部队，应苏联的要求前往那里。玩家扮演二等兵大卫·阿姆斯特朗，完成30多个任务，包括加入一个大型战队，去骚扰小镇，驾驶交通工具，实施狙击，之后还会担任该队伍的指挥官。在游戏的开始部分，你要听命于一个由计算机人工智能控制的上级，你和其他队员要努力在后来的行动中存活下来，并升职，直到最后成为一名久经沙场的指挥官。

《闪点行动》完全采用了写实风格。一般来说，一颗子弹足以让你失去行动能力，甚至丧命。敌方战士能在很远的距离外就击中你，能藏身在难以发现的地方对你进行狙击，还常常出现在地平线处，看起来就像一个该死的小点儿，而不是颇具英雄气概地与你面对面对战。战场找不到任何医疗箱，偶尔会出现一个卫生员，但前提是你足够幸运，能找到他，并很快抵达那里。更为常见的是，如果稍有疏忽，你就会被击毙，甚至都没察觉子弹到底从哪个方向射过来。

更不必说，在《闪点行动》中，如果你想成为一个兰博（Rambo）式的人物，充满英雄气概地跑出去，火力十足地射击，那么你的下场就会跟"游羚网"（gamezilla.com）评论所说的那样，"发现自己躺在黑色的尸袋中，被空运回美国，次日可达"。想要生存，你必须与由计算机控制的队员们一起合作。有很多次，敌军数量会远远超过你们，而且他们还训练有素。当他们出问题时，而且这种情况时有发生，你可以躲起来，例如藏在灌木后，尤其是你穿着迷彩服的时候。然而一旦你开火，敌人很有可能会听到声音，并且朝着你的方向攻击，后果可以想象，你会阵亡。

玩《闪点行动》，让我体验到完全不同的有关战争的文化模式。之前，我发现自己（作为二等兵阿姆斯特朗）与队伍一起，在我的命令下沿着森林和空地的边界，一路搜寻着敌人。我完全不知道自己应该怎么走。作为"普通人"，我倾向于站起来，迅速向前移动。这么做的后果是，我被远处飞来的子弹射死了。实际上，我从没见到过击毙我的地方士兵。

回放游戏时，我看到（由计算机控制的）我方队员如何移动。通常，他们弯着腰前进，身体离地面很近。他们很少沿着直线向前走，而且常常停下来，看看四周的情况。一旦察觉到任何危险，他们会趴在地上，匍匐前进一会儿。前进十分艰难，速度缓慢。你需要培养一种体察周边潜在危险的直觉，要知道，在你看见敌人前，他们很可能已经发现你了。很长一段时间都毫无动静，我的无聊感会油然而生。然后突然间，我的电台会传来信息，或是指挥官大声喊着下命令，那将会发生交火及骚乱。通常情况下，我很少在死前变得兴奋，事前都没机会想想隐蔽或撤退的可能路径。

在游戏的早期章节中，我跟着队伍（以更熟练和"过分猜疑"的方式）移动，带着极高的期待和乐观心态参与到游戏中。毕竟，我们都是"好人"，不是吗？我们的部队非常专业，军官也都素质过硬（我那时只是个二等兵），难道不是吗？但情况一次又一次脱离了我们的预期。我们不得不改变计划，撤退后重组，或是节节败退。获胜可不是什么简单的事，每前进一步似乎都预示着后退两步。虽然我经常从部队指挥官或是电台那里直接得到命令，但我一直都不知道"宏伟计划"到底是什么，如果它真实存在的话，那只是需要我方部队完成任务，以及让我方在真实战场中随机应变。

提及命令，如我所说，我经常在需要快速行动时收到命令。但有很多次，这些命令让我不知所措。例如有一次，有位军官刚给我下达完命令，就被杀死了。按照命令，我需要向着某一方向移动，担任某一职务。既然他牺牲了，我是否应该执行他的命令呢？当然，他的牺牲并未激发起我强大的信心。在其他情况下，我显然能采用更安全的选择，而且从我的角度看，有时候还是更明智的方式，而不是遵循他的命令。怎么办？我到底有多大必要去执行这个命令？我自己做判断的空间到底有多大？有时一旦开始犹豫，我就被人吼。其他时候，我离指挥官太远了，他无法观察到我行为的细节。

当我们以适当的方式达成目标时，我不知道自己对"胜利"作出了多大或多小的贡献。例如，有一次，我们在城外郊区袭击了敌军。我和几个人受命在交火中前进,同时我们的战友呆在距离敌人很远的后方,远程狙击。我向前移动,持枪开火,并躲避着袭击。我们"赢了",但我从来都不知道自己是否击中了敌人,或是是否为此次行动做出了贡献(部分原因在于,我并不是第一个抵达山顶的士兵,详情参见下一章)。整个部队受到了嘉奖,但我不知道自己应该在多大程度上对此感到高兴(或不快)。

最后,我之前发现了一个重要但却缺乏新意的原则。我曾指出,通过观察自己的队友,我受益良多,例如,我学到如何前进。但我还学到,最安全的姿势是跟在战友后面前进。前面的人不得不快速做出决定,并承受枪火。然而,总是跟在别人后面会让人感觉"没有男子气概"。在战场上前进时,我特别喜欢跟在一些军官后面,但不会太近,他们似乎非常了解如何前进,并通常能做出最佳决定。

无须多言,这并不是带有浪漫色彩及英雄气概的战争。以下是我逐渐学习获得的一些有关战争的文化模式,它们源于我的游戏体验,每个模式都与《重返德军总部》的游戏体验不同:

- 大部分时候,战争是无聊的。
- 士兵在移动时总是多疑的。
- 当战争令人兴奋时,它也同时会令人困惑。
- 遵守命令是让人头疼的事。
- 事情总会超出预期。
- 战场上的具体情境不同于人们的普遍想法和与其有关的计划。
- 没人真正知道身居高位的人们知道些什么,以及他们是否真地明白自己在干什么。
- 在战场上，你身边的人通常清楚他们正在干什么。你很难知道自己作为个体做出了多大贡献。
- "有男子气概"的行为通常会让你很快牺牲，兰博式的行为则会加速你的死亡。

这些之所以被称为文化模式，是因为我并不真正"了解"这些图像、原则或故事情节，但它们却是真实的。我从自己的游戏体验中获得它们，一个人的体验总是有限的，具有地域性的，与具体的群组和情景相关，而且在科学上不会"有效"。上述模式有助于组织并理解经验，帮人们完成下一个任务，并继续手头的工作（在这个案例中，就是存活足够长的时间，持续战斗）。当然，人与游戏玩家不同。在我提到的例子中，我从未有过丝毫念头，想要成为真正的战士，而且《闪点行动》的游戏体验也并未让我改变这方面的想法。然而，它的确让我就媒体对战争的报道产生了担心，让我对任何参与战争的人产生了极大的同情，尤其是从底层升职的人。美国军队已经开发了一款现实主义风格的大型多人游戏，名为《美国陆军》(*America's Army*)，但我不知道它对玩家产生了什么样的影响，只能说有不少人已经想要注册。

**学校里的文化模式**

在学校中，文化模式扮演着重要的角色。让我举一个科学课堂的案例，以详细说明。在高中物理课上，学生正在讨论问题：一个球是否能保持匀速沿着平面滚动？之前，他们从老师那里了解到伽利略的观点，即在理想条件下（如，忽略摩擦力，且没有外力加速或阻碍此球的运动），球会以匀速运动。

在讨论过程中，有个学生问："是什么让球在移动呢？"另一个答道："它后面的力。"提问的学生回复："正在推动球的那个力会让它动起来。"但另一个学生说："那股力来自何处？因为你没有施力呀。"（当然，这就是伽利略和现代物理学的假设）还有一位同学回答："可的确有力在推动它，但没有其他的力使它慢下来。"老师评论说，有些学生说球没有受到任何力，但另一些学生说有一种力使它运动。一个学生马上说："开始有种力让它动起来，赋予了它移动的能量。"

上述过程出现在许多物理课堂上。其中，有些（很多）同学提出了假设，认为运动中的物体会保持运动状态，要么因为有些力在持续对这些物体发挥作用（它们被这种力推动着），或是因为它们从原来所接受的力那里积攒了能量（"推"了一下），这些被储存起来的能量是一种"动力"（它本身就像施加于物体上的内部力量一样，会逐渐"耗尽"）。然而，就物理这一符号领域而言，物体要么保持静止，要么持续地运动，除非它们受到外力的作用，才能改变其状态。当物体的状态被改变时，它就会保持着新状态（或静或动），直到有另一种外力改变其状态为止。在物理学中，无需解释物体处于持续运动或保持静止的原因。因此，无需找到任何移动物体所存储的（并不存在的"力"）"推动力"。我们只需对以下情况作出解释：运动中的物体加速或减速，或是让静止的物体运动起来。在这些情况中，我们必须确定有某种力作用在物体上。

当然，在现实世界中，物体极少在某段时间内处于永恒的运动中，因为物体几乎总是受到力的作用，从而改变其运动状态（加速或减速）。当现实世界中的物体处于静止状态时，通常有好几种力使其保持这一状态，同时反对试图去改变这一状态的作用力。伽利略假设了一个理想状态，例如，平面间没有摩擦力的环境，环境中没有任何东西可以影响球的运动。不仅如此，球需要按照假设，在一个平面中水平滚动，从而使重力可以忽略不计。（如果球落下，它会因为重力作用而加速。）他想在某种理想状态中去思考物体，从而使发挥作用的基本结构或根本原则能清晰地显现出来，换句话说，该原则能解释处于静止状态的物体为何是静止的，以及匀速运动的物体为何以同样的速度移动，除非外力作用在物体上，否则其状态不会发生改变。

这是一种与众不同的观察世界的新视角。在物理学中，匀速移动或是静止的物体无需赘述。需要解释的是改变在我们"日常生活"经验的世界中，由于物体一直处于变化中，通常需要加以解释的是，某些事物是如何避免这些变化，从而将某一状态保持下去。

物理学家想要在理想世界中思考，从而发现简洁的数学模式，然后将其应用在真实世界中。当它们被应用在真实世界中时，我们需要思考那些模式未曾涉及的事物（例如摩擦）。当上述元素被纳入被考察的范围时，这些简洁的模式就会对现实世界做出许多正确预测。

许多其他学术领域也以类似的方式运作。它们去掉细枝末节，形成了一个基本结构，之后能变得更为复杂，以不同的方式应用在不同情境中。例如，有些经济学的子领域就认为，当人们在自由市场中活动时，会一直保持理性。这让相关经济学家思考并发现市场在理想状态下是如何运作的。当然，若是想要预测真实世界中的情况，他们需要做出调整，以适应不同的情境，人们在其中会显示出不同种类的非理性行为，或是市场并非完全是自由的。在（根据不同的情境）完成不同程度调整后，如果他们能做出令人满意的预测，那么他们做出的理想化假设就也是令人满意的。

令人感到讽刺的是，这种进展方式，例如去掉细节以得出基本结构，与文化模式的运作方式并无差异。人们基于自己的经验，通过去掉细枝末节来捕捉典型的案例，从而建构文化模式。科学的模式通过有组织的、科学的社会调查过程形成（例如，正式研究及同行匿名评审），而并非很大程度上依赖无意识的日常生活经验。不仅如此，科学模式和文化模式也有各自存在的理由。科学模式试图解释世界中的事物如何运作，解答那些有意识提出的正式问题，有时候，科学模式所涉及到的问题并非是我们在日常生活中能够体验到的东西（如原子）。而文化模式的存在是为了帮助我们了解自己的"日常生活"，没有那么强的专业性，而且并非有意识地思考物质世界中的社会文化事务及我们的日常生活。

在高中物理课上，有些学生的文化模式与物理学家使用的科学模式存在着冲突。他们并没有意识到这一点，而且无法让矛盾的文化模式（暂时）失效，进而以物理学家的模式进行思考和实践。那么，让我花点儿时间讨论一下这些学生正在使用的一种矛盾的文化模式。

有关科学教育的相关研究显示，学生通常以某种形式将某种概念带到物理课上，即运动是由力造成的后果。他们相信，如果一个物体正在运动，那么一定有一种力施加在该物体上，使其处于运动状态。我们经常在此类文献中发现，上述概念是一种"误解"，通常不懂物理的人会产生这一错误。问题在于，学生常常继续犯这种

"错",即便是学习了大量物理知识,且发现那是个"错误"之后,依然还会如此。

有人认为运动是在力的作用下产生的,之所以这种误解如此深入人心,无法消除,是因为它并不是现实中的"错误"。与之相反,它是一种文化模型,是基于我们在物质世界中的体验而建立的一种模式。多数或所有人都持有类似的模型:"之所以事物在运作,是因为受到了某种形式的力量或中介的持续作用。"就像所有模式一样,该模式没有对错之分。反之,它在很多情境中都发挥作用。正式因为如此,我们不假思索就得出结论,也能过得很好。

例如,我们认为(不仅是在这个案例中,而且在其他案例中),汽车一直在行驶中,因为它的引擎为车轮提供了动力。电灯一直亮着,是因为电流持续通过。人们活动,是因为一方面,他们(持续地)"想要"如此;另一方面,是因为食物中存储的能量为他们的细胞和肢体提供了能量。

公平地讲,虽然这是一种物理模式,但它也适用于社会事务,并因此成为一种社会模式。实际上,它的确只是一种文化模式,既可以应用在物理世界,也可以应用于社会世界。我们认为,学生之所以持续学习,是因为有种东西在激励他们,或者,之所以恋情能够持续,是因为人们为之投入了努力。大体说来,人们做着他们所做的事,并在做的时候会继续做下去,因为他们是"中介",(通过意愿、欲望等方式)赋予了自己去做某事的能力,并能持续下去。"之所以事物在运作,是因为受到了某种形式的力量或中介的持续作用",该模式深深扎根于我们的物理经验及社会体验。当然,不同的文化社群具有不同的文化模式,规定了哪些元素能或不能成为力量之源或中介(例如精神)。

这种文化模型，在物理的案例中是"运动是在力的作用下产生的"，不管在许多其他领域中多么准确，但在物理学中却是错误的。然而，如果你没有认识到该模式的能量，或是如果你只责怪人们保持这种想法（例如，说他们愚蠢或被人误导），那么你并没有让他们认识到，该模式在物理学中是错误的，进而可以选择其他有效的物理学模式。你必须将该模式纳入意识层面，将其与其他思考方式并置，以适应新的情况，而不是认为该模式不适用于任何情境。

你必须还要像物理学家一样思考，后者没有使用上述文化模式，至少当他们研究物理学的时候不是这样，并不是让学生从字词的维度理解它，而是设身处地，在物理学家得出原初模式的物理语境中，去理解并实践。毕竟，就像人们的文化模式源于日常生活体验一样，物理学家的科学模式来自他们使用该模式时，在物理学这个符号领域中的诸种体验，包括解决问题、思考、交谈、在该领域中或是针对该领域做实验。与其他专业领域一样，该领域以完全不同于"普通"人的视角来看待并改变世界，但无论如何，它在物质世界中发挥作用，并作用于这个世界。

学生将很多文化模式带入课堂中。例如，有的文化模式规定了"标准英语"（例如"受过教育的人使用标准英语或是正确英语"），从而引发了很大麻烦。学生在试图学习语言学时会发现，对于语言学家来说，用英文方言说"不管走到哪儿，我的小狗都跟着我"（My puppy be following me everywhere I go），它只是受到另一种"规范"方言的规则支配，而后者不会有这种说法。（实际上，这种结构，即用动词"be"来表达某事重复性或习惯性发生，在全世界的语言中都非常普遍。）

然而，学生还会将与学科（如，作为学校学科的"物理学"是什么）及学习（学校中的学习是什么样子，或是应该是什么样）相关的文化模式带到课堂。例如，就物理学或其他学术领域而言，许多学生持有如下文化模式，即"学习知识就是掌握一系列事实"。他们能还会带来另一种模式，即"学习就是把教师的讲义及课本背下来"。

这些模式不是"错误的"，实际上，许多学校都遵循了上述模式，并在日常教学中将其强化。然而，如果你读过本书中的相关讨论，那么你就知道，我认为在多数情况下，它们都是不幸的学习模式。然而，如果学生想要在学校中使用不同的内容学习模式，那么老师需要清楚一点，即这些不幸的模式是存在的。学生需要好好想想，为什么他们会有那些模式，它们在什么情况下是有效或无效的，有哪些不同的新模式，以及自己为什么想要将那些模式应用在说话和行动中。当然，我在此提倡更新的模式包括主动及批判式学习，这也是我在本书中一直强调的东西。

**学习和电子游戏的文化模型**

好的电子游戏能以强有力的方式，让玩家有意识地发现自己持有某些有关学习的文化模式。实际上，好的电子游戏体现了一整套普遍性模式，包括典型的学习方式。由于"婴儿潮模式"依然在学校中极为普遍，并通过教师、管理者和父母的方式得以维持，因此当今的孩子们也极有可能了解这些模式，往往不加批判且无意识地采用这些模式，至少他们在学校中是这样。

以著名游戏《合金装备》为例（它的后续作品为《合金装备2：自由之子》）。在该游戏中，你扮演"固体蛇"（Solid Snake），后者是有史以来最知名的电子游戏角色之一，是经过基因增强的反恐战士，受命潜入被恐怖分子占领的一个阿拉斯加军事基地。恐怖分子亦经过基因增强，其中有些人是固体蛇过去曾遭遇过的敌人，例如他的兄弟"液体蛇"（Liquid Snake）。恐怖分子在名为"合金装备"（Metal Gear）的大型机器人上安装了核弹头，并恐吓说如果自己的要求得不到满足，就会朝着美国开火。固体蛇潜入军事基地，并最终试图摧毁合金装备。在这一过程中，他揭开了自己的身世之谜，并对爱与忠诚有了深刻了解。实际上，在游戏中间，如果固体蛇没有因为被折磨而投降，那么他的爱人及同伴梅里尔（Meryl）就能活下来，而且在游戏结尾，两人携手走入夕阳余晖中。（如果他投降，乞求停止折磨，那么梅里尔会死去，游戏导向另一种结局。）

在游戏早期，你（以第三人称视角扮演固体蛇）正站在黑暗中，注视着一座大楼，上面有许多门和阳台，前面的院子里也有很多房间。楼顶安装着探照灯，到处都是保安。你必须悄悄躲过探照灯，藏身于黑暗中，进入大楼，在没人察觉的情况下到达目的地。

如果玩家倾向于尽可能简单有效地完成任务，那么该游戏和几乎所有的游戏一样，会让玩家自食恶果。玩家需要花时间去探索，即便这意味着要离开主线，延迟到达目的地的时间。如果固体蛇的行动有误，没有进入到主楼中的目的地，而是小心地进入了院子里的一个侧屋，那么他就能发现一些重要的物品，例如武器、弹药、工具。当他潜入停在后院的卡车中时，他不仅能躲过探照灯，还能发现更多好东西。若是他悄悄探索院子周边和大楼边缘，就能以更不容易被人觉察的方式进入大楼。

即便进入了大楼，他也要通过天花板上的通风管道四处移动，因此能偷听到一些重要信息，看到各种场景，包括梅里尔衣衫褴褛，被关在牢房里。潜行在大楼的角落和缝隙里，能让他获得关键信息。在整个过程中，固体蛇都要通过只有自己才能听见的通信设备接收命令，了解下一个任务及完成任务的信息。

在玩这款游戏时，我想要冲破保安，开枪，杀出一条血路，因为他们看起来似乎是清楚直接的目标。当然，如果敌方人数多于我方，那么我通常损失惨重，甚至阵亡。即便只有一个敌人，他看起来似乎是个容易被打败的明显目标，但当我偷偷溜到外面，位于保安背后，通常隐藏的摄像机会触发警报，引来许多保安跑来帮助同伴。

它与其他游戏让我认识到自己对学习持有下列文化模式，包括"最终目标很重要，决定了学习过程，而且优秀的学生向着该目标努力进步，不会因为其他东西而分神"和"优秀的学生能快速有效地达成他们的目标"。还包括"好学生能发现达成目标的正确方式（其他人则做不到）"和"有人比别人更擅长或不善于学习，而且这一点很重要"。

在学校中，上述模式被反复强化，变得根深蒂固。它们是线性的模式，强调为了掌握更好的技能而不断努力，直到自己达成目标。它们还是竞争模式，强调更好及更差，并根据具体表现将人们分为三六九等。

电子游戏往往并不推崇这些模式。它们既强调非线性运动，自由探索，不必为了达成最终目标及与其有关的技能而一路前进，也兼顾线性运动，当然这种线性运动会因为横向运动而被拓展，有时候被改变。它们强调多种问题解决方式，其评判标准也多种多样，有些位于游戏内部（当你采用不同策略时，会产生不同结果），有些则是由玩家设定的（他们想要以各自的方式解决问题，可能回放游戏场景，再用不同方式解决问题）。

除非游戏任务有时间限制，但通常情况下并非如此（除了在某些游戏中的特殊任务或竞赛，或是实时策略类游戏中的一些任务），否则你的游戏进程并不太重要，除非你自己特别看重这一点（而且如此一来，你会错失很多游戏中最精彩的元素）。最终，虽然有的玩家比别人更精通或更不擅长玩游戏，而且玩家之间能也确实会通过互联网构成竞争关系，但是游戏确实最有可能被各类人体验，这些人设定了各自的标准，看重自己依照上述标准能做得多好，而不是在乎自己是否比游戏世界中的玩家更擅长打败坦克上的液体蛇。

电子游戏质疑了许多我所持有的关于学习的文化模式。这里还有最后一个例子。我持有过这样一个模式，即"当面临需要解决的问题时，好学生很快能找到答案，首次尝试或很快就能成功。如果你需要反复尝试，那么这就说明你不擅长自己试图学习的领域"。所有好的射击游戏都有"BOSS"，特别是那些实力大大超出你的强大敌人。玩家通常要花费很多时间和精力去击毙这些BOSS。他们必须在各种失败的尝试中发现新的策略，不能放弃。

当玩家成功打败这些BOSS时，有些人（在通关后）会提升游戏难度，从而让BOSS的实力进一步提升。（很多游戏的难度都包括简单、正常、困难或更难，难度等级决定了敌人的数量以及实力。）我曾经看过一个比自己年轻的律师用PlayStation 2玩《博德之门》时，将难度提升至最高，重新打一次终极敌人。他是名副其实的高手。他的角色反复绕着敌人（一条龙）跑来跑去，在复杂的地牢中来回移动，四处躲闪，出来袭击后再跑开，将敌人引诱到狭窄的角落或空间，让自己更容易攻击它。在整个过程中，玩家使用各种药品和治疗咒语，来获得更具杀伤力的箭和更多生命值。这场恶战持续了20分钟。最后，龙只剩下了后腿，那个律师耗尽了所有的魔箭和治疗药品后，阵亡了。

他没有因为失败而沮丧（像学校中的学生在受挫后的反应），只是在阵亡时冒出几句不雅的话，而且脸上出现了大大的笑容。在电子游戏中，输掉对战并不是失败，而且问题并不在于轻易取得胜利，或是以成败来评价自己。在玩电子游戏时，难度高并不是坏事，而难度低也不一定是好事儿。我之前提到过六岁的儿子，他曾被人问道，在电子游戏中难度高好，还是难度低好。他毫不犹豫地答道，难度高总是没错，但难度低却不一定。孩子在学校学科学时也会这么说吗？

《合金装备》是个难度极高的游戏，其中有一个精彩时刻。当固体蛇潜入军事基地后，他通过内置的通讯系统与一位年轻的亚裔女性通话，后者是地图测绘及雷达系统专家。她与固体蛇相互打趣，常常用中国俗语来结束每段对话，而且这些俗语很契合虚拟游戏世界中的具体情境，以及玩家在现实世界中的境况。有一次，她对固体蛇说了一句不算是俗语的话，但当然发挥着一样的作用："你有时间玩电子游戏，难道不该因此而高兴吗？放轻松，好好享受吧。"

当玩家听到这话时，他们可能非常清楚地意识到，自己正紧张地投入到解决难题的过程中，而且还经常失败。但是，他们在玩游戏，享受乐趣，玩得很开心。当学校里的孩子正努力解决物理难题时，如果我们能对他们说"有时间和机会学习科学，你不该觉得幸运吗"，而且让他们微笑着点头，那该多好啊！

## 学习原则

好的电子游戏包括了大量学习原则,但还有极大的改进空间。有些领域,如电子游戏提供了自由创造虚拟身份和世界的方式,引发了极大争议,而且毫无疑问会在未来引发更大争议。

本章中涉及的学习原则如下。同样,每条原则既与电子游戏中的学习有关,也与课堂中的学习过程有关。有关世界原则的文化模式认为,学习者应该有机会反思与世界有关的文化模式。(例如,《闪点行动》促使人们重新思考自己对战争所持有的文化模式。)有关学习原则的文化模式认为,学习者应该有机会反思与学习原则和学习者有关的文化模式。(例如,《合金装备》等许多游戏让我重新考虑一点,即探索过程及延迟达成主线目标的价值。)有关符号领域原则的文化模式认为,就学习者想要学习的符号领域而言,他们应该有机会反思关于该领域本质的文化模式,例如某一类型的电子游戏是什么样,或应该成为什么样子,或首先是什么使之成为一个游戏(例如,《废墟之下》到底是电子游戏,还是恐怖分子训练?《种族清洗》又算什么呢?),或物理学到底是什么。(例如,一系列事实?一种思考并改变世界的方法?某类人参与的一套社会实践?)

30. 世界文化模式原则.
学习建立在学习者有意识地思考并反思与世界有关的文化模式之上,不贬低自己的身份、能力或社会群组关系,并将其与新模式相互并置,后者可能以各种方式与自己产生矛盾或联系。

-

31. 学习文化模式原则

学习建立在学习者有意识地思考并反思与学习及学习者自身有关的文化模式之上,不贬低自己的身份、能力或社会群组关系,并将其与新的学习模式相互并置。

32. 符号领域文化模式原则

学习建立在学习者有意识地思考并反思与正在学习的某个特定符号领域有关的文化模式之上,不贬低自己的身份、能力或社会群组,并将其与该领域的新模式相互并置。

## 7

## 社会化思维：
## 你死后该如何找回躯体？

## 《无尽的任务》：社会化学习

截至目前，我一直从单机游戏体验的角度讨论电子游戏，因为我想聚焦于与直面经验世界的个人身心相关的学习原则。然而，我已经说明，即便使用了个人主义这个词，学习依然处于物质的、社会的、文化的、世界中。

当我和我的研究助理采访游戏玩家时（因为我们对学校感兴趣，多数访谈对象都是5到19岁之间的年轻人），我们发现，多数游戏玩家不是自己玩，而是跟别人一起玩，具体包括以下三种方式（年龄较小的玩家通常采用第一种方式，但青少年及更大的玩家则三种模式都会尝试）：

1. 玩家能在同一个电子游戏平台上连接多个游戏手柄。

2. 玩家能将多台计算机连入一个局域网，因此即便不在同一地点，也能相互在游戏中竞技。

3. 最受玩家欢迎的做法是，登陆特定的网站，与成千上万来自世界各地的玩家共同玩一款游戏。

一些玩家只能在线玩游戏，但很多玩家能体验单机模式或网络模式。（实际上，游戏测评通常会批评那些只提供了单机模式的游戏。）

当网络游戏开始时，玩家在地牢中移动，扮演不同类型的角色，但他们活动的世界完全由文本组成。每位玩家阅读文字，得知自己将要看到什么，要做什么，以及玩家采取各种行动后的效果。只有文字，没有图片。现在，玩家在具有现实感的 3D 世界中移动，画风精美。他们可以通过打字来相互交谈，但如今新技术也普遍传播开来，能让玩家对着耳机说话，其他人通过计算机接收到语音。玩家相互交谈时，既可以使用虚拟的奇幻角色（他们的"化身"），或是使用现实世界的身份，亦或是在两者之中切换。

《无尽的任务》（*EverQuest*）是最受欢迎的网络游戏之一。游戏注册人数超过 375000 人，在游戏高峰时间，服务器同时在线人数超过 90000 名用户。[有款名为《天堂游戏》（*Lineage*）的游戏正在美国运营中，它在韩国的注册人数超过了 2000000。]《无尽的任务》包括许多大陆和数不清的城市，其中玩家以个人或团队的方式进行各种探险。他们碰到的其他玩家可能会成为帮手，也可能在某些情况下被后者伤害（例如自己的虚拟的奇幻角色被对方杀死）。当前，《无尽的任务》由索尼公司所有，开发和运营商为一家名为"威尔顿"（*Verdant*）的公司。索尼和威尔顿时不时推出《无尽的任务》的新版扩展包（包括新大陆和新城市）。

在游戏中，你可以选择将游戏设定在理想世界，其中怪物（不是真人，而是由计算机控制的角色，其能力来自人工智能）是唯一的敌人，其他玩家不能杀害你（你也不能杀害他们）。或者，你还可以选择其他设定，其中，你和其他玩家可以相互厮杀，还要提防居住在乡村的生物。如果你选择了第二种方式，那么你会变成一个"玩家杀手"，其他杀手玩家也能攻击你了。

在开始玩《无尽的任务》时，你需要创建自己的角色，就像其他角色扮演游戏一样。为了创建角色，你可以基于种族、阶层、技能和能力，进行无数种组合。然而，角色大致可以分为 14 种职业，包括吟游诗人（Bard）、牧师（Cleric）、德鲁伊（Druid）、幻术师（Enchanter）、魔法师（Magician）、武道家（Monk）、亡灵法师（Necromancer）、圣堂武士（Paladin）、游侠（Ranger）、盗贼（Rogue）、暗骑士（Shadowknight）、萨满巫医（Shaman）、战士（Warrior）、巫师（Wizard）；还可以分为12个"种族"，包括三种人类文化，三种精灵文化和六种其他文化。每个种族的职业选择都是有限的，举个例子，你无法成为一个巨魔武道家（Ogre Monk）。

基于你选取的种族，游戏会赠送给你一些能力点数，供你分配在七项主要参数上，包括力量、耐力、敏捷、灵巧、智慧、智力和魅力。之后，你要为角色命名，选择性别，并决定自己想信仰的神（宗教）。在《无尽的任务》中，你的种族、性别、阶层和宗教会决定人们如何与你相处。你还能加入一个公会，每个公会中包括成百上千（真实的）人，在游戏中相互支持，共同合作，典型的做法是一起打败强大的众神。你的公会成员身份还会影响别人在游戏中如何对待你。

《无尽的任务》是一个颇为复杂的世界，包括独立的供需经济结构。当某种物品变得稀有时，例如某种盔甲或某种类型的剑，其价格也随之上升。反之，若东西变得普通，价格就会下降。有时候，《无尽的任务》和《暗黑破坏神2》（*Diablo 2*）等游戏的玩家会前往易贝（eBay）等互联网拍卖网站，用现实货币买卖游戏中的虚拟物品，例如能赋予角色特殊能力的手套，或是特殊的剑。最近，有人花了2000多美元，买入了一件《暗黑破坏神2》中的虚拟道具。

《无尽的任务》与所有的单机游戏都不一样，永远都不会结束。玩家不能"打败"游戏。除非你给自己设定一个终点，否则不存在终极目标。《无尽的任务》是一个连续存在的世界,如果你愿意,可以一直玩下去,只要付费就行。不论什么时候,你都能通过互联网登陆游戏,从上次退出的节点继续玩。在多数情况下,超过1000人与你同时在线玩游戏。实际上,有些地点能发现特别有意思的怪物或价值不菲的物品,会显得尤为拥挤热闹。

在《无尽的任务》这样的游戏中,有时候玩家互"喷"(即相互辱骂),或者做些让人追悔莫及的事。例如,原本有个等级低的人正在试图打败怪物,以获得后者拥有的宝物,但更强大的玩家会强行闯入低等级玩家与怪物的对战中。等级高的玩家能使用咒语增加怪物的生命值,使其免于受到低等级玩家的攻击,然后杀掉后者,抢到宝物,让低等级的玩家两手空空,只得花时间在已经徒劳的战场上疗伤。游戏玩家试图非法入侵游戏程序,找到一种"作弊"方式,让自己获得更多(虚拟)财富。有时候,这种行为会引发玩家所在的虚拟世界中的通货膨胀,几乎可以让游戏中的金钱变成废纸。

开始玩《无尽的任务》这类游戏时,人们相信玩家会自我监督,从而构建一个拥有良好声誉的完美世界。然而,玩家创造的虚拟世界充斥着许多问题,跟我们的现实世界没什么两样。游戏设计师想出了很多办法,想要阻止玩家不去破坏别人的游戏体验,例如在《无尽的任务》中,你和其他玩家不能相互杀戮。当然,行为足够恶劣的玩家可以被禁止登录游戏。但是,游戏开发者很难提前防范一些人性弱点,如贪婪、对权力的渴望,以及单纯想要用头脑战胜其他玩家、游戏和整个计算机系统的欲望。他们还面临一个现实,即许多游戏玩家都很擅长编程,或是自己设计新游戏,包括使用游戏提供的免费软件开发扩展包,或是制作被称作修改包

(mod）的新游戏；或是入侵网络游戏，为了自己的利益对游戏进行修改。

就像所有的角色扮演类游戏一样，在《无尽的任务》中，你玩得越久，你获得的成就越大，角色的技能等级越高。与低级别角色相比，高级别玩家能体验的内容更多，也能去往更多地方。

在《无尽的任务》中，若你扮演的角色被杀死了，那你的身体会倒在地上，身上所有宝物会散落一地，例如武器、金钱、药水、战甲、魔咒等。然而同时，你的角色还会复活，只是比之前要虚弱很多，装备和武器也要更差，而且距离开始战死的地点很远。（的确很奇怪，你既活着，又死去了。我们不妨说，这是你复活的灵魂。）你（你的灵魂）必须要尽快返回到躯体中，以防它腐烂，或是其他玩家拿走你的财物。（若是你等级很高，那些财物会非常值钱。）

返回并非易事。因为你距离躯体很远，不仅更虚弱，而且武器装备也更差，所以你必须躲过那些BOSS，以免被其杀死。如果你没有回到躯体，那么你必须从较低的等级重新开始（系统会把你的角色降低若干等级），通过打怪回到之前的级别。还有另外一种方式能让你回到躯体那里。如果你的团队里恰巧有一位牧师（别忘了，玩家能与其他人组队作战，每位队员的能力都不相同），具备复活死者的能力，那么他能帮你复活。

现在，为了说明游戏体验的社会性本质以及本章中的一些关键问题，我想以年轻玩家阿德里安（Adrian，此处为化名）为例，分享他玩《无尽的任务》及其他游戏的体验。彼时，阿德里安才15岁，已经玩过很长时间《无尽的任务》了。在取得极高的等级后，他的角色却阵亡了。

我的角色级别很高,达到46级,而满级是50级。我们有一个小部落,它是一个大型公会的一部分,部落成员来自美国各地,经常一起玩。想要杀死诸神,需要很多人一起努力才行,这是公会得以存在的原因。我和自己的部落一起玩游戏,还发现了一个进入其中一个异界(planes)的通道,"恐惧异界"(Plane. of Fear)。想要进入恐惧异界,玩家的等级首先要达到一定标准,游戏角色至少为45级。我们冲进恐惧异界,每人都打败了一位恐惧之神(God. of Fear)。恐惧异界像一个巨大的丛林,在杀死了所有的神级角色之后,我们遭遇了这只巨型大猩猩。它从我身后出现,就像拍苍蝇一样,两下就把我拍死了。我的朋友没有发现它,所以也没能保护我。

所以我被杀死了。无论何时被杀死,你总能再次复活,但代价是损失经验值。我以44级的身份复活,下降了两个等级。之前,我花了大概12个钟头,才升了这两级。如今想要升回46级,我需要花费比12小时还要多的时间才行。我特别沮丧。我无法回到恐惧异界了,为此感到抓狂,因为我现在才44级,而进入异界的最低标准是45级。

游戏中有牧师,而且当你跟牧师一起作战时,他们真的能帮你起死回生。若是他们将你复活,你就无需损失任何经验。所以,我就能以46级的身份起死回生。我(通过网络)将此事告诉了别人(跟我一个公会的牧师),并留下了家里的电话号码。大意是"如果小伙伴儿们最后找到我的躯体,请将其复活"。但游戏有时间限制,如果你在线等了三小时，那么游戏系统会给你三小时时间，然后告诉你，你的躯体搁置太久了，无法被复活。我跟父亲说："老爸，赶紧挂电话。"（换句话说，他只有三小时的时间去让自己的角色起死回生。牧师需要争分夺秒，赶到躯体处。阿德里安需要知道牧师复活自己躯体的确切时间，如此才能在三小时之内马上进入游戏，复活自己的角色，并找回自己的财物。所以，他正在等待一个至关重要的电话，期待它的及时到来。）

游戏中有一个倒计时窗口，标记着我能被复活的时间。如果我没有被复活，那我只能是44级，而且永远没法找回自己的装备了。因此，我内心的感觉是："天哪，不要这样！"之后，我退出了游戏，在房间里走来走去，自言自语道："我要完蛋了。我要完蛋了。"我是说，我在这个角色上投入了大量的时间。"要死了，要死了，要死了。"然后，一个30多岁的公会队友从印第安纳州（Indiana）打来长途电话，告诉我能帮我复活，当时他那里已经是深夜11:45了。他让我起死回生。我又回到46级，接着花了很长时间在恐惧异界中打怪，直到凌晨四点才去睡觉。等我一觉醒来，已经是第二天下午三点了。

有时，我依然跟那位印第安纳州的朋友聊天。我俩都用网站和留言板聊天，以此保持着联系。虽然出于网络安全的原因，我们试着不透漏私人信息，但若你了解一个人一段时间，很快就会习惯这种交流。我是说，每次我用自己的角色进入游戏《无尽的任务》时，我会说"嗨，大家好"。紧接着，马上就会有40个人使用我的游戏昵称来回复"嗨"。

实际上，我有一个网站，教你如何利用游戏攻略。该网站和其他类似的网站上都分享了一些有意思的内容，关于骇客（hackers）试图创建一个玩家无需付费的游戏世界。当然这并不是为了避免花钱，而是一种挑战。游戏开发者特别不喜欢这些人。然而，这些人正试图占领《无尽的任务》，进而对其操控，即使大部分内容都已被层层加密。他们试图破解那些文件，拿到图像，获得游戏引擎，操控它，然后将所有东西都放到自己的服务器上，人们就可以免费玩了。

他们试图占领游戏，使人们每天都能够免费玩游戏。但是，我的网站却并非如此。我想让人们上网玩游戏，如果他们不喜欢花钱花时间，那我就告诉他们游戏中升级的捷径，从而摆脱游戏任务的等级限制。毕竟，从44级升到46级需要12个小时，那没人愿意花那么长的时间。游戏公司也不喜欢这种方式，因为它们想让你玩得更久。他们想让你多玩，想赚你的钱。

我弟弟现在也玩《无尽的任务》。他花更多时间玩游戏，我则花更多时间去破解游戏，使用十六进制编辑器（he. editors）搞清它的工作原理。你可以从互联网上下载这些编辑器。就十六进制编辑器而言，它基本上能将计算机编码破解为二进制编码，左侧是一组由数字0和1组成的字符串，右侧则告诉你代码的作用。如果你进入右侧，那么你就能编辑它。你无法通过课堂教学来学会这些东西，而是这里逛逛，那里看看，自然就懂了。你无法只从一个地方就学会它，而是有很多途径（例如其他人、聊天室、网站、文本等）。

实际上，我第一次编辑游戏是在玩《文明》的时候。我玩过《文明》，而且还通关了。当看着游戏结尾的制作团队信息时，我心里想："好，这实在太酷了。"之后，我又想："嗯，那是挺酷，但仔细想想，如果我来做个实验，那就更酷了。我想看看它的运作机制是什么。"

因此，我深入研究，找到了一个很小的数据文件，名为"credits. dat"。我心里想："这是干什么用的？"我双击了该文件，弹出的信息询问我想用何种程序打开该文件。我点击了"图片预览"（Pictur. View）选项（也就是让电脑使用一个名为"图片预览"的程序打开文件"credits. dat"），继而出现了一团乱糟糟的东西。我想："好吧，那我还是关闭它吧。"我再次双击了 credits. dat，仍然询问我想用何种程序打开该文件。这次我试试 IE 浏览器，又出现了一团乱码。我想："嗯，好吧。"

我试了第三次，然后想："这次我会使用'记事本'（Notepad）这个程序。结果文件被打开了，出现了游戏的制作团队信息。我心里想："嘿！太酷了！"上面显示："《文明》的开发者席德·梅尔（Sid. Meier）。"我点击了删除键，输入自己的名字"阿德里安·某某某"（他的姓名）。然后我保存了文件，再次通关，当制作团队信息在屏幕上滚动时，上面显示我是游戏制作人。我想："这太酷了。"

现在，我会对游戏做些小改动，而且还自己制作游戏，在这上面花费的时间比玩游戏还多。如今，我和朋友们不太玩游戏。我们时不时玩玩《暗黑破坏神2》，只是为了消磨时间，直到《魔兽争霸3》发行，我们所有人都跑去玩这款游戏了，我们要打败对方。当我和朋友谈起游戏时，我们会彼此聊聊自己新买的游戏怎么样。确切说，我们聊的是你能从策略指南中知道什么。

当阿德里安这个学霸被问到，他对学校的看法时，他答道："学校还行吧。我没学校也能活，但它可以吧。"

阿德里安的评论代表了一些被采访的玩家的普遍看法，它说明了几个问题。首先，对于他来说，玩游戏本身就是用几种不同的方式去社交。他跟别人组队玩游戏。他的战队是其所属的更大群组的一部分。他既与这些人在游戏内交流，也会在游戏外联系，聊这款游戏，聊所有的游戏，也会聊其他更广泛的话题。玩家曾告诉我们，队友的年龄跨度从十岁出头的青少年到30多岁的成年人。有位15岁的美国玩家经常玩《星际争霸》（*Star Craft*），他的队友是两位35岁左右的加拿大大学教授，后者是一对夫妻。那个15岁的玩家经常在玩游戏的时候跟两位教授聊天，既使用游戏内的奇幻角色，也使用现实世界的身份。

第二，在玩《无尽的任务》时，阿德里安已将其知识和技能进行了"分配"。它存在于阿德里安自己的头脑和身体中。然而，有一部分存在于可以为他提供帮助的人那里。在游戏中，来拯救他的牧师不仅具有阿德里安的角色所没有的能力，而且还是经验更加丰富的老玩家，懂得如何处理类似情况。（刚才我忘了提及一个事实，即早就超过了三个小时，而阿德里安和朋友们一起骗过了游戏内置的时钟。）

第三，阿德里安的知识和技能不仅分配在他自己和朋友身上，而且一部分实际上还存在于各种工具及技术上，如十六进制的编辑器，他能用其修改游戏的程序码。之所以十六进制编辑器中的知识可以被视作阿德里安的知识，是因为他知道如何利用该工具。真实的思考和行动模块成为了"阿德里安强化版工具"。

第四，阿德里安对游戏和电脑的态度本身就带有游戏意味，也具有极强的元反思性质。无论是《文明》还是《无尽的任务》，他都将游戏视作一个可以探索和"游玩"的空间。他将同样具有探索性和反思性的态度应用在元级别过程中，后者是玩好游戏的首要条件。作为该过程的一部分，他极大地拓展了自己的知识和社交圈。他建立了网页，帮助别人以更快的速度在《无尽的任务》中升级。他与一群骇客保持着联系，后者试图彻底弄清楚《无尽的任务》中的基本程序，以至于他们能把游戏移植到另一个网站上，供人们免费玩。他学到如此多有关电脑和游戏设计的知识，几年后当他在大学中学习计算机科学或游戏设计专业时，他就已经掌握了自己将要学习的多数课程中的大部分内容。

当我们问阿德里安为何如此痴迷骇客们削弱威尔顿公司对《无尽的任务》的控制，他的回答是，在认真查看骇客们为游戏编写的程序后，特别是后者如何修复各种时不时出现的漏洞，他发现这些骇客编写的程序"不够优雅"。在阿德里安看来，他们走了捷径，编写的程序虽然可以运行，却不完美，尤其是从美学角度上看（第四章讨论过开发令人满意的系统多么重要）。像威尔顿这样的公司不知道要逮捕阿德里安这样的年轻人，还是应该雇佣他们。而且实际上，公司员工经常潜伏在以《无尽的任务》为主题的网站或聊天室中，上述网站或聊天室是由玩家设计的，公司员工经常从玩家身上学习新东西，并且利用它们。

所以，学习是具有社会性的，是分布式的，是一个网络的一部分，该网络包括彼此相互联系的人、工具、技术和公司。阿德里安是该网络中的一个节点，而且大部分知识和技能从他自身这个资源丰富的节点流散开去。然而，学校依然还在将孩子们与此类强大的网络隔离开，包括围绕科学的分支学科而建立的网络，而且还将其当作孤立的个体来考核和评价学生，将其与其他人和其他工具及技术隔离开来，实际上，这些内容最终能帮助学生变得非常强大。

阿德里安的故事还反映出一种与思维有关的观点，它目前也是认知心理学中的重要内容，我们可能将该观点视作"社会化思维"视角。这不一定是主流的观点，却以某种形式发挥着核心作用，帮人们思考现代高科技世界中的学习，包括商学院、社区学校以及前沿学校，但令人遗憾的是，许多主流学校缺少这种视角。我会在下一节中详细讨论该观点。

**社会化思维**

在第四章中，我提出，人类的思考及推断源于自己的生活体验，还以如何认知卧室这样"简单"的事物为例。若是看过许多卧室，并在里面待过，那么当你想起卧室的时候，你的头脑中会想起一张典型卧室的图像。

当然，你头脑中出现的并不是一张真正的图片。与之不同，你大脑中的神经元素系统支持像床、地毯、台灯等与卧室相关的概念。这些东西是概念性的元素，组合成你构建的更大的卧室概念。

因此，这些神经系统及其所编码的概念相互间存在着或强或弱的联系，每个系统（如有关床的系统）或多或少能有效激活其他系统（如五斗橱、床头柜、台灯等系统）。

因此，我们可以将头脑中的某个模式（如有关厨房的模式）想象成一套节点，如床节点、桌子节点、地毯节点、台灯节点等，它们彼此相互存在着或强或弱的联系。两种物体存在着比较强的联系时，不妨将其比作一个人很容易想到另一个人。例如，如果你想起了一张床，你的头脑中可能已经出现了床单、枕头、毯子，因为对很多人来说，上述物品之间存在着极强的联系，或是都与床有关。如果两件物品之间的联系不那么紧密，那其中一个就不会轻易让我们想起另外一个。例如，虽然有些人在睡觉前会看书，可能书与床之间存在着某种联系，但对你来说，可能后者与床单、枕头和毯子之间的联系却更为紧密。

因此对你来说，卧室的概念只是典型卧室所具有的所有元素，当你想起卧室的时候，它会在你头脑出现，而且各种元素之间存在着或强或弱的联系。然而，这种由相互联系的元素（你头脑中的多个节点）所组成的模式并不是静止的。它可以很快就发生变化。就像我在第四章中指出的那样，如果你头脑中出现了一个典型的中产阶层卧室，而我现在说卧室里有一个电热炉，那么你也会改变头脑中的元素及其联系，增加一个电热炉，也许还会想起典型的大学生卧室中的所有元素（及彼此间或强或弱的联系），可能还会想起一个资金并不充裕的人。

因此，我们人类经常使用模式的方式来思考。模式思维是非常强大的，它具有两个重要功能。其一，它让我们通过使用我们已有的生活经验来进行思考和推理。我们各自对卧室图像（模式）的构建，源于自己日常生活（和从书籍及其他媒体得到的虚拟体验）中对卧室及其元素的体验。我们并不仅仅将生活中的具体经验抽象概括进行思考。这也揭示了为什么诋毁人们在学校内外的推理过程是不明智的，因为若是不尊重他们的推理过程，我们往往也是在贬低他们的生活经验（这当然与其所在的社会群组和文化有关）。

其二，模式思维还让我们跳出自己实际经验去猜测（预测）世界。例如，我曾体验过许多案例，其中下列元素间存在着紧密联系：教授，终身教职，物理学，名校，男性，白人。如果我听到有人在名校中担任物理学终身教授，那么我可能会加入预测，猜想此人是个白人。这是因为，在我的经验中，其他所有的元素都与"白人"这一项存在着强联系。

让我们试想一下，有位女性是一所名校中的物理学终身教授。我依然可以猜测她是个白人，因为在我的经验中，该模式中的其他元素（教授、物理学、终身教职、名校）与"白人"存在着强联系。即便与"男性"相比，这四种元素与"女性"之间的联系更弱或更消极，但事实在于，上述四种元素依然与"白人"之间存在着强联系，进而掩盖它们与女性之间的消极联系。它还向我表明一点，即不管怎样，我们谈论的这个人是白人。也许我从未见过女物理学家，但我能基于自己的实际生活经验，进行推理，预测出她是个白人。

这些案例清晰地揭示出思维模式所具有的功能和问题。一方面，如果我们不使用这种思维模式，那么就无法生存，无法实现各自的价值。有些人知道大型棕熊（如灰熊）是危险的，但当中型黑熊向他们跑过来时，却在喋喋不休地争论从未见过的这类熊是否危险，等着发现自己会被杀死还是重伤。最佳解决方式是，当熊正在追你的时候，你要使用相应的模式，即便在缺少"灰色"和"大型"两种元素的情况下,也要设想熊与危险之间的联系。

另一方面,上述模式化思维不仅能对许多情况作出预测,还能导致在其他情境中形成偏见或刻板印象。例如,有关物理学家的模式会让人认为,非裔美国人无法研究物理学,这是一种伤害人的错误假设。实际上,问题在于将物理学这样的事物局限在白人男性上,它恰恰形成了一种错误的思维模式,因为我们的生活经验是被人为设定了限制,此处是种族主义和父权制在发挥作用。[试想一下,以前人们一直认为非裔美国人不擅长打网球和高尔夫球,直到阿瑟·阿什(Arthur Ash)和泰格·伍兹(Tiger Woods)出现,才改变了上述模式。]

## 群鸟

为什么我要讨论概念和思维呢?因为我想指出,上述讨论引发了一个重要的悖论:如果人类思维是强大的模式识别器,且有证据能证明这一点,那么对思维来说,至关重要的并不是"心理的"层面,即发生在我们头脑内部的东西,而是"社会的"层面,即与我们所属或试图参与的社会群组一致,并由其规范的那些东西。由于该观点违反了我们的心理学常识观念,所以请允许我赶紧做出解释。

首先让我们先花点儿时间,想象一个观鸟俱乐部。观鸟人擅长发现鸟类的某些元素(特点),并迅速拓展该模式,为某一类的鸟命名。因此,当一只小鸟在高高的草丛中飞来飞去时,观鸟者可能在其身体下方捕捉到一抹灰棕色和白斑。至少在美国大部分地区,他们会得出如下结论，认为自己看到一只食米鸟（bobolink），即便他们并未看到这只鸟所有的显著特点。如果有只更大的鸟在森林中飞来飞去，而观鸟者在鸟的身体下方看到一抹棕色和白斑，那么他们会得出结论，认为自己看到了一只扑翅鴷（flicker），一种啄木鸟，即便他们没有见到此鸟身上典型的紫色斑点和黄色斑纹。

对于观鸟俱乐部来说，首先需要做的事情是保证所有成员具有正确的生活经验，以构建上述模式，并在野外使用这些模式。人们可以独自逛来逛去，体验并关注所有与鸟类有关的东西，其中很多内容都非常有趣，但如果你想要成为一名对观鸟俱乐部有所贡献的成员，那么上述知识并非都能帮到你。也许每次远足的时候，你都未曾在野外的草地见到过鸟类（这很常见，除非你趁一大早或黄昏时分出门，那时候鸟儿们非常活跃，经常静坐在草堆或矮小的植物上，否则它们会藏身于高草丛下的地面。你得出结论，认为野外的草地中并没有任何鸟类）。你构建了一个（错误）模式，在野外草地与鸟类之间建立了消极联系。观鸟俱乐部会特别留意，保证你在一天之中恰当的时刻去野外草地，让你因此能够发现食米鸟和草地鹨（meadowlarks）。为什么呢？因为他们想要你像其他俱乐部成员一样，具备足够的类似经验，让你能与他们共享知识。

观鸟俱乐部特别留心的首要事项在于，新成员与其他成员共享大量与鸟和捕鸟有关的生活经验，因此才能共享一些普遍模式，在发现某一模式中的部分特点时，才能进而将其补充完整。然后，成员们列出都有哪些鸟在冬季出现在某一既定的地区，或是找出哪些鸟生活在野外草丛中，但却比一些森林鸣禽更面临濒危情况，后者在数量上的减少往往更容易受到公众关注。现在他们还能参与竞争，看看在特定的时间和地点，谁能识别更多种类的鸟，从而获得最佳观鸟人的称号，因为现在，他们对这场"游戏"的基本操作和标准非常擅长了。

然而，观鸟俱乐部还需要再做一件事。不妨以玛丽·史密斯（Mary Smith）为例，这位会员拥有良好的声誉。有一天，她突然跑到俱乐部说，鉴于自己在野外的观察，非常确定自己看到了一只早已灭绝的渡渡鸟（dodo）。也许更有可能的是，基于一只具有明显特点的扑翅䴕，玛丽·史密斯坚持自己看到的东西只是象牙喙啄木鸟（ivory-billed woodpeckers）（也许没有灭绝，但我们不确定），而不是红冠黑衣大啄木鸟（pileated woodpeckers）（它肯定存在，但极为罕见）。（似乎在那只鸟飞走之前，她并没有看到整只鸟。）两只鸟看起来很像，但象牙喙啄木鸟的体型更大，而且还长着不太一样的喙。鉴于人们见到象牙喙啄木鸟的可能性微乎其微（但如果它没有灭绝的话，也不是完全没有可能），这个俱乐部会坚持认为，任何宣称自己看到此种鸟的人都要好好看看，自己检查并加以确认。[如果你看到一只黑色的大啄木鸟长着红冠，看起来像啄木鸟伍迪（Woody Woodpecker），那当然有可能是红冠黑衣大啄木鸟了。]

在以上任何一种情况下，如果玛丽·史密斯依然坚持是渡渡鸟或象牙喙啄木鸟，那怎么办呢？首先，俱乐部拒绝在内部简报上发表她的观点。最终，如果她还是坚持，那么俱乐部会把她开除出去。为什么会这样呢？因为俱乐部为其成员使用的模式设立了规范（也可以说监管）。如果一位成员在很大程度上背离了该俱乐部的模式，而该模式恰恰是一个社会群组所制定的标准，那么该俱乐部就得"惩罚"这位成员，从而将其带入正轨。这并不是说，如果象牙喙啄木鸟没有灭绝，那么俱乐部成员们看不到它，然后将其发表在内部简报上。但看到一只象牙喙啄木鸟，就像看到其他鸟类一样，在观鸟俱乐部中是一种社会实践,这不仅仅是一种心理行为,而是一种社会事件。判断是否看到了象牙喙啄木鸟是有社会规则或规范的,在此处,这些社会规则和规范极为严格。

之所以我们暂时将话题转移到观鸟行为,原因在于:上述被使用且发挥作用的模式和方法并不是在成员的头脑中(虽然它们的确在头脑中)。所有成员,就像单个人一样,都具有大量关于鸟的模式,而且知道在野外及头脑中使用上述模式的方法。但俱乐部是一个社会群组,有一套规范和价值观,规定了只有某些类型的模式和方法才是"最理想的"(核心)。这种理想也许并不真正存在于任何人的思想中。这种理想只是一个"吸引元素",俱乐部中的个体以此为中心聚拢,当人们过于远离该中心时,俱乐部的社会实践(监管行为)会推动成员返回正轨。

就看到象牙喙啄木鸟而言,如果有人质疑到底是什么构成了"正确"模式,或者更实际点,人们如何区分许多种(看起来类似)麻雀或海鸥,那么俱乐部的人们不会打开任何人的头脑张望。他们通过彼此间的对话(协商与争论),检查自己的实践,阅读文本,而且还询问某些人的看法,也许这些人经验丰富或是"圈内人",而不是新手或边缘成员。最后,如果思维是识别模式和完善模式的问题,那么它的社会性至少与其心理属性和个体性一样重要。实际上,它的社会属性更重要。当然,这种观点挑战了有关心理学的传统思维方式。那也只能这样了。

即便你对鸟类并不感兴趣,但你肯定见过许多麻雀,并在头脑中构建了许多有关麻雀的模式。你可能把"小"与"棕色"和某种麻雀之间建立了强联系。你可能将麻雀与城市或郊区的房子联系起来。就你头脑中的模式而言,你也许能识别几种不同的麻雀(也许你已经注意到，自己院子里的一些麻雀头顶黄色的毛，但有些却不是这样），也许你并不会从本质上将其视作同一类型的鸟。你的头脑中拥有一套与麻雀相关的元素，而且你在它们之间建立了或强或弱的联系，也在它们与麻雀之间建立起了类似关系。

你头脑中具有的这些与麻雀有关的模式，虽然对"普通人"来说是非常正常的，却不能让你成为一个"爱鸟达人"。从观鸟俱乐部的角度看，它们是错误的模式，如果你想要加入俱乐部，那么它应该会帮你获得其他经验，从而将你头脑中的模式完善成为俱乐部的理想模式。对于那些被其他观鸟者及其实践和文本所规范的人们来说，他们头脑中拥有一些模式，能够区分许多不同种类但看起来相似的麻雀。他们将许多模式与非城非乡的场景联系起来，而且实际上，他们将最常见的家雀与燕雀（finches）联系起来，与新世界麻雀（New World sparrows）没有半点关系。

因为这个世界充满了特点，人又是强大的模式识别器，因此任何人都能在自己的头脑里构建几乎各种有趣的模式，构建各种概念及子概念。这并没有对错之分，除非我们追问一个问题，即在我们想要参与的某个领域，到底是哪个社会群体帮助我们规范（或监管）了模式（概念）？如果你想要加入一个观鸟俱乐部，你需要承认，自己头脑中有关麻雀的模式是错误的；如果你不想加入该俱乐部，那么从其他社会群组的视角来看，只是根据你自己的文化、社区或家庭，那些模式也没有什么问题。需要再次强调的是，虽然模式存在于我们的头脑中，但它们只有从社会群组运作的视角看，才会变得有意义"对"或"错"，那些群组"迫使"某些模式成为理想的规范，让群组中的所有人必须以其为中心，即便他们头脑中的模式从未与该理想完全一致过。当然，出于某些目的，某些群组的实践要比其他群组更能发挥作用。

我刚才对观鸟俱乐部的讨论，也适用于其他群组。我们人类从属于许多社会文化群组。其中，有些群组是各种规模的家庭和社区。有些是以不同方式定义的文化群组。有些是我在前一章中提及的"趣缘群组"（观鸟俱乐部就是一个趣缘群组）。所谓趣缘群组，是指人们主要认同一套目标和社会实践，试图实现这些目标。在这些群组中，虽然性别、种族、文化或面对面的关系也扮演着从属的角色，但人们并不太以这些内容为主要导向。即便与多数成员都未曾面对面见过（群组可以通过媒介进行远程交流，不管是信件、互联网，或是其他形式），也不会妨碍人们加入该趣缘群组。在工作和玩游戏的时候，阿德里安是好几个趣缘群组的成员，而且上述群组也有着某种程度的重合。

一个人能脱离所有群组去思考和推理吗？换句话说，没有任何群组来规范并完善此人的模式，可以吗？很早以前，维特根斯坦就曾指出，在不同的语境中，这样的人无法准确检验自己的模式是否有效。当然，当人们想要按照自己的模式进行实践时，这个世界也会做出回应。但这只能让人们了解到上述模式从一开始是如何被构建起来的。只有当别人规范并完善了我们模式，我们才能非常自信地认为，自己并未因为个人利益、欲望或是怪癖而"自欺欺人"，我们才能相信自己持有的某一领域的模式。

这是否意味着，没人能以"原创"想法去思考呢？当然不是。例如，有些科学家的创新思维是同辈科学家从未发现的，虽然与其领域的理想模式非常相近，但至少目前没人了解这些想法。然而，至少截至目前，他们的想法不能"算作"自己领域的一部分，没有"公开发表"（以口头或书面的形式传播）。

而且理所当然的是，能够算作某一群组的理想模式，以及能通过新经验加以完善的方法，也会随着时间而改变。我已经指出，群组的规范和价值观是相互争辩及协商的。他们并不比我们持有的卧室概念更稳定。当我们将电热炉与卧室联系起来时，我们的卧室概念就会改变，原因亦是如此。当群组面对新的体验（生活或概念）时，该体验能改变被群组视作理想或规范模式的所有元素之间的联系，但这种变化是通过书面或口头形式的对话达成的，而不是通过个人想法实现的。

## 分布式知识

因此，思考和推理在本质上是**社会性**的。但它们在本质上还是分布式的，在我们的现代科技社会中，愈发如此。之所以这么说，是因为我们每个人都让其他人和各种工具技术代替自己完成了一些思考任务。即便在我所在的语言学领域，我显然无需无所不知，无所不晓。一旦有了疑问，我总是能求助其他语言学家。我能参考论文及书籍。这是非常显而易见的，但在学校教育中并非如此。在学校里，学生接受测试时，不能使用思考的工具，既包括其他人，也包括课本和各种类型的工具和技术。我们想要知道他们凭自己的力量，能够做成什么。但在现代世界中，同样或更为重要的是，了解人们在他人及各种工具和技术的帮助下，到底能做出何种思考及实践，这也适用于许多现代高科技的职场。

但这依然是用一种过于个人主义的方式，来看待分布式思维和实践。分布意味着将知识存储在其他人那里，存储在课本、工具和技术中，其力量在于，所有的事物都被连接成一个网络。真正重要的知识就处于这个网络中，也就是说，存在于人们、课本、工具和技术那里，而且更为关键的是，他们相互联系的方式，并不是存在于任何"节点"（人、课本、工具或技术），而是整个网络。这个网络是否存储了许多强大知识呢？它是否保证这些知识能迅速流通，并能成为整个系统现在所需要的一部分呢？它是否能通过又快又好地学习新知识，来适应变化的情况呢？在现代社会，这些是我们能够提出的最为关键的知识问题。在我们组织教学及教学中的评价时，几乎不会涉及上述任何问题。

让我来举个特别简单的案例，来说明一个强大的系统用上述方式分布知识，让像我这样的人如何超越个人想象，变得更聪明。《半条命》是有史以来最有名的第一人称射击游戏之一。有条网络留言如此评价那些从未听过该游戏的人："如果你迄今都没有听过《半条命》，那你要么一直宅在壁橱里与世隔绝，要么是去年才从太空来的外星人。"

在《半条命》中，你扮演科学家戈登·弗里曼（Gordon Freeman），其工作地点是被列为头等机密的地下大型研究基地，名为黑山研究所（Black Mesa）。一天，当你来上班的时候，你发现有点不对劲。有些科学家同僚对各种怪事忧心忡忡，基地周边的电路板时不时爆炸，这让你也开始担忧起来。你的科学家同事看起来非常焦急，催促你进入危险物质测试仓（他们在外面监控情势发展），去测试一个新样本，并向你保证一切绝对安全。

就像所有电子游戏中的重大场景一样，此时发生了毁灭性的爆炸，然后空气变为绿色，火光四溅，外星人时不时出现又消失。你身边所有的东西开始崩塌，舱外的科学家同事让你赶紧逃命，他们也在四散奔逃，虽然大部分人没有如愿。作为戈登·弗里曼，你被留在这里，想要搞清楚到底发生了什么，试图消除科学再次引发的伤害，这是电子游戏经常使用的套路。开始，你能做的事情肯定是有限的。这个星球上的大部分科学家同事和保安都死了。其他人吓坏了，处于震惊之中，但会为你打开各种安全门。在你试图逃离这座杂乱的地下基地的过程中，你发现到处都被破坏，并遭遇外星人——包括你的科学家同事在内，所有人都被外星人变成了僵尸，耷拉着脑袋，想要杀死你。一开始，你没有任何武器，只捡到一个铁撬棍。

情况变得更糟。就在你的问题出现后不久，你发现有支军队正赶往黑山研究所，想要控制局势，并解救幸存者。当他们出现的时候，你很快发现，他们并不是来救人的，而是想杀死他们，从而消灭掉这场灾难的目击者。这让你产生了疑问，因为你现在正在躲避士兵和外星人，为什么美国政府如此迫切地想要掩盖一个所谓的"意外"呢？奇怪的是，一个穿制服的神秘人提着公文包时不时出现，距离你一步之遥。他是谁？

你（扮演戈登）正处在新墨西哥州沙漠下几英里的位置。想要开始解决问题，你需要返回地面，并寻求帮助。最终，在花费大量时间玩游戏并解决多个问题后，你进入了外星人次元，必须杀死外星人背后的终极敌人。这是一场史诗级的战斗，但会让你返回地面，面对美国政府在整个事件中恶毒的一面。有一条网络评论恰如其分地传达出游戏的感觉："警报响起，黏糊糊的怪物留着口水，蓝领保安正为了保护科学家而战，军队里的家伙们正在摧毁一切活着的东西。我们需要一个英雄，用散弹枪来实现正义，终结三路鼻涕虫的狂欢。不幸的是，这个目标只能依靠别人来实现，因为你刚耗尽弹药，用你的铁撬棍顶住了疵牙怪物的头。如果能活着逃出去，那将是你的幸运。"

在玩《半条命》时，我在达到游戏结局并与终极外星敌人最后对战的那一刻，获得了极大的成就感。我花了很长时间，由于面对大量艰难的战斗和问题，我几乎挠掉了仅存不多的头发。在终极对战中，我发现自己处于一个巨大的山洞中。地面上有些神秘的充气圈，每当我在上面跳时，就会弹到空中，有时候让我落在高高的架子上。幸好有这些充气圈，因为有个外星人 BOSS 飘浮在我头顶的山洞上方，巨大的头让他看起来就像个外星婴儿。

这个 BOSS 发射出能把我瞬间杀死的光波。不仅如此，他周围还包围着一群体型较小的外星人，向我发射致命的射线。每当我杀掉一些外星人，这个 BOSS 似乎能派出更多。为了安全起见，也为了有机会杀死 BOSS，我疯狂地到处跑，躲在石头和水晶体后面。我利用充气圈，疯狂地弹到空中，试图跳到足够高的架子上，能看到飘浮的外星 BOSS。为了杀死他，玩家需要使用特别强大的武器，用火将其软化到一定程度，然后当他打开头颅的时候，一枪击中其大脑。

天哪，我竭尽全力，战死多次（从存档处再次开始进入战斗），之后才意识到，我带进山洞的弹药不足，无法完成任务。而且没有任何退路。我坐在顶部的高架上，位置不错，但最有耗尽弹药，面对一个愤怒的 BOSS。我知道自己能获得更多弹药，但只有先跳到地面上，然后顺着通道一样的巨洞爬下去。这个洞的底部有更多弹药，但我需要沿着架子一步一步跳下去（那里重力作用较小），回到山洞地面，然后重新开始战斗。更糟糕的是，归途漫长，在我努力沿着架子一步一步往回跳的时候，BOSS 身边飞行的外星帮手从上方不停地向我开火。

如今，在电子游戏中，跳跃依然不是我的强项，但那时候更差。飞行的外星人向我开火，迫使我反击，同时我还要努力沿着洞上的架子一步一步向上跳。一次又一次，就在我往上爬了一段距离后，马上就会踩空，掉回底部。一次又一次，飞行的外星人总将我击毙。我在这款游戏上花费了大量时间。由于我自己不擅长跳跃，没有把游戏打通关，也不知道游戏的结局。那个穿制服的男人到底是谁？

然而，电子游戏玩家能成为一个强大网络的一部分，前提是他们迫切渴望并知道如何加入该网络。能力不足无需成为他们的阻碍。他们能使用知识，如果他们知道如何发挥其优势，这些知识被存储在其他人那里，在各种工具及技术中。我上了网，查询了几个游戏网站，然后找到一个作弊码，能让我对游戏输入命令，让我对飞行的外星人隐身。这使我在跳跃的时候能心无旁骛，无需担心他们向我开火。当我返回山洞的地面时，我关掉作弊码，继续投入战斗。这次，我有了充足的弹药，虽然付出了极大努力，但最终打败了那个外星BOSS。现在，我知道那个穿制服的男人到底是谁了。

作弊是非常简单的程序，包含大量电子游戏设计及编程方面的知识，这些知识是我所欠缺的。例如，在游戏《星球大战绝地武士2》(*Star Wars Jedi Knight II: Jedi Outcast*) 中，有种代码能让你获得无限的生命（你死不了）：当游戏运行时，同时按下 Shift 键和～键。屏幕上会弹出一个带光标的对话窗口，上面有几行程序。接着，输入"devmapall"，然后按下回车键。然后输入"god"，回车。最后，同时按下 Shift 键和～键。现在，你死不了了。每款游戏有不同种类的作弊码，通常在游戏开发过程中，供那些测试游戏的人使用。

当然，如果不能死的话，玩《星球大战绝地武士2》也没有太多乐趣。然而，当我玩《半条命》的时候，作弊码发挥了极大作用。通过使用这些作弊码，我完全能给自己提供无穷尽的弹药或生命值，但我只想使用它来弥足自己不擅长跳跃的短板，然后让我靠自己的技能完成剩下的任务。

这个短小的作弊码包括大量编程知识，其格式也容易被用户理解，能恰到好处地帮到我，让我能变得更强大，从而尽可能靠自己的力量实现游戏通关的目标。令人感到讽刺的是，我完成《半条命》后取得的个人成就，也是让我引以为傲的部分，却仍然是一种社交成就。我融入了一个大型网络，里面包含彼此联系的聊天室和游戏网站，提供别人的知识和工具，我用其来完善自己。

我以前曾使用过该网络。除了不擅长跳跃，我的方向感和空间定位能力也极为糟糕。在玩电子游戏时，这可不是好事儿，因为许多游戏都包含各种各样的迷宫。以前玩电子游戏时，我曾因为这些迷宫而极为受挫。然而有一天，我正在阅读聊天室里针对某款游戏的评论，有个玩家（由于一直使用假名，没人知道此人的年龄、种族或性别）说，走出迷宫的方式是永远尽可能向左转。这个玩家当时正在回答另一个人的问题。我也不知道为什么它起作用了，或者即便它不适用于所有情况，但对我来说，它确实一直有效。（虽然我没有试过，但我猜一直向右转应该也有效。）

当然，至少在最初，我从这个网络中所收获的东西，远远超过了我为别人提供的帮助。然而有一天，我开心地发现，网站上有个玩家不懂如何使用某个作弊码。原来，那个作弊码需要人们进入DOS（在Windows操作系统之前，人们使用的电脑操作系统），找到正确的目录，然后键入DOS命令。这群玩家可能都是年轻人，太小了，对 DOS 没印象，或是没怎么用过它。我当然年纪够大，有过大量 DOS 操作经验。令人感到讽刺的是，那些年轻人肯定比我对游戏、电脑和编程了解更多，但我却能教会他们如何使用作弊码。所以在此，我们发现，即便是网络中的弱联系，也能在恰当的时机让网络变得更为强大。

当然，这些例子都简单得离谱。我故意尝试使用这么简单的例子，将自己观点解释清楚。在这样的一个网络中，其他玩家和作弊码这样的工具是我知道的一部分，而且我是别的玩家所知的一部分，虽然无论是玩家，还是（至少最初）作弊码，都不在我的头脑中。我的知识不仅是社会性的，而且还分布在我的身体之外。如果你只想评价我在家自己玩游戏时所使用的技巧，那么你就会低估我。你评价我时，需要将我视作一个网络中的节点，看看我这个节点是如何发挥作用的。作为一个在婴儿潮时期出生的人，我在玩游戏时获取的知识虽然有限，却作为一个节点在发挥作用，而且知识也能在网络中传播。知识反而向我涌来，让我比你之前预期的要更棒。

如果我们想要知道好学生在科学上的表现，或是好员工在以现代知识为中心的职场上表现如何，那么我们应该追问下列问题（并不仅仅是第一个）：他们头脑中有什么？他们如何充分利用别人的知识以及各种工具和技术（包括他们的环境）？在一个网络中，他们以各种各样的方式与其他人和各种工具及技术产生了关联，他们在这个网络中的位置如何？学校往往只关注学生头脑里有什么东西，而与此同时，他们的身心却没有与别人、工具和技术以及丰富的环境之间产生联系，而这些恰恰能让他们成为一个网络中的强大节点。阿德里安不会在这种情况下玩游戏，我们访谈过的多数玩家也不会这样。科学和技术推动着"新资本主义"，其中，好的工作场所也不会这么玩儿。在我看来，采用这种方法的学校在当前我们所处的世界中面临着"到达即死亡"（DOA）的问题，玩电子游戏的孩子们了解我的意思。

**课堂中的科学**

简·拉弗（Jean Lave）是社会情境认知领域的知名理论家，她曾提出一种学习理论，与我在此书中的观点颇为契合。她认为，评价学习的标准并不是思想变化（传统学校的做法），而是依据"在变化着的实践中，改变参与方式"。最为重要的是，学习并不仅仅是实践层面的变化，还包括**身份**层面。对于拉弗来说，"最基本的任务是在实践中塑造身份，而不是为了学习而使用的工具及技巧。有很多方式能让人们成为一个参与者，有很多参与的方式，还有参与者及实践变化的方式。在任何情况下，在特定的情境中，以特定方式参与的学习也会不同。所谓'学习机制'变得不再重要，实际上它会彻底崩溃，因为'机制'在实践中消失。大体上看，人们正在成为不同类的人。"

拉弗的观点契合了以团队及项目为核心的多数现代职场。它还契合了"新资本主义"（这种资本主义更多依赖知识，而不是工业流水线）现代世界中的观点。在一个快速变化的世界，随着我们从一个工作到另一种工作，从一个项目到另一个项目，从一种职业到另一种职业，我们愈发有必要放弃用线性发展的视角看待自己的方式，追求某种单一工作的"升职阶梯"，而是将自己视作"作品集"，包括我们通过职场内外多样化的项目获取到的重组技能和身份。它还符合新资本主义强调的一点,即充分利用工作者在适应实践中的变化时,"在线"获取的隐形知识。最后,它还完美地契合了玩家的学习方式,在他们玩游戏时,他们是部落及公会的一员,使用自己的网站和聊天室。

在教育中,拉弗对学习的看法有效地证明了安·布朗(Ann Brown)和约瑟夫·坎皮昂(Joseph Campione)设计的课堂教学(名为"学生社区"),后者是两位著名的教育认知科学家。令人遗憾的是,布朗不久前去世了,留下的学习理论还有待完善。布朗和坎皮昂的课堂教学使用多种机制,来保证知识和理解过程以公开、合作、分散、分布的方式进行。在这些方法中,包括互惠教学和拼图法两种方式。

在互惠教学中,教师和一群学生轮流主导针对某篇阅读材料的讨论。组长首先会**提出一个问题**。小组再次阅读文章,在必要时讨论阐释中可能出现的问题。在时机成熟的情况下,试图**弄清楚**所有影响理解的问题。在讨论结尾,组长**总结**阅读内容的主旨大意。组长还会让大家**预测**未来的内容。以这种方式,有效的阅读理解过程中的核心内容(通常被视作保存了个人思想)以公开、有意识的方式得到讨论,并传播出去。与新资本主义中的"质量圈"相似,人们按要求去做公开展示,为了群组(和整个系统)的利益分享各自的知识。

就合作式学习中的**拼图法**而言,教师将课堂教学内容划分为若干部分,并将其分配给学生进行学习,之后再用互惠教学法来进行教学。布朗和坎皮昂以科学课堂为背景,对该方法进行推演。学生以研究小组的方式进行合作研究,每个小组关注不同的子课题,这些课题隶属于一个更大的主题或整体课题,例如动物防御机制、人口变化或食物链。之后，他们再重新分组，每个学生轮流教学（使用互惠教学法），讲授自己在之前的研究小组中完成的子课题。

在拼图教学法中，每个单元（小组）最初只是某一子课题的专家，没有任何团队充分了解整个课题。然而，每个小组都将自己的知识传播给了全班同学。不存在单个的"队长"（老师），在不同的分组布局及语境中，每个成员都扮演着研究者、学生和老师的角色。不存在"中心"，只有一个由所分配的角色及职责所组成的灵活网络。

布朗和坎皮昂的课堂教学中还存在着其他重要特点，包括大量使用现代电脑、电子通讯和网络技术。例如，学生使用电子邮件与课堂外的专家对话，在网络上搜索相关信息。这些都将课堂及其中的孩子们构建成了一个网络，并连接至一个更大的知识体系中。

在这些课堂中，每个学生也以某个领域为"专业"。一个孩子可以选择成为使用某款软件的高手，可以专注于一种特殊技术，或是其他领域。这个孩子不仅依然是自己所在的整个项目组的一员，也为其他孩子在该领域内提供帮助或指导。

布朗和坎皮昂的教学法被用来促进在共同活动"区域"中的学习，这是上述教学法与以现代知识及技术为中心的职场的另一个共同点。布朗和坎皮昂借用了俄罗斯心理学家利维·维谷斯基（(Lev Vygotsky）的概念："最近发展区"（zone of proximal development）。根据二人的理论，该区域介于"两种水平之间，其一是（个体）当前的认知水平，其二是个体在别人及有效工具的帮助下能够达成的水平"。重点在于，新手们用其他人及与之相关的工具和技术来构建联合型活动，该活动发挥着"脚手架"的作用，凭借该方法，他们能在极大程度上以无意识的方式"内化"或适应专家的目标、价值观和想法。布朗和坎皮昂的课堂魅力在于，除了传统课堂上的教师，其他学生、课堂中使用的各种技术和诸种活动的结构发挥着脚手架的作用，构建了专家角色。

布朗和坎皮昂的课堂与许多现代职场组成了所谓的实践社区，而我将其称为趣缘群组。我不会使用实践社区一词，不仅因为它的意义颇为含混，而且还因为我想避免浪漫化的观念，即"社区"一词所带有的含义。相反，趣缘群组可以涵盖好的方面，坏的方面，以及介于两者之间的方面。阿德里安这样的电子游戏玩家就是典型的趣缘群组成员。对我来说，无论是在职场、学校，还是在社区中，一个趣缘群组通常具有如下特点：

1. 趣缘群组的成员彼此间的联系主要依赖于布朗和坎皮昂所说的**集体努力**，其次才是情感纽带，并反过来被充分利用，进而促进集体努力。提示：情感纽带和社会文化多样性是极为危险的，因为若是它们凌驾于努力之上，就会造成群组的分裂；反之则会发挥积极作用。

-

2. 集体努力以**整个过程**（包括多种功能的整体）为核心组织起来，并非单个的、分裂的或是去语境化的任务。提示：没有严格的部门、界限或边界。

-

3. 趣缘群组的成员不仅有内涵型知识，还有具有**外延型**知识。这里所说的"外延型"，是指成员必须参与多个或所有阶段的努力，能够发挥多种功能，有些功能是相互重合的；能够从整个系统的角度来思考上述努力，而不是仅考虑自己所参与的部分。提示：没有狭义的专家，没有严格的角色划分。

-

4.除了外延型知识，每位成员还拥有**内涵型**知识，即在一个或多个领域中深度的专家知识。成员还可以将特定的内涵型知识融入趣缘群组的努力中，这些知识源于他们的外部体验及各种社会文化属性，如民族属性。提示：非狭义专家最好。

-

5. 在一个趣缘群组中，许多知识既是**隐形的**（存在于成员在思想、社会和身体三个维度上与别人、各种工具和技术的协商中），又是**分布式的**（分布在各种成员及其共有的社会技术实践中，以及他们的工具和技术中），还是**分散性的**（并非总是在当场，而是处于跨越不同场所和机构的网络中）。提示：知识并不是一开始就存在于头脑中，亦不存在相互独立的个体或书本中，而是存在于关系网中。

-

6.趣缘群组中的领导者旨在规划**设计**群组，持续地提供**资源**，帮助成员把隐性知识转变为**显性知识**，同时意识到许多知识会一直保持在隐性状态，并处于情境实践中。提示：领导者并不是"老板"，知识只有成为显性的知识，才能在最初的趣缘群组以外得到传播和使用。

在此类趣缘群组中，人们通过沉浸在实践中来达成认同，因为恰恰是实践本身为他们赋予了群体身份，而不是某种"职业"，不是一套固定的技能，或是脱离了实践的文化。多样化的个人技能和文化作为资源被纳入到群组中，而不是被当作超越趣缘群组本身的身份。

当然，像布朗和坎皮昂那样的课堂中也存在着很多变量。然而，令人感到讽刺的是，当美国经济逊于日本及其他亚洲国家时，这样的课堂十分受欢迎，且影响广泛。这是制定政策的人所希望的。然而，当美国经济崛起且亚洲经济衰退时，很多政策制定者就会贬低此类教学，呼吁回归技能与训练，再次强调与社会相隔绝的学习者（不仅与其他人隔绝，而且还与知识工具隔绝）。

在我看来，上述做法意味着政策制定者开始发现，"新资本主义"并不会像之前设想的那样把所有工作者变成"知识型工作者"。与之相反，除了大量知识型工作者，新的全球高科技经济需要大量服务型工作者。服务型工作者需要良好的沟通技巧，愿意与他人合作，适应能力强，但通常无需复杂的技术或专业知识。因此，经济条件更好的学生入读更优秀的学校，这些学校会通过思维课程来培养未来的知识型工作者，而其他学校，也就是那些经济条件差的学生所在的不太好的学校，将通过训练基本知识与技能，来培养新资本主义的服务型工作者，以及其他的工业和体力劳动者。

也许我的观点过于愤世嫉俗。但是，在任何情况下，无论出于何种原因，玩电子游戏的年轻人经常能体验更明显的趣缘群组，充分利用别人和各种工具及技术，并从中学到更多知识。此外，与其在学校中相比，他们彼此间还能形成一个更强大的网络。

**作为圈内人和生产者的学生**

电子游戏包括一条强大的学习原则，它不同于传统的、被动的、以技能训练为基础的学校教育，而是完美契合了探究式课堂和职场，后者鼓励工作者进行前瞻性及批判式思考，从而在实践中为工作获取新知识。许多好的电子游戏都附带免费软件，搭载在游戏盘上，让玩家能为游戏制作新的扩展包（修改包或粉丝修改程序），甚至是新的游戏。

例如，一个跟别人玩射击类网络游戏的玩家能制作一份新的"地图"（即新地形场景，可供玩家彼此对战）。实际上，游戏公司积极鼓励玩家制作此类地图，通过互联网将其传播给其他玩家，成为游戏公司已发行地图的补充，因此免费得到新的设计内容。屡见不鲜的是，玩家完成了单机模式的游戏任务后，就会设计一个全新的游戏关卡，继续玩下去。而且有些人会制作出全新的游戏，此类修改又被称为"彻底改装版"（total conversions），使用与具体游戏相关的软件来设计一款完全不同的的游戏，然后通过互联网卖出去。《半条命》曾有过一个活跃的修改社区，参与者开发出了多款游戏，如《反恐精英》（*Counter-Strike*）、《胜利之日》（*Day of Defeat*）和《半条命行动》（*Action Half-Life*）等。

好的电子游戏让玩家不仅能成为被动的消费者，而且还能成为主动的生产者，能定制自己的学习体验。游戏设计师并不是圈内人，玩家也不是圈外人，这一点跟学校不同。在多数学校中，教师是圈内人，而学习者是圈外人，作为消费者接受教师给予的内容。反之，游戏设计师和玩家都是圈内人和生产者，如果玩家也这么选择的话，那么游戏中不存在圈外人。

虽然使用软件来设计新的扩展包或新游戏是学习者/玩家作为生产者的生动案例，但好的电子游戏在多个不同维度体现了这一原则。几乎在所有游戏中，玩家能从不同的难度级别中做出选择。在有些游戏中，当任务太难或过于简单时，玩家甚至能在游戏过程中调节游戏难度，之后再调整回来。此外，就像我之前指出的那样，好的电子游戏让玩家能选择不同的游戏风格（例如潜行或公开挑衅），还能以多种方式解决问题（例如，有逻辑性、系统性的尝试和犯错，自由探索，取得或未曾取得提示等），他们因此能根据自己喜欢的学习风格来定制学习体验，或是尝试新风格。

有些彻底改装版游戏由多组玩家制作而成，他们常常通过互联网一起工作，彼此没有见过面。他们使用游戏公司提供的免费软件，开发出跟商业游戏一样好甚至更好的作品。通常，这些彻底改装版游戏的玩家肯定购买了原版游戏，因为修改版依然要使用原版的文件。因此，游戏公司非常乐意提供帮助，通过互联网将上述修改版推广给其他玩家。《胜利之日》就是《半条命》的彻底改装版。虽然《半条命》与科学家及外星人有关，但《胜利之日》却是写实风的军事游戏，与二战有关。《半条命》的开发公司已经正式发行了《胜利之日》（仅需支付少量使用费），它比许多军事题材的商业游戏更受欢迎。该公司已经收购了另一个新出的彻底改装版（《反恐精英》），将其作为商业游戏出售。

2002年4月，网络杂志《沙龙在线》（*Salon.com*）曾评论过游戏玩家成为游戏设计者的现象："如今，很多顶级游戏公司期望修改版制作者展示新奇的创意，从而保证公司在残酷的市场竞争中能生存下去。这与音乐和电影产业形成了强大的反差，后者会阻碍粉丝去胡乱修改其内容，采取报复性的措施，并执着于老掉牙的版权论调。他们在游戏产业的伙伴显然更为精明,通过培养粉丝的创造性,这些游戏公司不仅存活下来,而且还更加繁荣。"

有个 12 岁的男孩儿不仅自己玩大受欢迎的滑板系列游戏《托尼·霍克职业滑板》(*Tony Hawk's Pro Skater*),还为该系列的最新游戏为《托尼·霍克职业滑板 4》(*Tony Hawk's Pro Skater 4*)设计新地图。让我们来听听他的体验,我会称呼他的假名麦克斯(Max)。在这款游戏中,玩家能选择使用托尼·霍克的技术滑滑板,后者是一位传奇性的(但确有其人)职业滑板选手,也可以扮演其他职业滑板选手。玩家滑滑板时,会途经很多不同的城乡区域,遇到其他人及各种障碍,使用狂野的跳跃和其他技巧。在下文中,麦克斯正在解释自己如何为《托尼·霍克职业滑板》制作新地图,即新地形场景或滑板公园,以供玩家滑滑板并解决问题。在说话时,他为访谈者展示了自己制作的一些地图。由于是面对面交谈,你虽然无法通过阅读文字稿了解每个细节,但也能明白大意:

这很简单。首先,你需要选择一个开始地点,然后插入一个街区,你可以使用鼠标移动它,那就是开始的街区,你看不见箭头,但那是起点。嗯,这是社区管道,那是让你向上滑的斜坡,你也可以设置它,这个啊,它能旋转,所以这很明显。

我做了大约 20 个地图。第一个地图很随意。它特别差,乱七八糟的。你会撞到东西,而且也不好玩儿。我的第一个地图包括多种地形,但杂乱无章,中间缺少空间,因为我把所有东西都堆进去了,这是它为什么会差的原因。我试着把所有元素都放进去,就是想试试而已。我能顺利通关，但却不好玩。

所以我从头再来，然后，我从设计主题开始。我脑子里突然出现了做公园的想法，里面有树一类的东西。里面有树，我好像做了好多树，你还能爬上去。它看起来也很漂亮。我还做了楼梯和栏杆，就跟植物园差不多。那是一个特别棒的地图。

我做的另一个地图是"寻找密室"，我试图把外面弄成特别无聊的地方，放上墙，里面是一个不惹人注意的小房间（你需要自己发现）。我让朋友们玩了我的地图，他们来这里玩。我说："嗨，试试这个。"他们都能找到密室。它不是特别好。它很有意思，但房间藏得不太好。我刚买了这款游戏，好像是第二天玩的时候，我就开始做地图了。

麦克斯只有12岁。然而，这是一位生产者的谈话。这是设计师的话。麦克斯正在开发一个丰富的鉴赏系统，用来评估自己的设计决策，而且他不会忽略对自己的批评。作为一个学习者，麦克斯在买了游戏的第二天，还同时成为了一个生产者和圈内人，这是他制作地图的第一款游戏。在科学课上，是否所有12岁孩子都能说出此类生产者和设计师的话呢？在当前的考试和技能训练教育中，他们在多数情况下都无法做到这一点。如果上述问题的答案是否定的，那么与学校教育相比，他们能在电子游戏中体验到更为有效的学习观念，而我们文化中的很多人却认为玩电子游戏是"浪费时间"。

## 学习原则

依照上文惯例，我会列出本章内容中讨论的好游戏体现的学习原则。每条原则既与电子游戏中的学习有关，也与课堂中的学习过程有关。需要再次强调的是，每条原则都同样重要，与排序无关。

33. 分布原则
意义/知识被分布在学习者、物品、工具、符号、技术和环境中。

-

34. 分散原则
之所以说意义/知识是分散的，是因为学习者与该领域/游戏外的人分享意义/知识，有些还是学习者很少或根本没有面对面见过的人。

-

35. 趣缘群组原则
学习者组成了一个"趣缘群组"，该群组主要通过共同的努力、目标和实践被连接在一起，而不是基于共同的种族、性别、国籍、民族或文化。

-

36. 圈内人原则
学习者不仅仅是"消费者"，而是一个"圈内人"、"教师"和"生产者"，能由始至终定制学习体验和相应的领域/游戏。

< **8** >

结语：
你被骗了吗？

本书并非主张，人们在玩游戏时学到的东西都是好的。然而，他们玩游戏时的体验往往都是有效的学习过程。学着做个道德高尚的人不难，但学习做个道德败坏的人也一样容易。这恰恰就是为什么新纳粹国家联盟这样的组织想要开发《种族清洗》这样的游戏，让玩家杀害非裔美国人、拉美人和犹太人，扮演三K党（Klu Klux Klan）或光头党的成员。这种观点的确可怕，但问题是，该组织意识到电子游戏是强大的学习工具，能够塑造身份认同。他们认识到，作为学习工具，这些游戏的功能强大到能够学习国家联盟的**内容**，即用白人至上的视角看待现实。令人感到讽刺的是，我们在第二章中提到过，爷爷认为电子游戏之所以是浪费时间，就是因为孩子们在游戏过程中学不到任何内容。

　　电子游戏的力量，无论好坏，取决于学习过程和身份认同融合的方式，这是此书谈论的核心问题。如果玩家使用了我在第三章所说的投射身份，相对于玩家在玩游戏时扮演的虚拟角色身份而言，就会促进玩家认同虚拟角色的世界、故事和视角，在多个不同维度上成为一种强大的学习工具。之所以如此，是因为若玩家使用了投射身份，那就将自己的希望、价值观和恐惧投射到了虚拟角色上，他与游戏设计师共同创建着这个虚拟角色。这么做的后果是，玩家能够想象一种新身份，它融合了玩家真实世界身份与游戏角色的虚拟身份。与之相应，这一虚拟身份有助于玩家谈论甚至转化自己的希望、价值观和恐惧。

　　然而，人们都不是傻瓜。他们无需从电子游戏中获取任何意料之中的信息，后者是通过设计游戏、视频或文字来提前决定好的内容，他们已经从书本或电影中获取了足够多了。极有可能发生的是，有些人能通过玩《种族清洗》来构建一种投射身份，既能理解国家联盟一类的组织所持有的仇恨，又能使其想要加倍付出努力，构建一个和平的、多样化的、宽容的世界。而且需要指出的是，以上两点都非常重要。在这个世界上，有些人排斥及仇恨别人，或是感到自己的权利被剥夺了。我们若是不愿意理解这些人，那就无法构建和平的、多样化的、宽容的世界。

这当然不是说，你应该去玩《种族清洗》。那并不意味着你不应该鄙视新纳粹观点。那并不意味着你不应该保护自己不受新纳粹的伤害。那并不意味着，如果你不知道为什么设计这个游戏或被其吸引的人如此怒气冲冲并充满仇恨，那么你就极有可能强调自己的道德优越性，从而为国家联盟一类的组织招兵买马。然而，理解他们的愤怒意味着理解历史、经济和文化的产物。也就是说，它意味着在学校内外获得一种教育，这种教育肯定不会囿于人们当前能从电子游戏中学到的东西。令人遗憾的是，美国的学校并不是经常能提供此类教育，而是通过当前的标准化测试体系，学校后退到被动学习和知识技能训练的时代了。

在此，我并不提倡任何形式的"后现代主义"观点，即"万事皆可"；也不提倡一切看法都只是社会文化"构建的产物"，并"在文化层面相互联系"（这是对后现代主义杰作的简单化表述）。事物能够被"建构"，却有对有错，其结构或牢固或松散。我当然相信，我们所有人都需要防止自己受到伤害，因为有些人轻视我们，甚至会伤害我们的身体。当然，我也反对下列做法：当有人拿枪指着你的脑袋时，你却要进行面对面的对话。我想要倡导的是，理解身份认同和思维视角的"游戏"，因为两者从始至终都在这个世界中相互作用，相互对立。这甚至是一种自我防御形式。

就人们如何从我们身边的文化资源中学习而言，政治图谱中的左、右两派人士都在严重地误导我们。例如，双方往往都赞同经典文学（所谓的伟大著作）是一种灌输。右翼人士所称赞的是，经典能引导人们认同右翼群体的主流普世价值观，该价值观似乎是右翼所固有的。左翼人士则公开反对这一点，认为经典中的价值观不是普适性的，而是某些西方白人"中产阶级"的历史、文化产物，这些人想使用经典来神化其价值观和思维视角，从而凸显其价值观和思维视角的优越性。

令人遗憾的是，以上两种看法都忽视了一点，甚至在某种程度上带有蔑视的意味：在过去，到底有多少人能够真正读过并使用过荷马、莎士比亚、弥尔顿、卡莱尔、阿诺德、奥斯汀、爱默生等一大批人的经典著作呢？尤其是很多穷人，他们鲜有机会与学者讨论经典作品。当然，从几百年前一直到新世纪，学校和教堂曾试图让人们用**他们的**方式阅读此类文学和《圣经》，以此强化其价值观。在多数情况下（当然不是所有情况），这些价值观突出了女性、少数族裔和穷人的附属地位。然而实际上，许多女性、少数族裔和穷人将经典著作视作能赋予其强大力量的作品，使他们能质疑社会的阶层制度，质疑学校、教堂和富人为私利而维护该制度的诸种方式。

乔纳森·罗斯（Jonathan Rose）的鸿篇巨著《英国工人阶级的知识生活》（*The Intellectual Life of the British Working Classes*）聚焦 18 世纪至 20 世纪那些读过经典文学的女性、少数族裔和穷人的故事。这些人认为，此类作品并不是为那些权贵代言，而是代表了他们自己的价值观和理想。例如，玛丽·史密斯（Mary Smith，生于 1822 年）是一个鞋匠的女儿，她曾说过这样的话："长久以来，英国女性的灵魂几乎遭到学校教育手段的严重迫害和限制，就像中国古代女性被迫裹的小脚一样。"史密斯如此评价莎士比亚、德莱顿和哥德史密斯的著作:"这些作家书发自肺腑地为人类写作,虽然我只是个孩子,但我能对其感同身受,并乐在其中。他们唤醒了我幼小的心灵,我生平第一次发现,自己跟全人类一样,有一颗善于沉思的心……卡莱尔著作中的至理名言及其对假象的揭露,他对社会虚无与表象的普遍抨击,都为我赋予了力量和生命,让我在懵懂中拥有了真正的热情。"

当然,左翼人士会说,玛丽·史密斯是个宣扬霸权主义的骗子,投靠了她那个社会的精英原则却毫无察觉,错误地将精英价值观当作自己的信条。然而,唯一被经典所骗的人是一些右翼人士,他们不加批判地认为经典代表了他们的观点,以及那些赞同其看法的左翼人士。对我们来说,经典是"高雅文学",但玛丽·史密斯却认为这些作品足够"通俗",因为就智力和人性而言,鞋匠女儿与任何一个富人毫无差别。

那么,为什么经典作品能在一个等级森严的社会中赋予了她人性及平等的权利呢?那是因为,她**自己**与书中的人物和观点产生了认同。她将自己投射到那些人物上。不管她多么渴望并应该读到女英雄的故事,她并没有因为主人公是男性,是莎士比亚戏剧中的国王,从而拉开自己与主人公之间的距离。

反之,她将自己投射到那个强大的宫廷之中。也许当她阅读莎士比亚的作品时,她有时是一位国王,其他时候又是王后,就像在玩《奥秘》游戏一样。在混战中,我能让自己所扮演的女性角色跟男人一样强大。也许有时候,她在读莎士比亚作品时,根本不是一位传统的国君,而是一位能够封王的鞋匠,因其尊严和人性而堪称国君。也许有时候,她能在同一时刻获得上述所有感受。记住,她并不只是在扮演书中或戏中虚拟角色。她还将自己投射在角色身上，与莎士比亚共同创造着一些东西，既不只是莎士比亚个人，也不只是她自己。

不管她在多大程度上像我们一样，受到了她所在时代的政治文化因素的影响，但无论是右翼，还是左翼，皆不曾在玛丽·史密斯的头脑中写下剧本。莎士比亚确实深受自己所处时代的影响，但无论如何，他的剧本是原创的。玛丽·史密斯也是如此。在当今学生的眼中，她读的书非常无聊。然而，她却像现在玩电子游戏的学生一样，兴致十足。也许在某种程度上，她读书的方式跟那些有时玩电子游戏的学生一样，是主动的、具有批判和投射性的。

当史密斯以投射的方式成为那些虚拟人物时，她学到了经典文学背后各种人物的价值观和看法。她并没有将这些价值观和看法看作富人精英阶层所独有的东西。它们以被她所赋予的形式一样，表现出她自己的价值观和追求。它们让她认识到，自己和富人精英是平等的。她发现自己与所有人一样，同样有能力成为英雄、国王或有钱人，追求丰功伟业、真理和道德。当然，经典作品中也有很多人不是男性或国王。虽然这些人被那个等级森严的世界伤害过，轻视过，但他们却显示出自己真正的人生价值。最后，玛丽·史密斯和许多与她类似的人都相信，经典文学绝对不是代表富人精英的价值观，而是破坏了这种价值观，并且揭露出该阶层的虚伪。

右翼和左翼两派针对经典争论不休，似乎玛丽·史密斯这样的人读了书，认识并接受其"低等身份"，要么想要效仿那些"上等人"（右翼视角），要么被动接受自己是不如社会精英的傻瓜（左翼视角）。世上的玛丽·史密斯们无需这么做。他们已经知道，自己能够思考，并清楚自己的价值。他们有时候会在经典文学的案例中看到自己可以是怎样的，前提是社会中的其他人不再看不起他们。而且需要再次强调的是，这些范例是双向创作，在将自己投射在这些作家笔下的虚拟作品上时，他们与书籍作者共同完成创作。

上述所有内容是否意味着，我认为存在着一个"伟大著作"的明确清单呢？不是，根本不可能。对于我来说，无论过去还是现在，经典都不是一个封闭的列表。对我来说，只要书籍能成为读者的投射作品，就像玛丽·史密斯一样，能让人们的渴望不再是常被精英阶层称颂的阶层制度，而是会展示人生价值，展示自己能为全人类的更大进步而做出贡献的机会，那么这本书就堪称经典。当然，最后一句隐含了某种价值观。对我来说，如果一本书能在不公平的残酷世界中，给人更好的新型"生存工具"（equipment for living），该词源自肯尼斯·伯克（Kenneth Burke），那么它就是经典。如果它激发了人们的想象，让人们去探索，去完善更新、更好的自我和社会，不论多么微不足道，那它就堪称经典。

在这种意义上看，拉尔夫·艾利森（Ralph Ellison）的《隐形人》（*Invisible Man*）和格洛丽亚·内勒（Gloria Naylor）的《妈妈节》（*Mama Day*）被我和许多人视作经典。当然，还有许多书是女性、少数族裔和穷人创作的，虽然由于种族主义和父权制，这些书从未被"官方"评为经典，但在我心中，它们部部皆为经典。

与玛丽·史密斯的时代相比，传统的经典作品，如荷马、莎士比亚、弥尔顿和德莱顿等人的作品在当今发挥着完全不同的作用。史密斯的时代反对她接受任何形式的学校教育，使其无法接触此类书籍。实际上，在她所处的时代，人们认为一个鞋匠的女儿不应该阅读此类书籍。（这很难契合左派的观点，即精英阶层认为经典文学会让玛丽·史密斯这样的人潜移默化地接收其社会地位。）她出于叛逆之心，阅读了这些书，在书中得到了共鸣，进一步证明了自己的智力和价值。

但大体说来，学校驯服了经典。他们将经典作品变成考试内容，选择题答案，以及标准化的作答。最终，所有人如今都能时不时接触到经典，但学校已经让经典丧失了威力，左翼人士对其交口称赞，因为他们只是将经典视作古老的、已逝的、西方贵族精英的历史遗产。

不仅如此，与玛丽·史密斯时代的富人们相比，现在的年轻人能接触到更多文字、图像和多种媒体，种类繁多。与现代年轻人相比，弥尔顿的《失乐园》（*Paradise Lost*）在史密斯时代的文本生态中扮演着极为不同的角色。对她来说，此书是极为珍贵的，即便付出极大体力（如果借不到，她就需要买一本）和脑力（去认真读完），都不一定能得到。但对当前的年轻人来说，这本书价格低廉，学校也会告诉他们"正确"的阅读方式（或是考试得分的方式）。

虽然我确定，很多人往往在课外阅读自选的经典书目时能受益匪浅，但这并不是读弥尔顿的理由。有大量证据表明，人们依然会像玛丽·史密斯一样，出于类似目的去阅读并观看很多东西。

在此，我并不是呼吁大家关注"经典"，更不是说要列经典书单。我也并非想宣扬，每个穷人都像玛丽·史密斯一样读书。我只是想说，精英能利用一切事物，如经典文学、《圣经》、生物学或其他文本，企图强迫人们按他们的范式去阅读这些内容，从而欺骗大众。我还想说，有无数个玛丽·史密斯，她们不仅能用"不用了，多谢"来回应那些精英，而且还会用**自己的方式**充满智慧地去阅读。

电子游戏是一种新的艺术形式。它们不会取代书籍，而是会与之比肩，与之互动，以各种方式改变它们及其在社会中的地位，就像它们对电影造成的影响一样。实际上，这种影响已经产生了。如今，许多电影都是根据电子游戏改编的，而且有更多的电影受到了游戏的影响。我们不知道人们是如何"阅读"电子游戏的，能从游戏中获得什么。至于人们将在未来如何"阅读"游戏，我们更无从得知。假设人们上了资本主义市场营销者的当，并以此为前提开始讨论上述问题，这种做法是行不通的，虽然有人极有可能是这样。然而，无论文化产品是"高雅"还是"低俗"，总有像玛丽·史密斯那样的人，出于好的目的来使用文化产品。

电子游戏的潜力才刚刚开始，"我们并没有视若罔闻"。它们会变得更加深刻，并愈发丰富多彩。人们用虚拟身份与真实身份相互交谈，就像在网络游戏中一样，久而久之，真人与电子计算机制造的角色之间最终也会产生某些形式的对话。虽然有且会有垃圾游戏，但最终还会有一些"经典"游戏，这些游戏以强大的方式帮助所有人达成理想，最终实现更好更公正的世界。这些既有可能是新愿景和想象，也有可能是用新意义和希望来升级人们的旧愿景。

但目前，电子游戏是其所是，是一种围绕身份认同展开的沉浸式娱乐技术和一项魅力十足的互动技术。在此，我提出下列观点。电子游戏的运作过程包含了有效的学习原则，也就是说，将这些原则融入游戏设计之内，并且倡导上述原则。这些原则要优于许多学校的教育理念，后者包括技能训练，回归基础，用考试来迫使学生放弃。许多政客、政策制定者和学术同行不喜欢电子游戏，并认为穷孩子应该满足于以职业教育为导向的课堂，这并不奇怪。他们说自己不喜欢电子游戏，因为后者过于暴力。但在现实中，电子游戏实际上确实冲击着这些人对有效学习的理解以及对优质课堂和公平正义的看法。

附录：
36 条学习原则

1. 主动且具有批判性的学习原则

学习环境中的一切元素（包括设计及呈现该符号领域的方式），都旨在鼓励主动且具有批判性的学习，而不是消极学习。

2. 设计原则

学会识别设计及设计原则，此乃学习体验的核心。

3. 符号原则

学会将多层符号系统（图像、词语、行为、标识、物品等）的内部联系或系统之间的相互联系视作一个复杂的系统，这是学习体验的核心。

4. 符号领域原则

学习，意味着在某种程度上掌握符号领域，并且能在某种程度上加入趣缘群组或与之相关群组。

5. 从元级别思考符号领域的原则

学习，意味着主动且具批判性地思考某一符号领域与其他符号领域之间的关系。

6. "社会心理性延缓"原则

在一个风险低于现实世界的空间中，学习者能够承担风险。

7. 坚持学习的原则

学习者投入了长时间的努力（极大努力及训练），成为现实世界身份的延伸，该身份与虚拟身份和虚拟世界有关，他们从虚拟身份那里感受到某种责任感，从虚拟世界中找到乐趣。

8. 身份认同原则

学习包括使用某些身份，并以此方式扮演上述角色，从而让学习者能（在构建虚拟身份的过程中）有真正的选择权和足够的机会，以思考新旧身份之间的关系。学习者连接并思考了三重身份，分别是现实世界的多重身份、一个虚拟身份和一个投射身份。

9. 自知原则

通过构建虚拟世界，学习者不仅学到了该领域的内容，还了解了自身及他们目前拥有的能力和潜能。

10. 输入增强原则

只需输入一点，学习者便能获得大量输出。

11. 成就原则

对具备不同水平技能的学习者来说，他们从一开始就能获得内在奖励，且奖励程度与每个学习者的水平、所付出的努力、增长的知识及学习者持续的成就相契合。

12. 练习原则

学习者在一种情境中做了大量练习，在该情境中，练习并不无聊（例如，在一个吸引学习者的虚拟世界中，学习者持续地体验到成就感）。他们在任务上投入了大量时间。

13. 持续学习的原则

学习者与大师之间的界限非常模糊，因为多亏下文所述的"能力范围"原则，学习者必须在越来越高的水平上，改变其固定套路，以适应变化的新情况。以下为新的学习所经历的循环过程：形成套路，改变套路，并再次构建新套路。

14. "能力范围"原则

学习者有足够的机会在能力范围内学习，但要挑战最大能力，以此在这些时刻感到学习具有挑战性，却不会"无从下手"。

15. 探究原则

学习是一个探究世界（做某事）的闭环；对某一行为再三反思，并以此为基础构建某种假设；再次探究世界，从而验证上述假设；然后接受假设，或重新思考它。

16. 多种路径原则

取得进步或进展的路径有很多种。因此，学习者可以基于已有的自身优势和学习及解决问题的方式来做出选择，也可以探索新的方法。

17. 情境意义原则

符号（词语、行为、物体、人工制品、信号、文本等）的意义与赋形经验紧密相关。意义并非一般性的，也不是去语境化的。无论意义最终达成何种程度的普遍性，它总是自下而上地产生于赋形经验中。

18. 文本原则

我们并非仅从字面上理解文本（例如，文本中的词语定义及其内部联系），而是在赋形经验中理解它。学习者往返于文本和赋形体验之间。只有学习者在某一领域获得了足够多的亲身体验，并具有大量与类似文本相关的体验，才能更好地理解文本的微言大义（在缺乏亲身实践的基础上，去阅读文本）。

19. 互文原则

学习者将文本视作一个相互联系的文本系统，并在上述联系中理解所有同类文本，但前提在于，学习者之前曾经在具体实践中理解了一些文本。只有将一组文本视作一个文本系统，才能极有效地帮助学习者理解此类文本。

20. 多模态原则

意义和知识的构建，并非仅仅依赖词语，而是要得益于各种模态（图像、文字、标识、互动、抽象设计、声音等）。

21. 材料智能原则

思考、解决问题和知识被"存储"在材料物品及其环境中。这促使学习者能自由地参与到对其他事物的理解中，同时将其独立思考产生的知识存储到材料物品及其环境中，以取得更强大的效果。

22. 直觉知识原则

直觉知识或隐性知识的构建，取决于重复性的实践及体验，通常与某一相似群组有关，具有极其重要的作用，应当得到奖励，并非只有可言说的自觉知识才能得到嘉奖。

23. 子集原则

学习会出现在某一真实领域的（简化版）子集中，即便在最初期亦是如此。

24. 循序渐进原则

在早期，学习场景经过量身定制，因此早期的学习任务能达成一般化过程，有益于接下来的任务。当学习者接下来面对更复杂的案例时，学生之前发现的有效模式或一般化过程决定了学习空间（学习者能做出推测的数量及类型）。

25. 凝缩样本原则

学习者发现，与缺乏引导的范本相比，许多初期任务会包括更多基本符号和行为。也就是说，基本符号和行为浓缩在初期任务中，以供学习者反复练习，直到学好为止。

26. 自下而上 习得基本技能的原则

学习基本技能既不能采用孤立的形式，也不能脱离语境。反之，能被称为基本技能的内容是以自下而上的方式，通过参与越来越多的游戏/领域或与之类似的游戏/领域而被发现的。

27. 按需并及时提供明确信息的原则

学习者按需并及时接收到明确的信息。只有在恰当的时间给予学习者适量的信息，这些信息才能被充分理解，并在实践中发挥最

### 28. 探索原则

就直接告知信息而言，这种做法一定要经过深思熟虑，不宜过多，应该让学习者有充分的机会去探索尝试，进而有所发现。

### 29. 迁移原则

要为学习者创造大量实践的机会，支持他们将之前所学的内容应用到后面的问题上，包括改写或转化两种方式。

### 30. 世界文化模式原则

学习得以进行的方式在于，学习者有意识地思考并反思与世界有关的文化模式，不贬低自己的身份、能力或社会群组，并将其与新模式相互并置，后者可能以各种方式与自己产生矛盾或联系。

### 31. 学习文化模式原则

学习得以进行的方式在于，学习者有意识地思考并反思与学习及学习者自身有关的文化模式，不贬低自己的身份、能力或社会群组，并将其与新的学习模式相互并置。

### 32. 符号领域文化模式原则

学习得以进行的方式在于，学习者有意识地思考并反思与正在学习的某个特定符号领域有关的文化模式，不贬低自己的身份、能力或社会群组，并将其与该领域的新模式相互并置。

### 33. 分布原则

意义／知识被分布在学习者、物品、工具、符号、技术和环境中。

### 34. 分散原则

之所以说意义／知识是分散的，是因为学习者与该领域／游戏外的人分享意义／知识，有些还是学习者很少或根本没有面对面见过的人。

35. 趣缘群组原则

学习者组成了一个"趣缘群组"，该群组主要通过共同的努力、目标和实践被连接在一起，而不是基于共同的种族、性别、国籍、民族或文化。

36. 圈内人原则

学习者不仅仅是"消费者"，而是一个"圈内人"、"教师"和"生产者"，能由始至终定制学习体验和相应的领域／游戏。

## 【注释】

. . . . . . . . . < 1 > . . . . . . . .

### 前言：学习电子游戏的 36 种方式

为避免参考文献影响正文的阅读体验，我不会直接将文献插入每章内容中，而是在章节结尾列出引用文献。普尔（Poole 2000）和赫茨（Herz 1996）都讨论过电子游戏设计及电子游戏在我们文化中扮演的角色。普尔使用数据说明了什么人玩何种电子游戏，以及在特定年度，电子游戏产业比电影产业的市场收入更高。肯特的书（Kent 2001）是一本可读性极强的电子游戏史。格林菲尔德（Greenfield 1984）和洛夫特斯等人合著的书（Loftus and Loftus 1983）较早全面讨论了电子游戏中学习及思考的话题。金的书（King 2002）是为一个博物馆的电子游戏展而准备的，它收录了多篇与游戏相关的有趣文章。

品克的书（Pinker, 1999）是一本非常好的认知科学入门读物。想要了解更多有关认知科学的内容，尤其是有关学校和学习的话题，可参见下列著作：Bransford, Brown, & Cocking 1999; Bruer 1993; Gardner 1991; and Pellegrino, Chudowksy, & Glaser 2001。这些文献与情景认知相关，也讨论了其他领域。想要进一步了解情境认知，可参见下列著作：Brooks 2002; Brown, Collins, & Dugid 1989; Clark 1997; Gee 1996; Lave 1988; Lave and Wenger 1991; Rogoff 1990; Tomasello 1999。植物学家和景观建筑师对树木的分类和看法完全不同，该观点来自梅德林等人的著作（Medlin, Lynch, & Coley 1997）。

针对学校科学课堂进行的优质理论阐述，可见 Bruer 1993; Cognition and Technology Group at Vanderbilt 1997; and diSessa 2000。有关新素养研究的讨论，可见 Barton 1994; Gee 1996; Street 1995。有关联结主义和作为模式识别器的人类思想，可见 Clark 1989, 1993; Gee 1996; Margolis 1987, 1993; Rumelhart, McClelland, & the PDP Research Group 1986。

. . . . . . . . . < 2 > . . . . . . . .

### 符号领域：玩电子游戏是"浪费时间"吗？

有关阅读意象和多模态文本（即图文混合文本），可参见 Kress 1985, 1996; Kress & van Leeuwen 1996, 2001。有关包含多种素养的素养，可参见上一章结尾有关新素养研究的著作，还可参考下列著作：Cope & Kalantzis 2000; Heath 1983; Scollon & Scollon 1981; Street 1984。

有关物理学生针对牛顿运动定律的讨论，引自 Chi, Feltovich, & Glaser 1981。更多内容可参见 Gardner 1991; Mayer 1992。

有关阅读测试的本质，可见 Hill & Larsen 2000，此书针对实际测试项目与不同阅读方式之间的关系进行了精彩分析。有关阅读的更多文献，可见 Adams 1990; Coles 1998; Gee 1991; Snow, Burns, & Griffin 1998；针对该领域内存在争议，可见 Pearson 1999。有关"四年级低潮"，可见 Gee 1999a；早期针对该话题的讨论，较有影响的是 Chall 1967。

有关诺姆·乔姆斯基的研究，可见 McGilvray 1999。关于查尔斯·桑德斯·皮尔士（C. S. Peirce）的著作，可见 Kloesel & Houser 1992。

有关语言学及内容学习的部分，尤其是科学教育，见 Kress, Jewitt, Ogborn, & Tsatsarelis 2001; Lemke 1990; Ogborn, Kress, Martins, & McGillicuddy 1996。有关附属观念和趣缘群组的讨论，见 Beck 1992, 1994; Gee 2000–2001; Rifkin 2000; Taylor 1994。有关为未来学习而准备的理念，见 Bransford &

Schwartz 1999，对所有对学习感兴趣的人来说，这都是一篇颇具启发性的重要论文。有关结构概念和结构语法，见 New London Group 1996，该"宣言"的作者是一群研究语言及素养的国际学者（也包括我）。

我曾指出，批判式学习包括情景认知，见第四章的相关文献。有关元认知的讨论，见 Bereiter & Scardamalia 1989；Bruer 1993: pp. 67–99；Pellegrino, Chudowsky, & Glaser 2001；Schon 1987；帕罗的著作（Paulo Freire 1995）讨论了批判式思维和"阅读世界"的素养，而不是"阅读词语"。本章中提到的游戏设计话题，可见 Bates 2002 和 Rouse 2001。

. . . . . . . . . < 3 > . . . . . . . .

## 学习与身份：成为"半精灵"意味着什么？

大量文献都讨论过社会化的情境身份及其如何改变现代世界，与本章中我所提出的观点相关的文献有 Alvermann, Moon, & Hagood 1999; Bauman 2000; Beck, Giddens, & Lash 1994; Castells 1996; Foucault 1980; Gee 2000–2001; Gee, Hull, & Lankshear 1996; Giddens 1991, 1992; Hacking 1995, 1998; Martin 1995; Mishler 2000; Rifkin 2000; Sternberg & Grigorenko 1999; Taylor 1989, 1992, 1994。早期针对社会化情境身份较为精彩的论述，尤其是与科学相关的文献，可见 Fleck 1979，最初为 1935 年发表。

有关我校中高年级学生的优势，以及许多弱势低收入学生的劣势，可见 Finn 1999; Gee 1996; Heath 1983; Miller 1995; Varenne & McDermott 1998。

有关爱利克·埃里克森的"社会心理性延缓"概念，参见 Erikson 1968。本章中谈到的一些学习原则与当前认知科学中对有效学习的解释紧密相关，可见 Bransford, Brown, & Cocking 1999 and Pellegrino, Chudowsky, & Glaser 2001。有几条原则完美契合了伯雷特等人在书中针对学习和专业的重要讨论，详情见 Bereiter, Scardamelia 1989。有关获得并解除自动化的重要性，及其与持续学习原则的联系，见 Bereiter, Scardamelia 1989。在社会文化层面讨论练习原则，可见 Scribner, Cole 1981。有关能力范围原则，可见 diSessa 2000，它还与维谷斯基著名的最近发展区概念相关，详情见 Vygotsky 1978。diSessa 2000 一书亦讨论了输入增强，并详细讨论了坚持学习的原则。

. . . . . . . . . < 4 > . . . . . . . .

## 情境意义与学习：拯救世界之后，你还应该做什么？

本章指出，思考基于来自生活经验的结构认知，该观点源于所谓的联结主义对思想的解释，见 P. M. Churchland 1989; P. S. Churchland 1987; P. S. Churchland & Sejnowski 1992; Clark 1989, 1993, 1997; Margolis 1987, 1993; Rumelhart, McClelland, and the PDP Research Group 1986。进一步启发我的文献有 Barsalou 1999a, b; Glenberg 1997; Glenberg & Robertson 1999;

Hutchins 1995; Nolan 1994。有关理解要基于感知模拟的引文，可见 Barsalou 1999, p. 77。有关人们实践的意义相关的引文，可见 Glenberg 1997, p. 3。

抽象概念植根于具体经验的隐喻，相关讨论见 Lakoff 1987; Lakoff & Johnson 1980。情境赋形意义，见 Brooks 2002; Brown, Collins, & Dugid 1989; Clancey 1997; Clark 1997; Gee

1996, 1999b; Lave 1988; Lave & Wenger 1991; Rogoff 1990; Tomasello 1999。伽利略使用几何学解决钟摆问题，以及如何让孩子们在课堂中不能使用几何学解决问题，相关讨论见 Edwards & Mercer 1987。有关迪赛萨的著作及其对的讨论，见 diSessa 2000，引文页码为 32–33, 33, 34。探究、假设、在探究、再思考的循环，与唐纳德·舍恩（Donald Schon）的著作有着紧密联系，见 Schon 1987；亦可见 Gee 1997。"评价系统"一词来自于舍恩，相关论述收到了舍恩著作的影响。有关学习者应该是设计师的理念，见 New London Group 1996。有关地表的破坏的引文源自一本教科书，见 Martin 1990。互文性是巴赫金著作中的一个重要主题，见 Bakhtin 1986。与材料智能原则和直觉知识原则相关的文献，见 diSessa 2000。已有文献讨论知识如何在现代职场发挥作用，从这一角度套路直觉知识原则，可见 Gee, Hull, & Lankshear 1996。对于多模态的讨论，可参见 Kress & van Leeuwen 1996, 2001。

· · · · · · · · · < 5 > · · · · · · · ·

**教与学：劳拉为何违抗冯·克罗伊教授？**

有关讲授与沉浸的话题，Gee 2001。若想进一步了解它与真实领域及其子领域的学习的关系，可见 Beaufort 1999; Coe, Lingard, & Teslenko 2001; Dias, Freedman, Medway, & Pare 1999; Dias, Pare, & Farr 2000。上述文献还涉及了本章中提到的习得基本技能的原则。有关转移要匹配学习方法，见 Beach 1999; Bransford & Schwartz 1999。循序渐进原则在某些联结主义的学习模型中非常重要，见 Elman 1991a, b; see also Karmiloff-Smith 1992。按需并及时提供明确信息的原则在讨论现代职场的学习及思考的文献中亦很普遍，见 Gee, Hull, & Lankshear 1996。有关本章提及的学习原则概述，见 Gee 1994 及其引文。

· · · · · · · · · < 6 > · · · · · · · ·

**文化模式：蓝色索尼克，还是黑色索尼克？**

有关文化模式的主要文献包括 D'Andrade 1995; D'Andrade & Strauss 1992; Holland, Lachicotte, Skinner, & Cain 1998; Holland & Quinn 1987; Shore 1996; and Strauss & Quinn 1997。高中物理课的案例源于 Hammer (1996a)。有关理解世界的日常范式和科学范式，可见 diSessa 2000; Hammer 1996a,b; Minstrell 2000。《闪点行动》的评论取自 2002 年 3 月 18 日，网址为 www.gamezilla.com/reviews/o/ofp.asp。

· · · · · · · · · < 7 > · · · · · · · ·

**社会化思维：你死后该如何找回躯体？**

对沉浸式学习的社会文化解读，各种不同视角的案例皆可参见 Bereiter 1994; Brown 1994; Cobb, Yackel, & McClain 2000; Delpit 1995; Engestrom, Miettinen, & Punamaki 1999; Kirshner &Whitson 1997; Love & Wenger 1991; Lee & Smagorinsky 1999; Moll 1992; Wenger 1998; Wertsch 1998; and Wertsch, Del Rio, & Alvarez 1995。

有关头脑强调在具体经验中的模式认知，见第四章中有关联结主义的注释，亦可见 Gee 1992。有关分布式知识（或分布式认知），见 Brown 1994; Brown, Collins, and Dugid 1989; Hutchins 1995; and Latour 1999。有关拉弗的著作，见 Love 1988, 1996 (pp. 161, 157); Love & Wenger 1991。有关布朗和坎皮昂的课堂教学，见 Brown 1994; Brown & Campione 1994; and

Brown, Ash, Rutherford, Nakagawa, Gordon, & Campione 1993 (p. 191)。有关互惠式教学法，见 Brown & Palincsar 1989。有关拼图式教学法，见 Aronson 1978。有关最近发展区，见 Vygotsky 1978。我对相似群组的看法受到以下文献的启发，包括 Beck 1992, 1994; Rifkin 2000; Wenger 1998 以及关于现代工作环境的讨论，参见 Gee, Hull, &Lankshear 1996。作为圈内人的学习者是现代商业中的普遍原则，其中隐含一个趋势，即让消费者成为一个圈内人和生产者，相关论述可见 Kelly 1998; Rifkin 2000。有关新资本主义的更多介绍，见 Gee,

Hull, & Lankshear 1996; and Greider 1997。

有关《半条命》的两段采访节选,第一段访谈的访谈人为埃米尔·帕利亚鲁洛(Emil Pagliarulo),访谈日期为1998年12月4日,网址为 www.avault.com/reviews/review;第二段访谈的访谈认为沙弗·巴塔尔(Shaffer Buttars),访谈日期为1999年1月12日,网址为 www.gamezilla.com/reviews。《沙龙在线》的引文来自瓦格纳·詹姆斯·欧(Wagner James Au)的"修改包的胜利"(Triumph of the Mod)一文,引自网站 Salon.com,2002年4月16日,第2页。

· · · · · · · · · < 8 > · · · · · · · · ·

**结论:你被骗了吗?**

有关乔纳森·罗斯的两处引言,可参见该书第45页。

【 游戏列表 】

Action Half-Life  半条命行动

Age of Empires  帝国时代

Aliens vs. Predator 2  异形大战铁血战士 2

America's Army  美国陆军

American McGee's Alice  爱丽丝漫游魔境

Anachronox  星际之门

Arcanum: Of Steamworks and Magick Obscura  奥秘：蒸汽与魔法

Baldur's Gate II: Shadows of Amin  博德之门 2：安姆的阴影

Civilization III  文明 3

Civilization  文明

Clive Barker's Undying  克莱夫·贝克尔之不朽

Counter-Strike  反恐精英

Day of Defeat  胜利之日

Deus Ex  冲出重围

Diablo 2  暗黑破坏神 2

Duke Nukem  毁灭公爵

Duke Nukem: Manhattan Project  毁灭公爵：曼哈顿计划

Dungeon Siege  地牢围攻

Dungeons and Dragons  龙与地下城

Ethnic Cleansing  种族清洗

EverQuest  无尽的任务

Freddi Fish  小鱼弗莱迪

Frogger  青蛙过河

Grand Theft Auto 2  侠盗猎车手 2

Grand Theft Auto: Vice City  侠盗猎车手：罪恶都市

Half-Life  半条命

Halo  光晕

Lineage  天堂游戏

Max Payne  马克思·佩恩

Medal of Honor Allied Assault  荣誉勋章之联合袭击

Metal Gear Solid 2: Sons of Liberty  合金装备 2：自由之子

Nightcaster  黑夜魔法师

No One Lives Forever 2: A Spy in H.A.R.M.'s Way  无人永生 2

Operation Flashpoint  闪点行动

Operation Flashpoint: Cold War Crisis  闪点行动：冷战危机

Pacman  吃豆人

Pajama Sam in No Need to Hide When It's Dark Outside  睡衣山姆：天黑后无需躲藏

Pajama Sam  睡衣山姆

Pikmin  皮克敏

Pokemon  宠物小精灵

Putt-Putt  汽车帕特历险记

Railroad Tycoon  铁路大亨

Red Faction  红色派系

Return to Castle Wolfenstein  重返德军总部

RollerCoaster Tycoon  梦幻游乐园

Serious Sam  英雄萨姆

Siberia  西伯利亚

SimCity  模拟城市

Sonic Adventure 2 Battle  索尼克大冒险 2

Space Invaders  太空入侵者

Spy Fox  狐狸特工

Star Wars Jedi Knight II: Jedi Outcast  星球大战绝地武士 2

Star Wars: Galactic Battlegrounds  星球大战：银河战场

StarCraft  星际争霸

Star Wars  星球大战

System Shock 2  网络奇兵 2

The Longest Journey  最长的旅程

The New Adventures of the Time Machine  时间机器的新冒险

The Sims  模拟人生

Thief: The Dark Project  神偷：暗黑计划

Thomas the Tank Engine  火车头托马斯

Tom Clancy's Ghost Recon  幽灵行动

Tomb Raider  古墓丽影

Tomb Raider: The Last Revelation 古墓丽影：最后的启示
Tony Hawk's Pro Skater 4 托尼·霍克职业滑板 4
Tony Hawk's Pro Skater 托尼·霍克职业滑板
Tropico 海岛大亨

Under Ash 废墟之下
WarCraft III 魔兽争霸 3
Winnie the Pooh 小熊维尼
Wolfenstein 3D 德军总部 3D

## 【参考文献】

Adams, M. J. (1990). Learning to read: Thinking and learning about print. Cambridge, Mass.: MIT Press.

Alvermann, D. E., Moon, J. S., & Hagood, M. C. (1999). Popular culture in the classroom: Teaching and researching critical media literacy. Newark, DE: International Reading Association and National Reading Conference.

Aronson, E. (1978). The jigsaw classroom. Beverly Hills, Calif.: Sage.

Bakhtin, M. M. (1986). Speech genres and other late essays. Austin: University of Texas Press.

Barsalou, L. W. (1999a). Language comprehension: Archival memory or preparation for situated action. Discourse Processes 28: 61–80.

Barsalou, L. W. (1999b). Perceptual symbol systems. Behavioral and Brain Sciences 22: 577–660.

Barton, D. (1994). Literacy: An introduction to the ecology of written language. Oxford: Blackwell.

Bates, B. (2002). Game design: The art & business of creating games. Roseville, Calif.: Prima Publishing.

Bauman, Z. (2000). Individualized society. Cambridge: Polity Press.

Beach, K. (1999). Consequential transitions: A sociocultural expedition beyond transfer in education. Review of Research in Education 24: 101–139.

Beck, U. (1992). Risk society. London: Sage.

Beck, U. (1994). Ecological politics in the age of risk. Cambridge: Polity.

Beck, U., Giddens, A., & Lash, S. (1994). Reflexive modernization: Politics, traditions and aesthetics in the modern social order. Stanford, Calif.: Stanford University Press.

Bereiter, C. (1994). Constructivism, socioculturalism, and Popper's World 3. Educational Researcher 23: 21–23.

Bereiter, C, & Scardamalia (1989). Surpassing ourselves: An inquiry into the nature and implications of expertise. Chicago: Open Court.

Beaufort, A. (1999). Writing in the real world: Making the transition from school to work. New York: Teachers College Press.

Bransford, J. D., Brown, A. L., & Cocking, R. R., Eds. (1999). How people learn: Brain, mind, experience, and school. Washington, D.C.: National Academy Press.

Bransford, J. D., & Schwartz, D. L. (1999). Rethinking transfer: A simple proposal with multiple implications. Review of Research in Education 24: 61–100.

Brooks, R. A. (2002). Flesh and machines: How robots will change us. New York: Pantheon Books.

Brown, A. L. (1994). The advancement of learning. Educational Researcher 23: 4–12.

Brown, A. L., Ash, D., Rutherford, M., Nakagawa, K., Gordon, A., & Campione, J. (1993). Distributed expertise in the classroom. In G. Salomon, Ed., Distributed cognitions: Psychological and educational considerations. New York: Cambridge University Press, pp. 188–228.

Brown, A. L., & Campione, J. C. (1994). Guided discovery in a community of learners. In K. McGilly, Ed., Classroom lessons: Integrating cognitive theory and classroom practice. Cambridge, Mass.: MIT Press, pp. 229–270.

Brown, A. L., Collins, A., & Dugid (1989). Situated cognition and the culture of learning. Educational Researcher 18: 32–42.

Brown, A. L., & Palincsar, A. S. (1989). Guided, cooperative learning and individual knowledge acquisition. In L. B. Resnick, Ed., Knowing, learning, and instruction: Essays in honor of Robert Glaser. Hillsdale, N.J.: Lawrence Erlbaum, pp. 393–451

Bruer, J. T. (1993). Schools for thought: A science of learning in the classroom. Cambridge, Mass.: MIT Press.

Castells, M. (1996). The information age: Economy, society, and culture, volume 1: The rise of the network society. Oxford: Blackwell.

Chall, J. S. (1967). Learning to read: The great debate. New York: McGraw-Hill.

Chi, M. T. H., Feltovich, P. J., & Glaser, R. (1981). Categorization and representation of physics problems by experts and novices. Cognitive Science 13: 145–182.

Churchland, P. M. (1989). A neurocomputational perspective: The nature of mind and the structure of science. Cambridge, Mass.: MIT Press.

Churchland, P. S. (1986). Neurophilosophy: Toward a unified science of the mind/brain. Cambridge, Mass.: MIT Press.

Churchland, P. S., & Sejnowski, T. J. (1992). The computational brain. Cambridge,

Mass.: Bradford/MIT Press.

Clancey, W. (1997). Situated cognition: On human knowledge and computer representations. Cambridge: Cambridge University Press.

Clark, A. (1989). Microcognition: Philosophy, cognitive science, and parallel distributed processing. Cambridge, Mass.: MIT Press.

Clark, A. (1993). Associative engines: Connectionism, concepts, and representational change. Cambridge: Cambridge University Press.

Clark, A. (1997). Being there: Putting brain, body, and world together again. Cambridge, Mass.: MIT Press.

Cobb, P., Yackel, E., & McClain, K., Eds. (2000). Symbolizing and communicating in mathematics classrooms: Perspectives on discourse, tools, and instructional design. Mahwah, N.J.: Lawrence Erlbaum.

Coe, R. M., Lingard, L., & Teslenko, Eds. (2001). The rhetoric and ideology of genre: Strategies for stability and change. Cresskill, N.J.: Hampton Press.

Coles, G. (1998). Reading lessons: The debate over literacy. New York: Hill and Wang.

Cope, B., & Kalantzis, M., Eds. (2000). Multiliteracies: Literacy learning and the design of social futures. London: Routledge.

Cognition and Technology Group at Vanderbilt (1997). The Jasper Project: Lessons in curriculum, instruction, assessment, and professional development. Mahwah, N.J.: Lawrence Erlbaum.

D'Andrade, R. (1995). The development of cognitive anthropology. Cambridge: Cambridge University Press.

D'Andrade, R., & Strauss, C., Eds. (1992). Human motives and cultural models. Cambridge: Cambridge University Press.

Delpit, L. (1995). Other people's children: Cultural conflict in the classroom. New York: The New Press.

Dias, P., Freedman, A., Medway, P., & Pare, A., Eds. (1999). Worlds apart: Acting and writing in academic and workplace contexts. Mahwah, N.J.: Lawrence Erlbaum.

Dias, P., Pare, A., & Farr, M., Eds. (2000). Transitions: Writing in academic and workplace settings. Cresskill, N.J. : Hampton Press.

diSessa, A. A. (2000). Changing minds: Computers, learning, and literacy. Cambridge, Mass.: MIT Press.

Edwards, D., & Mercer, N. (1987). Common knowledge: The development of understanding in the classroom. London: Methuen.

Elman, J. (1991a). Distributed representations, simple recurrent networks and grammatical structure. Machine Learning 7: 195–225.

Elman, J. (1991b). Incremental learning, or the importance of starting small. Technical Report 9101, Center for Research in Language, University of California at San Diego.

Engestrom, Y., Miettinen, R., & Punamaki, R. L., Eds. (1999). Perspectives on activity theory. Cambridge: Cambridge University Press.

Erikson, E. (1968). Identity, youth and crisis. New York: Norton.

Finn, P. J. (1999). Literacy with an attitude: Educating working-class children in their own self-interest. Albany, N.Y.: State University of New York Press.

Fleck, L. (1979, org. 1935). The genesis and development of a scientific fact. Chicago: University of Chicago Press.

Foucault, M. (1980). Power/knowledge: Selected interviews and other writings 1972–1977. Ed. by C. Gordon, L. Marshall, J. Meplam, and K. Soper. Brighton, Sussex: The Harvester Press.

Freire, P. (1995). The pedagogy of the oppressed. New York: Continuum.

Gardner, H. (1991). The unschooled mind: How children think and how schools should teach. New York: Basic Books

Gee, J. P. (1992). The social mind: Language, ideology, and social practice. New York: Bergin & Garvey.

Gee, J. P. (1994). First language acquisition as a guide for theories of learning and pedagogy. Linguistics and Education 6: 331–354.

Gee, J. P. (1996). Social linguistics and literacies: Ideology in Discourses, 2nd ed. London: Taylor & Francis.

Gee, J. P. (1997). Thinking, learning, and reading: The situated sociocultural mind. In D. Kirshner and J. A. Whitson, Eds., Situated cognition: Social, semiotic, and psychological perspectives. Norwood, N.J.: Lawrence Erlbaum, pp. 235–259.

Gee, J. P. (1999a). Reading and the New Literacy Studies: Reframing the National Academy of Sciences' Report on Reading. Journal of Literacy Research 31: 355–374.

Gee, J. P. (1999b). An introduction to discourse analysis: Theory and method.

London: Routledge.

Gee, J. P. (2000–2001). Identity as an analytic lens for research in education. Review of Research in Education 25: 99–125.

Gee, J. P. (2001). Progressivism, critique, and socially situated minds. In C. Dudley-Marling & C. Edelsky, Eds., The fate of progressive language policies and practices. Urbana, Ill.: National Council of Teachers of English, pp. 31–58.

Gee, J. P., Hull, G., & Lankshear, C. (1996). The new work order: Behind the language of the new capitalism. Boulder, Colo.: Westview Press.

Giddens, A. (1991). Modernity and self-identity. Cambridge: Polity Press.

Giddens, A. (1992). The transformation of intimacy. Cambridge: Polity Press.

Glenberg, A. M. (1997). What is memory for? Behavioral and Brain Sciences 20: 1–55.

Glenberg, A. M., & Robertson, D. A. (1999). Indexical understanding of instructions. Discourse Processes 28: 1–26.

Greenfield, P. (1984). Media and the mind of the child: From print to television, video games and computers. Cambridge, Mass.: Harvard University Press.

Greider, W. (1997). One world, ready or not: The manic logic of global capitalism. New York: Simon & Schuster.

Habermas, J. (1984). Theory of communicative action, vol. 1. London: Heinemann.

Hacking, I. (1995). Rewriting the soul: Multiple personality and the sciences of memory. Princeton, N.J.: Princeton University Press.

Hacking, I. (1998). Mad travelers: Reflections on the reality of transient mental illnesses. Charlottesville: University of Virginia Press.

Hammer, D. (1996a). More than misconceptions: Multiple perspectives on student knowledge and reasoning, and an appropriate role for education research. American Journal of Physics 64: 1316–1325.

Hammer, D. (1996b). Misconceptions or p-prims: How may alternative perspectives of cognitive structure influence instructional perceptions and intentions? Journal of the Learning Sciences 5: 97–127.

Heath, S. B. (1983). Ways with words: Language, life and work in communities and classrooms. Cambridge: Cambridge University Press.

Herz, J. C. (1996). Joystick nation. Boston: Little, Brown and Company.

Hill, C., & Larsen, E. (2000). Children and reading tests. Stamford, Conn.: Ablex.

Holland, D., Lachicotte, W., Skinner, D., & Cain, C. (1998). Identity and agency in cultural worlds. Cambridge, Mass.: Harvard University Press.

Holland, D., & Quinn, N. Eds. (1987). Cultural models in language and thought. Cambridge: Cambridge University Press.

Hutchins, E. (1995). Cognition in the wild. Cambridge, Mass.: MIT Press.

Karmiloff-Smith, A. (1992). Beyond modularity: A developmental perspective on cognitive science. Cambridge, Mass.: MIT Press.

Kelly, K. (1998). New rules for the new economy: Ten radical strategies for a connected world. New York: Viking.

Kent, S. L. (2001). The ultimate history of video games: The story behind the craze that touched our lives and changed the world. Roseville, Calif.: Prima.

King, L., Ed. (2002). Game on: The history and culture of videogames. New York: Universe Publishing.

Kirshner, D., & Whitson, J. A., Eds. (1997). Situated cognition: Social, semiotic, and psychological perspectives. Mahwah, N.J.: Lawrence Erlbaum.

Kloesel, C., & Houser, N., Eds. (1992). The essential Peirce: Selected philosophical writings (1867–1893). Bloomington: Indiana University Press.

Kress, G. (1985). Linguistic processes in sociocultural practice. Oxford: Oxford University Press.

Kress, G. (1996). Before writing: Rethinking paths into literacy. London: Routledge.

Kress, G., Jewitt, C., Ogborn, J., & Tsatsarelis, C. (2001). Multimodal teaching and learning: The rhetorics of the science classroom. London: Continuum.

Kress, G., & van Leeuwen, T. (1996). Reading images: The grammar of visual design. London: Routledge.

Kress, G., & van Leeuwen, T. (2001). Multimodal discourse: The modes and media of contemporary communication. London: Edward Arnold.

Lakoff, G. (1987). Women, fire, and dangerous things: What categories reveal about the mind. Chicago: University of Chicago Press.

Lakoff, G., & Johnson, M. (1980). Metaphors we live by. Chicago: University of Chicago Press.

Latour, B. (1999). Pandora's hope: Essays on the reality of science studies. Cambridge, Mass.: Harvard University Press.

Lave, J. (1988). Cognition in practice. Cambridge: Cambridge University Press.

Lave, J. (1996). Teaching, as learning, in practice. Mind, Culture, and Activity 3: 149–164.

Lave, J., & Wenger, E. (1991). Situated learning: Legitimate peripheral participation. Cambridge: Cambridge University Press.

Lee, C. D., & Smagorinsky, P., Eds. (1999). Vygotskian perspectives on literacy research: Constructing meaning through collaborative inquiry. Cambridge: Cambridge University Press.

Lemke, J. (1990). Talking science: Language, learning, and values. Norwood, N.J.: Ablex.

Loftus, G. R., & Loftus, E. F. (1983). Mind at play: The psychology of video games. New York: Basic Books.

Margolis, H. (1987). Patterns, thinking, and cognition: A theory of judgment. Chicago: University of Chicago Press.

Margolis, H. (1993). Paradigms and barriers: How habits of mind govern scientific beliefs. Chicago: University of Chicago Press.

Martin, E. (1995). Flexible bodies: Tracking immunity in American culture: From the days of polio to the age of AIDS. New York: Beacon.

Martin, J. R. (1990). Literacy in science: Learning to handle text as technology. In Francis Christe, Ed., Literacy for a changing world. Melbourne: Australian Council for Educational Research, pp. 79–117.

Mayer, R. E. (1992). Thinking, problem-solving, cognition, 2nd ed. New York: Freeman.

McGilvray, J. (1999). Chomsky: Language, mind, and politics. Cambridge: Polity Press.

Medlin, D. L., Lynch, E. B., & Coley, J. D. (1997). Categorization and reasoning among tree experts: Do all roads lead to Rome? Cognitive Psychology 32: 49–96.

Miller, L. S. (1995). An American imperative: Accelerating minority educational advancement. New Haven, Conn.: Yale University Press.

Minstrell, J. (2000). Student thinking and related assessment: Creating a facet-based learning environment. In N. S. Raju, J. W. Pelligrino, M. W. Bertenthal, K. J. Mitchell, & L. R. Jones, Eds., Grading the nation's report card: Research from the evaluation of NAEP.Washington, D.C.: National Academy Press, pp. 44–73.

Mishler, E. (2000). Storylines: Craftartists' narratives of identity. Cambridge, Mass.: Harvard University Press.

Moll, L., Ed. (1992). Vygotsky and education: Instructional implications and applications of sociohistorical psychology. Cambridge: Cambridge University Press.

New London Group (1996). A pedagogy of multiliteracies: Designing social futures. Harvard Educational Review 66: 60–92.

Nolan, R. (1994). Cognitive practices: Human language and human knowledge. Oxford: Blackwell.

Ogborn, J., Kress, G., Martins, I., & McGillicuddy, K. (1996). Explaining science in the classroom. Buckingham, U. K.: Open University Press.

Pearson, P. D. (1999). A historically based review of Preventing Reading Difficulties in Young Children. Reading Research Quarterly 34: 231–246.

Pelligrino, J. W., Chudowsky, N., & Glaser, R. (2001). Knowing what students know: The science and design of educational assessment. Washington, D.C.: National Academy Press.

Pinker, S. (1999). How the mind works. New York: Norton.

Poole, S. (2000). Trigger happy: Videogames and the entertainment revolution. New York: Arcade.

Rifkin, J. (2000). The age of access: The new culture of hypercapitalism where all of life is a paid-for experience. New York: Jermey P. Tarcher/Putnam.

Rogoff, B. (1990). Apprenticeship in thinking: Cognitive development in social context. New York: Oxford University Press.

Rose, J. (2001). The intellectual life of the British working classes. New Haven, Conn.: Yale University Press.

Rouse, R. (2001). Game design: Theory & practice. Plano, Texas: Wordware Publishing.

Rumelhart, D. E., McClelland, J. L., & the PDP Research Group (1986). Parallel distributed processing: Explorations in the microstructure of cognition, vol. 1: Foundations. Cambridge, Mass.: MIT Press.

Schon, D. A. (1987).Educating the reflective practitioner. San Francisco, Calif.: Jossey-Bass.

Scollon, R., & Scollon, S. B. K. (1981). Narrative, literacy, and face in interethnic communication. Norwood, N.J.: Ablex.

Scribner, S., & Cole, M. (1981). The psychology of literacy. Cambridge, Mass.:

Harvard University Press.

Shore, B. (1996). Culture in mind: Cognition, culture, and the problem of meaning. New York: Oxford University Press.

Snow, C. E., Burns, M. S., & Griffin, P., Eds. (1998). Preventing reading difficulties in young children. Washington, D.C.: National Academy Press.

Sternberg, R., & Grigorenko, E. L. (1999). Our labeled children: What every parent and teacher needs to know about learning disabilities. New York: Perseus.

Strauss, C., & Quinn, N. (1997). A cognitive theory of cultural meaning. Cambridge: Cambridge University Press.

Street, B. (1984). Literacy in theory and practice. Cambridge: Cambridge University Press.

Street, B. (1995). Social literacies: Critical approaches to literacy in development, ethnography and education. London: Longman.

Taylor, C. (1989). Sources of the self: The making of the modern identity. Cambridge, Mass.: Harvard University Press.

Taylor, C. (1992). The ethics of authenticity. Cambridge, Mass.: Harvard University Press.

Taylor, C. (1994). The politics of recognition. In C. Taylor, K. A. Appiah, S. C. Rockefeller, M. Waltzer, & S. Wolf (1994), Multiculturalism: Examining the politics of recognition. Ed. by A. Gutman. Princeton, N.J.: Princeton University Press, pp.25–73.

Tomasello, M. (1999). The cultural origins of human cognition. Cambridge, Mass.: Harvard University Press.

Varenne, H., & McDermott, R. (1999). Successful failure: The school America builds. Boulder, Colo.: Westview Press.

Vygotsky, L. S. (1978). Mind in society: The development of higher psychological processes. Cambridge, Mass.: Harvard University Press.

Wenger, E. (1998). Communities of practice: Learning, meaning, and identity. Cambridge: Cambridge University Press.

Wertsch, J. V. (1998). Mind as action. Oxford: Oxford University Press.

Wertsch, J. V., Del Rio, P., & Alvarez, A., Eds. (1995). Sociocultural studies of mind. Cambridge: Cambridge University Press.